D1619031

ENGADIN

DIE SCHÖNSTEN WANDERUNGEN

NATUR - KUNST - KULTUR

Luca Merisio

Montabella Verlag - St. Moritz

HINWEISE FÜR DEN LESER

Jede Wegbeschreibung in diesem Führer beginnt mit einer Tabelle, in der alle notwendigen Daten übersichtlich zusammengestellt sind. Die Zeitangaben sind dabei lediglich richtungsweisend, denn sie hängen von der persönlichen Ausdauer ab und natürlich von den Pausen, die nicht nur zum Ausruhen dienen, sondern vor allem zum Betrachten der Umgebung.

Das Kartenmaterial wurde eigens für diesen Führer erstellt, wobei die hier beschriebenen Routen besonders gekennzeichnet und hervorgehoben sind. Für die anderen möglichen Wanderrouten verweisen wir auf die Karten des Schweizer Bundesamtes für Landestopographie. Für das Engadin und die hier beschriebenen Seitentäler gelten folgende Blätter im Massstab 1:50000: 249-Tarasp; 258-Bergün; 259-Ofenpass; 267-San Bernardino; 268-Julierpass; 269-Berninapass; 278-M. Disgrazia; 279-Brusio. Ausserdem sind alle wichtigen Wanderwege in Graubünden sehr gut markiert. Zahlreiche Schilder bezeichnen die Ausgangspunkte (gelb) und Abzweigungen zum Teil mit Zeitangaben, Verkehrsanbindungen (Postauto, Bahn), Verpflegungsmöglichkeiten und bisweilen sogar mit Hinweisen über die nötige Bergerfahrung und Ausrüstung (blau).

Alle Routen wurden vom Autor persönlich im Laufe mehrer Jahre begangen und im Herbst 2004 auf den neuesten Stand gebracht. Der Herausgeber haftet jedoch nicht für allfällige Fehler oder Ungenauigkeiten.

Der Band wurde reich bebildert und die Texte knapp gehalten, um den Leser anzuregen, diese herrliche Gegend selbst zu erkunden.

NOTRUFNUMMERN:
Polizei 117
Feuerwehr 118
Krankenwagen 144 (Rettungsflugwacht 1414)
Pannendienst 140
Kantonspolizei 081 851 09 50
Allgemeiner Inormationsdienst Engadin 0900 55 80 40

Das Engadin, ein herrliches Tal im Herzen der Alpen!

Seit über zwanzig Jahren wandre ich durchs Engadin, doch jedes Mal, wenn ich den Malojapass oder den Julierpass überschreite und den Silsersee oder den Silvaplanersee erblicke, überkommt mich ein schwer zu beschreibendes Gefühl... 150 Jahre sind vergangen, seit die ersten Touristen, angelockt von den heilenden Quellen und der gesunden Luft, die Bäder von St. Moritz aufsuchten. Die Schönheit des Ortes ist unverändert geblieben und die Landschaft wurde besser als in anderen Alpengegenden erhalten. Einzigartig ist dieser Talgrund des Oberengadins in nahezu 1800 Metern Höhe, umgeben von den Eiszungen und Gipfeln der Berninagruppe. Die grossen, von den Gletschern geschaffenen Seen, die sich vom Malojapass bis St. Moritz ausdehnen, und die vielen Sonnenstunden begünstigen das Klima. Im Gegensatz zu den schneebedeckten Gipfeln, leuchtet im Unterengadin das Grün der Wiesen. Schmucke Dörfer mit einladenden Dorfplätzen, zwischen blumengeschmückten Fenstern und bemalten Häusern, blitzen wie Edelsteine in der Sonne.

Man versteht, warum das Engadin zu jeder Jahreszeit besucht wird. Es ist ein Eldorado für alle Bergsportarten, vom Wandern bis zum Bergsteigen, vom Langlauf zum alpinen Skilauf, vom Kanufahren zum Rafting, Windsurfen, usw.... Das Bergwandern ist selbstverständlich die häufigste sportliche Betätigung aller Altersgruppen. Mit einem herzlichen „Grüezi" (Oberengadin) oder mit einem „Allegra" (Unterengadin) grüssen sich die Wanderer aus den verschiedensten Ländern, nicht nur im Sommer oder im Herbst, sondern auch im Winter auf den gut präparierten Wegen. Die grosse Zahl der Wanderwege stellt jeden zufrieden. Das Angebot reicht vom kurzen Nachmittagsausflug, vielleicht nach dem Grillen an einem der vielen Familienfeuerstellen, an denen sogar das Brennholz bereit liegt, bis zum mehrere Tage dauernden Trekking mit Übernachtung in den hoch gelegenen Schutzhäusern. Auch das Beobachten der Blumen und Tiere ist sehr reizvoll, denn ein Grossteil des Gebiets gehört zum Schweizerischen Nationalpark. Hinzu kommen noch die perfekt organisierten öffentlichen Verkehrsmittel mit den gelben Postbussen und dem roten Zug der Rhätischen Bahn, den Bergbahnen und Standseilbahnen, die uns in wenigen Minuten ans Ziel bringen.

Das Engadin bedeutet nicht nur herrliche Wälder, kristallklares Wasser und schneeweisse Gipfel. Hier treffen sich verschiedene Kulturen, deren Wurzeln bis zu den Römern zurückreichen. Im Lauf der Jahrhunderte haben sich durch das Zusammentreffen – oder auch durch Auseinandersetzungen – mit anderen Völkern, die Eigenheiten der Sprachen und Religionen entwickelt. Heute stehen die evangelischen Kirchen mit ihrem goldenen Hahn auf der Kirchturmspitze friedlich neben den katholischen. Doch das war nicht immer so, vor allem im 16. und 17. Jahrhundert, als die Religion eher mit dem Schwert als mit der Predigt verbreitet wurde. Das gesamte Engadin, mit dem Puschlav und dem Bergell, gehören zu dem 1803 geschaffenen Kanton Graubünden, dem grössten Kanton der Schweizer Eidgenossenschaft. Seit jener Zeit lebt seine Bevölkerung in Frieden und konnte sogar den beiden grossen Weltkriegen entgehen. Was die Sprachen betrifft, spricht man nicht nur Deutsch und Italienisch, sondern auch Ladinisch oder Rätoromanisch, das wiederum im Unter- und Oberengdin ((Vallader, Putèr) Unterschiede aufweist. Auch die Engadiner Architektur ist keineswegs einheitlich. Es fehlt nicht an romanischen Einflüssen und an prächtigen Adelspalästen. Allein im Bergell stehen mehrere Palazzi der Familie Salis, im Engadin die herrschaftlichen Häuser der Familie Planta. Sogar in den kleinen Weilern und Dorfsiedlungen bewundern wir Kunstwerke bodenständiger Architektur, wo die Zweckmässigkeit (zum Beispiel der Schutz vor Kälte) immer mit der Annehmlichkeit und dem Kunstverständnis Hand in Hand geht. Die Fassaden zeigen, bisweilen zusammen mit moderner Malerei, die Sgraffiti des 17. Jahrhunderts, jedes Fenster ziert sich mit Spitzenvorhängen und nie fehlt der Platz für den Blumenschmuck.

Es wird verständlich, dass diese Gegend in den beiden vergangenen Jahrhunderten Dichter, Philosophen, Schriftsteller und Maler fasziniert hat. Um nur ein paar Namen zu nennen: William August Brevoort Coolidge, Friedrich Nietzsche, Hermann Hesse, Marcel Proust, Rainer Maria Rilke, Eugenio Montale, Thomas Mann, Max Ernst, die Giacometti und vor allem Giovanni Segantini, der das Engadin zu seiner Wahlheimat machte. Ihm sind einige Wanderwege gewidmet sowie das Segantini-Museum in St. Moritz, das allein schon eine Reise bis hier herauf wert ist. Übrigens Museen, das Engadin besitzt sehr viele, Heimatmuseen und Kunstmuseen, eine zusätzliche Bereicherung für einen Aufenthalt in diesem wunderbaren Tal.

Zum Schluss möchte ich noch einen Satz von Mario Rigoni Stern zitieren, der vor nicht langer Zeit schrieb: „Und ins Engadin zurückkehren bedeutet im Geist wieder jung zu werden und ganz einfach das Leben zu lieben..."

Viel Spass beim Lesen und Wandern!

Luca Merisio

INHALT

DIE NORDOSTWAND DES PIZZO BADILE.

DAS BERGELL

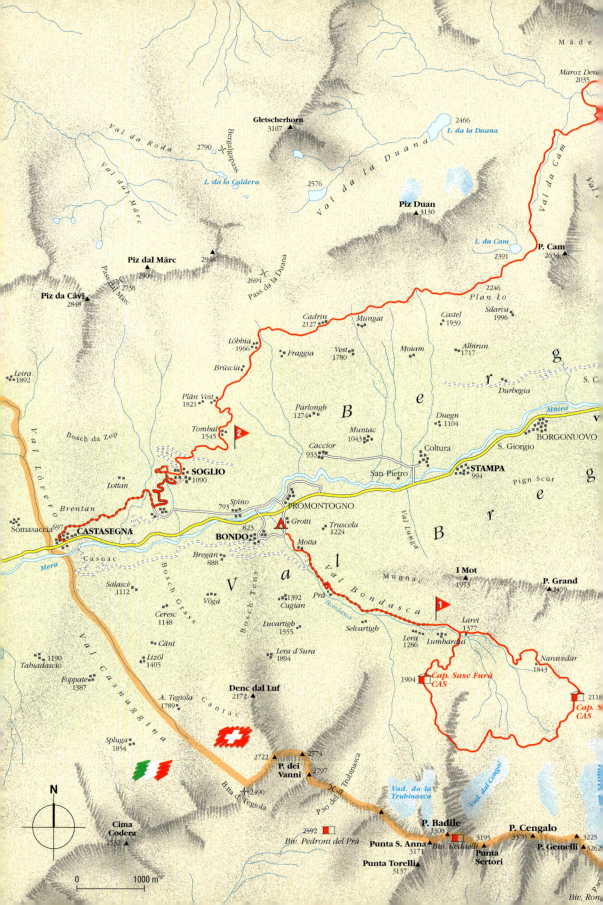

Ausgangspunkt: Bondo (823 m) oder Ende der Mautstrasse bei Laret (ca. 1300 m).

Charakteristik: Hochgebirgstour trotz bescheidener Höhenlage, spektakuläre Sicht auf Wände des Badile, Cengalo und der Sciora-Gruppe.

Höhenunterschied/Gehzeit: 850 m /2 Std. (+ 460 m/+ 1,5 Std. wenn man von Bondo aufbricht); 250 m/3,5 Std. für den „Viale".

Empfohlene Jahreszeit: von Juli bis Oktober (die Hütten schliessen jedoch ca. Mitte September).

Stützpunkte:
Sciora-Hütte (2118 m), Tel. 081 822 11 38.
Sasc Furä-Hütte (1904 m), Tel. 081 822 19 68.

Karten auf Seite 12-13

Achtung! „Der Viale", das heisst der Weg, der die Sciora-Hütte mit der Sasc Furä-Hütte verbindet, ist auf einem kurzen Abschnitt mit Drahtseilen gesichert, deshalb Vorsicht; auf keinen Fall die weissblauen Markierungen aus den Augen verlieren.

Spektakulär! Grandios! Aufregend!
Diese drei Adjektive würden genügen um die klassischste aller Routen im Bergell zu definieren. Selbst wenn jemand das Engadin nur für einen Kurzurlaub aufsucht, sollte diese Route unbedingt eingeplant werden.
Auf der Straße zum Malojapass, wenige Kilometer nach dem Grenzübergang von Castasegna, kommt man zur Talebene von Bondo, wo rechts über der Waldgrenze nacheinander die „Granitriesen" auftauchen: zuerst die Westwände der Sciora-Gruppe, mit der kühn aufragenden Ago di Sciora zwischen der Pioda di Sciora und der Sciora Dadent, dann die Nordwand des Cengalo und schliesslich die berühmte Nordostwand des Badile, der sich Generationen von Alpinisten mit einer Mischung aus Mut und Respekt näherten, um sie zu bezwingen...Diese Gefühle verspürt jeder leidenschaftliche Bergsteiger, wenn er zum ersten Mal, oder vielleicht auch zum hundertsten Mal hierher kommt...
Und nun zur Routenbeschreibung. Von Bondo, dem malerischen Bergdörfchen am Eingang des Bondasca-Tals, bei der Brücke über den rauschenden Bergbach,

Blick von Soglio auf die Sciora-Gruppe, Klettern auf der „Bügeleisenkannte", der Pizzo Badile, von Promontogno gesehen, bei Sonnenuntergang.

Giganten aus Granit

Wer bis vor einigen Jahren das Bergell hinauffuhr, musste bei Promontogno abbremsen, um die schmale Brücke über die Mera zu queren. Der Blick fiel dabei auf eine glatte Granitwand, die über dreitausend Meter aufsteigt und die Grenze zwischen dem Schweizer Bergell und dem italienischen Val Masino bildet. Der Pizzo Badile zeigt sich hier von seiner strengsten Seite und man versteht die Herkunft seines Namens: er ähnelt einer riesigen Schaufel (badile) aus grauem Granit, die bei Sonnenuntergang rot erglüht und an die Farben des Rosengartens in den Dolomiten erinnert. Auf italienischer Seite zeigt dieser Berg sich gedrungener und breiter, ist sicherlich leichter

sche, Japaner, Amerikaner und – natürlich – Schweizer und Italiener kämpften in legendären Unternehmungen auf diesem Granit und eröffneten einige der schönsten Kletterführer der Welt. Das gilt für die prächtige Nordostwand, die in den 30er Jahren europaweit als ungelöstes „Bergsteigerproblem" galt. Im Morgengrauen des 14. Juli 1937 brach eine sehr starke italienische Seilschaft mit Gino Esposito, Vittorio Ratti und vor allem Riccardo Cassin zur Nordostwand auf, wo sich bereits eine andere Seilschaft im Anstieg befand, bestehend aus den beiden Alpinisten Molteni und Valsecchi aus Como. In kurzer Zeit erreichte die Gruppe Cassins die Zweierseilschaft,

zu besteigen, und deshalb begann auch im 19. Jahrhundert an der Südseite seine Ersteigungsgeschichte. Es war der Engländer William August Brevoort Coolidge, ein grosser Kenner des Engadins und des Bergells, der als erster, begleitet von den treuen Bergführern Devuoassoud, am 26. Juli 1867 den Badilegipfel erreichte, auf der Route, die noch heute als „Normalweg" bezeichnet wird.
Aber es ist die Schweizer Seite, die den Pizzo Badile in der ganzen Welt bekannt werden liess: Engländer, Deut-

die sich bereits in Schwierigkeiten befand und darum bat, sich anschliessen zu dürfen. Bereitwillig stimmte Cassin zu (was sich im Nachhinein als schwerer Fehler erweisen sollte). Der Anstieg verlief unter der erfahrenen Führung von Riccardo Cassin, der sich in körperlicher Hochform befand, ohne große Probleme, jedoch durch die vielen Seilschaftsmitglieder etwas langsamer. Bedenken muss man dabei, dass die Ausrüstung zu jener Zeit aus einem Tuchrucksack bestand, aus Haken, die Cassin

Blick von Soglio auf die Sciora-Gruppe, Klettern auf der Bügeleisenkante, Sonnenuntergang am Pizzo Badile.

selbst von Hand geschmiedet hatte, aus einem Hanfseil,
das nach den ersten Wassertropfen steif wurde, ... Kur-
zum, nach zwei Biwaks in der Wand, nach einem Hagel-
und Schneesturm, erreichten die Alpinisten am Nachmittag des 16. Juli den Gipfel, aber die Freude über den Er-
folg war von kurzer Dauer, denn die körperliche Verfas-
sung von Molteni und Valsecchi war bedenklich. Der Abstieg zur Gianetti-Hütte im Val Masino verwandelte sich
in eine Katastrophe. Trotz der Bemühungen Cassins star-
ben die beiden Bergsteiger aus Como an Erschöpfung,
und Esposito und Ratti entronnen nur knapp dem gleichen Schicksal. In wenigen Tagen wusste die ganze Welt,
oder besser ganz Europa von diesem Ereignis, denn zu
jener Zeit waren fast alle Bergsteiger Europäer.

Fünfzehn Jahre später wurde an der gleichen Wand eine weitere Seite der Geschichte des Alpinismus geschrieben, diesmal mit einem glücklichen Ausgang. Hermann
Buhl war ein großer österreichischer Kletterer im Alter
von nur 28 Jahren, und wie Cassin besass er grosse Kör-
perkraft, eine exzellente Technik, aber leider wenig Geld.
Um die Nordostwand des Badile zu durchsteigen, zö-
gerte er nicht, die lange Fahrt von Innsbruck, seinem
Wohnort, bis ins Bergell mit dem Fahrrad anzutreten.
200 km Auf und Ab, die heute sogar einen modernen
Profiradler auf eine harte Probe stellen würden. Also
gut: Buhl bricht bei Tagesanbruch auf, strampelt die 200
km herunter, stellt das Rad in Bondo ab, steigt zur Sciora-Hütte hinauf, schläft ein paar Stunden und am folgenden Morgen ist er bereit für die Klettertour. Ein Al-
leingang in Rekordzeit: vier Stunden und fünfzig Minuten! Anschließend steigt er über den Nordpfeiler ab,
schwingt sich erneut in den Sattel und radelt Richtung
Maloja und Innsbruck los. Nur wenige Kilometer vor
dem Ziel stürzt er erschöpft in den Inn: ein paar blaue
Flecken, mehr nicht. Am gleichen Tag stiegen auch Esposito, Carlo Mauri und Giulio Fiorelli auf den Badilegipfel – drei ausgezeichnete Alpinisten; und nun, stellen sie sich ihre Verwunderung vor, als sie einen Unbe-
kannten, allein und in Eile die Nordostwand heraufkom-
men sahen! Heute ist die Zeit der Pioniere vorbei, an
der Nordostwand des Badile existieren bereits mehr als
zwanzig verschiedene Routen, aber die Cassin-Führe wird
am häufigsten begangen.

Ausser dem Pizzo Badile besitzt das Val Bondasca auch
andere, fast ebenso berühmte Berge, angefangen vom
Pizzo Cengalo, der mit seinen 3370 Metern auch der
höchste ist; seit einigen Jahren wird jedoch aufgrund einiger Felsstürze vom Anstieg über die Nordwestwand
abgeraten.

Richtung Sciora-Hütte erheben sich, nach dem Cengalo, die Pizzi Gemelli mit der mächtigen Bügeleisenkante am unteren Abschnitt des Nordpfeilers. Und schliesslich die Scioragruppe, die auch vom Talboden immer
bewundert wird (das klassische Panorama von Soglio).
Die meistbegangenen Routen sind hier der Westpfeiler
der Sciora di Fuori, der in einem charakteristischen Fels-
zahn endet, und die Besteigung der Ago di Sciora und
der Punta Innominata.

zweigt deutlich gekennzeichnet der Weg zur Sciora- und Sasc Furä-Hütte ab. Leider wird er wenig begangen, man fährt lieber mit dem Auto auf der Fahrstrasse, die fast bis zur Alp Laret führt (Mautpflicht, neuerdings mit Gebührenautomat).

Auf 1300 m Höhe angekommen, lassen wir das Auto stehen und nehmen den Fussweg auf, der uns in fünf Minuten zu einer Weggabelung bringt. Rechts geht es zur Sasc Furä-Hütte, wir jedoch gehen links weiter Richtung Sciora-Hütte. Kurz darauf wandern wir an den Alphüttchen von Laret (1377 m) vorbei und dann weiter geradeaus bis wir unter einer Felsschulter zu unserer Linken gelangen. Etwas mühsam geht es über sie hinauf zum natürlichen Balkon Naravedar (1843 m), wo sich bereits eine hervorragende Sicht auf Cengalo und Badile bietet. Weiter bergauf zwischen Legföhren und vereinzelten Lärchen, überwindet man die Baumgrenze zirka eine halbe Stunde vor der Sciora-Hütte (2118 m), die wir vor dem Hintergrund der gleichnamigen Gruppe und dem Bondasca-Gletscher liegen sehen. Auf der einladenden Steinterrasse vor der Hütte legen wir eine Rast ein, genießen das frische Wasser des Brunnens, die herzliche Gastfreundschaft der Hüttenwarte Ruth und Bruno Hofmeister und „last but not least" eine herrliche Sicht auf alle Gipfel des Val Bondasca, die ihre Farbe je nach Tageszeit ändern. Auch wenn die hier beschriebene Tour von geübten Bergwanderern in einem Tag bewältigt werden kann, schlage ich vor sich Zeit zu nehmen und hier zu übernachten.

Unsere Route führt weiter zur Sasc Furä-Hütte über den so genannten „Viale", den Weg am Fuss der Nordwände der Pizzi Gemelli, Cengalo und Badile, eine der klassischsten Routen im ganzen Alpenraum. Trotz der relativ bescheidenen Höhe (nie mehr als 2400 m) ist zu beachten, dass wir uns in hochalpinem Gelände bewegen. Heute verläuft der Weg, aufgrund des Rückzugs der Gletscher, hauptsächlich auf Moränenschutt, ohne den Gletscher zu berühren: häufige Markierungen führen mit einigem Auf und Ab unter die Nordostwand des Badile, dann weiter aufwärts über Felsbänder, ein Abschnitt ist mit Drahtseilen gesichert, zum großen Dosso di Sasc Furä (leicht).

Man gelangt direkt zum Fuss des berühmten Nordpfeilers des Badile – hier findet am frühen Morgen ein Wettlauf der Seilschaften statt, die alle versuchen möglichst als erste den Einstieg zu erreichen – und von dort über Weiden und durch lichten Lärchenwald hinab zur Sasc Furä-Hütte (1904 m), Stützpunkt für alle Kletterer, die den Badile bezwingen wollen (gut 3 Stunden von der Sciora-Hütte).

Von dort führt der Weg in einer Stunde sehr steil bergab, zurück zum Ausgangspunkt.

Die Sciora-Gruppe bei Sonnenuntergang: von links, Sciora Dafora, Pioda di Sciora und Ago di Sciora.
Das schlanke Profil der Ago di Sciora, gesehen von der Sciora-Hütte.

Ausgangspunkt: Casaccia (1458 m) gebührenfreier Parkplatz neben dem Friedhof.

Charakteristik: mittlere Höhenlage, wunderbare Sicht auf die Wände des Badile, Cengalo und der Sciora-Gruppe.

Höhenunterschied/Gehzeit: 1000 m/6-7 Std. (+ 1 Std. bis nach Castasegna).

Empfohlene Jahreszeit: von Juni bis Oktober.

Stützpunkte: keine.

Karten auf S. 12-13

Achtung! Es handelt sich hier um eine sehr lange Bergwanderung, weshalb man morgens ziemlich früh aufbrechen sollte; Rückkehr von Soglio nach Casaccia mit dem Postbus (verkehrt stündlich).

Gute drei Wanderrouten verbinden Casaccia mit Soglio: der untere Weg, auch „Panoramaweg" genannt, dann die höhere Variante durch das Val Maroz und schliesslich die hier beschriebene Route in mittlerer Höhenlage. Die letztgenannte bietet sicher die lohnendsten Ausblicke und ist dabei nicht besonders anstrengend, denn trotz ihrer Länge verläuft sie ohne extreme Höhenunterschiede.

Beim kleinen Friedhof von Casaccia schlägt man eine land- und forstwirtschaftliche Strasse ein; man könnte diesen Abschnitt, der in Kehren gemächlich ansteigt, auch abkürzen, indem man links den direkteren Kurs aufnimmt (Wegweiser), der den Fahrweg mehrmals kreuzt und auf einem ebenen Stück, das den Taleingang des Val Maroz kennzeichnet, wieder mit ihm zusammenläuft. Nach einer Schranke finden wir rechts die Hinweise zum Septimerpass (siehe Route 5), wir wandern jedoch geradeaus weiter, vorbei an der Alphütte Maroz Dora (1799 m) und gelangen zu einem Grasrücken, wo Maroz Dent liegt (2035 m). Dann geht es leicht bergab bis wir die Maira auf einem schönen Steg queren, hinter dem sich eine Abzweigung befindet: rechts geht es durch das ganze Val Maroz hinauf, während unser Pfad links in weiten Kehren die markante Einsattelung erreicht, die mit Steinmännchen gekennzeichnet ist. Beim Bergaufgehen erblicken wir etwas unterhalb die fünfeckige, steinerne Einfassung der Alpe Maroz Dent. Vorbei geht es an der Abzweigung zum Val Furcela (Abstieg nach Nambrun und Roticcio) und weiter angenehm über Wiesen in Richtung des nicht sehr deutlich ausgeprägten Übergangs Passo di Val da Cam (2436 m). Natürlich fällt der Blick bei dieser Wanderrichtung auf die unverkennbare Gestalt des Pizzo Badile. An klaren Tagen erscheint seine graue Nordostwand in ihrer ganzen Pracht (siehe S. 16-17). Weiter links schliessen sich die Punta Sertori, der Pizzo Cengalo und die Pizzi Gemelli an.

Auf der anderen Seite des Passes beginnt eine lange, fast immer absteigende Querung über einen guten Teil der rechten orografischen Talseite des Bergells. Vorbei an dem kleinen Lagh da Cam (2391 m) gelangt man zu einem weiteren, grossartigen Panoramapunkt, von dem man über das Tal und auf einen Grossteil des noch vor uns liegenden Wegs schauen kann. In der Nähe der Alp Pan Lo (2246 m) erlebt man die Sciora-Gruppe aus einem ganz besonderen Blickwinkel.

Der Pfad ist immer gut in die Hänge des über uns aufragenden Piz Duan eingefügt, der mit seinen 3130 Metern der höchste Gipfel an der Nordseite des Bergells ist. Dann überschreitet man in leichtem Auf und Ab zwischen jüngeren Murenabgängen einige Taleinschnitte, vorbei an den Hütten von Castel, Planac und Mungat und gelangt schliesslich nach Cadrin (2127 m), wo man

Val Maroz: Wanderer oberhalb Maroz Dent und dem eigenartigen Fünfeck aus aufgeschichteten Steinen.

auf den vom Pass Duan (oder Pass da la Duana – 2649 m – obere Querung des Val Maroz) herabkommenden Weg stösst. Leider können auch die Hütten von Cadrin ihrem Schicksal nicht entgehen. Wie überall in den Alpen werden die Hochweiden verlassen und aufgegeben: auch diese Alpe wird nicht mehr bestossen, das Gras nicht mehr gemäht ...

Der Weg ist immer gut markiert. Es geht weiterhin bergab zu den Hütten von Lobbia, Brusca und Plan Vest (1821 m). Wir haben uns in der Zwischenzeit den Wänden des Cengalo und des Badile genähert, die, je weiter wir absteigen, desto majestätischer erscheinen. Hinter Plan Vest gönnt uns der Weg etwas Schatten und dringt in einen schönen Tannen- und Lärchenwald ein bis zur etwas tiefer liegenden Alpe Tombal (1545 m), wo sich einige Hütten in kleine, sonnige Ferienwohnungen verwandelt haben. Es ist die Vorzeigealp von Soglio. Man kann auch von dort hinaufwandern, um vor allem den berühmten Blick auf die Granitriesen des Bondasca-Tals zu geniessen.

Eine Rast ist hier mehr als verdient, auch weil bis Soglio nur noch eine knappe Stunde abzusteigen ist. Der Weg trifft auf eine Forststrasse, die vom Dorf heraufkommt (für den Verkehr gesperrt) und kreuzt sie. Soglio erscheint plötzlich unter uns wie aus der Vogelperspektive. Die Steindächer schimmern in der Sonne, umrahmt vom satten Grün der sorgsam gepflegten Wiesen. Ein einmaliger Anblick, der den Berühmtheiten des Engadins in nichts nachsteht...

Das Dorf Soglio ist einzigartig im ganzen Alpenraum, mit seinen engen Gässchen, die dem Dorfplatz zustreben, an dem sich der Palazzo Salis erhebt. Die Dorfstruktur ist seit Jahrhunderten unverändert. Wir finden die typische Architektur der Zentralalpen aus Stein und Holz, die hier auf wunderbare Weise miteinander verschmelzen. Dazu kommt die herrliche Sicht auf die Sciora-Gruppe, den Cengalo und den Badile. Die Ruhe kann man hier vor allem im Frühling und Herbst geniessen, wenn weniger Touristen unterwegs sind.

Auch wenn unsere Route hier endet (Rückkehr nach Casaccia mit dem Postbus), sollte man, vorausgesetzt dass die Kräfte es zulassen, bis nach Castasegna hinabwandern: man folgt ein Stück der geteerten Zufahrtsstrasse zum Dorf (es gibt auch Abkürzungen) bis zur Hangstufe Plazza mit schönen Hüttchen unter uralten Kastanienbäumen. Rechts zweigt ein Strässchen ab (Wegweiser Castasegna), das nach ungefähr hundert Metern von einem mächtigen Wasserfall, der über glatt geschliffene Felsen herab stürzt, versperrt zu sein scheint... Das Geheimnis ist schnell gelüftet, denn die Strasse führt in einem halbkreisförmigen Tunnel genau unter dem Wasserfall hindurch und anschliessend in den Wald hinein. Kurz darauf befinden wir uns in einer für das Bergell so typischen Landschaft, im Kastanienwald von Brentan. Es ist eigent-

*Links, Bergwanderer bei Plan Vest und Tombal im goldenen
Licht der herbstlichen Abendsonne.
Soglio mit seinen „Granitriesen".
Aufsammeln der Kastanien in Brentan bei Soglio.*

lich kein Wald, sondern eher ein vorbildlich gepflegter
Garten. Das Einsammeln der Kastanien Anfang Oktober
ist ein richtiges Fest und in den ersten Dezembertagen,
wenn die getrockneten Kastanien geschlagen werden,
sind Gross und Klein dabei (siehe Tafel).
Nach dem Elektrizitätswerk, das mit dem Wasser aus dem
Albignastausee gespeist wird, führt die Straße in den kleinen
Ort hinein, der wirklich einen Besuch wert ist, da der Ver-
kehrsfluss zwischen Veltlin und Engadin das Dorf nicht mehr
belastet. Mit dem Postbus geht es zurück nach Casaccia.

DIE PROJEKTGRUPPE „CASTAGNETO"

Dieser Vereinigung geht es um die Geschichte, die
Kultur und die Natur von Castasegna. Vor kurzem
wurde das Lehrprogramm „Zwischen Maira und Mera" entwickelt. Mit den Zuschüssen verschiedener
Schweizer Institutionen entstand Informationsmaterial über Besonderheiten der einheimischen Flora
und Fauna und natürlich auch über die Kastanien,
ihren Anbau und ihre Verwertung. Dazu gehört der
Besuch eines charakteristischen Bauernhofs, der
noch bewirtschaftet wird, wo man das Trocknen der
Kastanien und die damit verbundenen einzelnen Ar-
beitsvorgänge von Oktober bis Dezember miterle-
ben kann. In einem anderen Bauernhaus wurde eine komfortable Unterkunft eingerichtet, besonders
geeignet, um Familien und Kleingruppen einen kurzen Aufenthalt zu ermöglichen.
Informationen: www.castagneto.ch
Tel. 081 822 13 46 Rosita Fasciati
Tel. 081 822 11 76 Davide Gianotti

Ausgangspunkt: Talstation der Albigna-Bahn in Pranzaira (1181 m, gebührenfreies Parken).

Charakteristik: bis zur Albigna-Hütte für Familien geeignet, hochalpines Gelände bis zum Passo di Casnile, kurzer Abschnitt auf dem Gletscher bis zum Übergang in das Valle del Forno.

Höhenunterschied/Gehzeit: von der Bergstation der Albigna-Bahn, 240 m bis zur Hütte/eine knappe Stunde; 880 m bis zum Passo di Casnile/3 Std.; weitere 4 Std. für den Abstieg bis zum Malojapass.

Empfohlene Jahreszeit: von Juni bis Oktober (im Winter Skitouren möglich).

Stützpunkte: Albigna-Hütte (2331 m) Tel. 081 822 13 16; kleines Berghaus bei der Bergstation mit Biwakmöglichkeit in Notfällen.

Karten auf S. 12-13

Achtung! Wer die Bergtour mit der Seilbahn plant, muss im Sommer bei schönem Wetter, sowohl bei der Auffahrt, als auch bei der Abfahrt, mit längeren Wartezeiten rechnen.

Das Albigna-Tal gehört zu den klassischen Tagestouren des Bergells. Durch die Errichtung der Seilbahn (siehe Tafel) infolge des Staudammbaus, schreckt der grosse Höhenunterschied zwischen Talboden und Albigna-Hütte (2331 m) niemanden mehr ab (Gegner aller technischen Hilfsmittel können natürlich den alten Weg benutzen). Das Hinaufschweben in dieser kleinen Kabinenbahn ist ziemlich aufregend, vor allem im oberen Abschnitt, wenn sich plötzlich der Schwindel erregende Abgrund des Sass Primavera öffnet. Noch etwas höher erblickt man nicht selten Gämsen, die ruhig grasen und sich durch die Seilbahn nicht im Mindesten stören lassen.

Von der Bergstation steigt man am rechten Rand der Staumauer aufwärts, wo sich das grosse Seebecken mit seinem grünlichen Wasser vor uns ausbreitet, und links davon liegt die Hütte. Rechts über uns erheben sich die Wände des Spazzacaldera, die mit zahlreichen schwierigen Routen zu einem Kletterparadies ersten Ranges geworden sind. Relativ leicht dagegen ist der Anstieg über die Normalroute am Dente, den man mit der klassischen Besteigung der Fiamma verbinden kann, dem Wahrzeichen der Bergeller Kletterberge.

Nun zurück zu unserer Route. Früher lag die Hütte in der Nähe unseres Standpunkts, aber 1956 wurde sie, um nicht vom Wasser des Stausees überflutet zu werden, an anderer Stelle wieder aufgebaut. Für den Hüttenanstieg überquert man die ganze Staumauer, dann geht es in einer Diagonalen weiter über magere Wiesen und Granitplatten. Von der Panoramaterrasse der Hütte blickt man auf die Nordwand der Cima di Cantone, die Punta di Zocca, die Cima della Bondasca und die Ostseite der Sciora-Gruppe, die von hier ehrlich gesagt weit weniger spektakulär wirkt als von der Sciora-Hütte (Route 1). In dieser Umgebung trifft man im Frühsommer öfters auf sympathische Murmeltierfamilien oder, etwas seltener, auf das Alpenschneehuhn.

VERLÄNGERUNG ZUM
PASSO CASNILE / VALLE DEL FORNO

Von der Albigna-Hütte sind mehrere interessante Überschreitungen möglich, von denen ich die folgende zum südlichen Passo Casnile empfehle (2941 m). Bis zum Pass weist der Weg keinerlei Schwierigkeiten auf: er steigt kontinuierlich unterhalb des Pizzo Balzetto an, mit schönem Blick auf die vereiste Nordwand der Cima di Cantone, die bis vor einigen Jahren als „klassische" Eistour galt. Doch der Rückgang des Gletschers liess sie schwieriger und vor allem auch gefährlicher werden. Reizvoll auch die Sicht auf die weiter unten liegende Vedretta di Cantone mit ihren Eisbrüchen.

Eine Hochfläche mit einigen kleinen Bergseen, eine halbe Stunde Gehzeit von der Hütte entfernt, sollte man unbedingt aufsuchen, auch wenn man nicht vorhaben sollte, bis zum Pass aufzusteigen. Die Gebirgslandschaft wird mit zunehmender Höhe strenger, doch die Markierungen bleiben gut sichtbar. Auf der Südseite des Passo di Casnile angekommen, endet die Tour für Bergwanderer, denn der Abstieg ins Valle del Forno vor allem in den Sommermonaten, wenn der Gletscher nicht mehr mit Schnee bedeckt ist, bleibt erfahrenen Bergsteigern vorbehalten, die dementsprechend ausgerüstet sein sollten, mit Pickel, Steigeisen und möglichst auch mit Seil. Andernfalls riskiert man, sich in eine heikle Situation zu bringen, wie ich es persönlich beobachten konnte. Eine Familie erlebte im Sommer 2003 wirklich eine angstvolle halbe Stunde, und nur mit ausserordentlich viel Glück sind diese Bergwanderer nicht in die Tiefe gerutscht. Nach diesem Abschnitt weist der restliche Abstieg keine großen Schwierigkeiten mehr auf (aufpassen muss man nur bei der Überschreitung einiger, nicht sehr fest gefügter Felsblöcke). Problemlos ist auch die Route bis zum Malojapass (siehe Route 4, von der Albigna-Hütte ca. 6 Stunden).

Links, die Albigna-Hütte und das grosse Staubecken.
Oben, der südliche Casnile-Pass und das Forno-Tal.

DIE ALBIGNA-STAUMAUER

Die große Stahlbetonmauer des Albigna-Stausees sieht man bereits von den Kehren der Talstraße. Sie wurde zwischen 1956 und 1958 erbaut, in einer Zeit, als im ganzen Alpenraum ähnliche Kraftwerke entstanden, und heute gehört sie praktisch zum Landschaftsbild des Bergells. An der Baustelle errichtete man in über zweitausend Metern Höhe ein richtiges Dorf, auf heute noch gut zu erkennenden, eigens dafür geschaffenen Hangterrassen. Für den Transport des Baumaterials verwirklichte man zwei Seilbahnen, von denen eine so riesig war, dass sie einen Lastwagen mitsamt Ladung und Fahrer, der hinter dem Lenkrad sitzen blieb, nach oben befördern konnte; an der Bergstation angekommen fuhr der Lastwagen auf einer in den Berg hinein gearbeiteten Strasse bis zur Mauer weiter. Am Ende der Bauzeit wurden diese Materialbahnen abgerissen. Das Elektrizitätswerk EWZ errichtete die heutige Bahn für den Transport ihres Personals, stellt aber gleichzeitig diese Einrichtung im Sommer auch den Touristen zur Verfügung (in Betrieb von 7 Uhr morgens bis 5 Uhr nachmittags); für Skitouren im Winter ist Voranmeldung nötig.

Reformation und Gegenreformation

Die Geschichte des Bergells deckt sich zum grossen Teil mit derjenigen der Familie Salis, die sich in der zweiten Hälfte des 13. Jahrhunderts im Tal niederliess. Im Jahr 1300 erwarben die Salis von der mächtigen Familie Planta, die praktisch die Kontrolle über das ganze Engadin und das Bergell hatte, die Rechte über die Ländereien von Soglio. Hier errichteten die Salis ihren Familiensitz, der von den nachfolgenden Generationen bereichert und verschönert, jedoch am 21. November 1621 von den Spaniern niedergebrannt wurde (denn die Salis standen auf der Seite der Franzosen). Die beiden Familien Planta und Salis schlossen sich mit der Zeit immer enger zusammen, vor allem durch mehrere Heiratsverträge... Und das bis zum 16. Jahrhundert, das heisst, bis zur Ausbreitung des reformistischen Gedankenguts. Pier Paolo Vergerio, der frühere Bischof von Capo d'Istria, der sich mit den Gedanken Luthers angefreundet hatte, musste fliehen und suchte zunächst in Poschiavo und anschliessend in Vicosprano im Bergell Zuflucht, wo die Reformation von Anfang an breite Zustimmung gefunden hatte. Bei seiner Ankunft waren die Pfarreien der „Sopraporta" bereits „ohne Messe". 1551 geschah etwas, was im Bergell grosse Verwirrung stiftete. Vergerio liess am Vorabend des Himmelfahrtsfestes das ganze Kirchengerät und alle Reliquien der Kirche San Gaudenzio oberhalb von Casaccia in den Bergbach Orlegna werfen. Die Kirche verfiel im 18. Jh. und ihre Ruinen sind noch heute von der Strasse zum Malojapass gut zu sehen. Die Salis, die im südlichen Bergell noch mächtig waren, konnten der Ausbreitung des protestanti-

schen Glaubens bis 1552 widerstehen. In jenem Jahr aber musste auch die letzte katholische Kirchengemeinde (Soglio) der neuen Lehre weichen und selbst die Wallfahrtskirche Nossa Donna wurde entweiht. Vergerio gelang es, den Bewohnern von Castelmur, Bondo und schliesslich auch von Castasegna den neuen Glauben aufzuzwingen. Es ist also klar, dass in der ganzen zweiten Hälfte des 16. Jahrhunderts die Protestanten im Bergell und im Oberengadin vorherrschend waren. Aus diesem Grund wählten sie auch den Murettopass, um 1618 den Erzpriester von Sondrio, Nicolò Ruscha, zu entführen und nach Chur zu bringen, wo dieser an den Folgen der Folter starb. Über den gleichen Passübergang stiegen Talbewohner zwei Jahre später ins Veltlin hinab, um den Protestanten zu Hilfe zu kommen, die dort von den Katholiken schwer bedroht wurden („Sacro Macello"). Im Jahr 1621 kamen jedoch die Spanier ins Bergell, die, nachdem sie Chiavenna erobert hatten, durch das rätische Tal hinaufzogen, die Dörfer in Brand steckten und die Anhänger der Protestanten verjagten. 1639 wurde endlich Frieden geschlossen.

Zum Glück ist all dies heute längst vergessen und die beiden Religionsgemeinschaften leben heute in jedem Ort friedlich zusammen. Im ganzen Bergell, wie auch im Puschlav und im Engadin, existieren viele Kirchen beider Konfessionen.

Hinzuweisen ist auf die kürzlich begangene Einhundertjahrfeier, in Vicosprano, der katholischen Gemeinschaft Don Guanella, der die Kirchen San Gaudenzio von Vicosprano und die Kirche der Unbefleckten Empfängnis in Promontogno angehören.

Die Ruinen der katholischen Kirche San Gaudenzio und die evangelische Kirche in Bondo.

Ein Ausflug nach Chiavenna

Das Städtchen Chiavenna, dessen Name vielleicht von dem Wort „chiave" (Schlüssel) kommt, existierte schon zur Römerzeit. Ausser einigen archäologischen Fundstücken, gibt es auch eine römische Inschrift bei einem Steinbruch (Caurga), wo Topf- oder Speckstein abgebaut wurde. Die Bedeutung des Städtchens wuchs jedoch erst im späten Mittelalter und zu Beginn der Renaissance, als es unter die Herrschaft der Visconti und später der Sforza kam, und von 1512 bis 1795, wie das gesamte Veltlin, von Graubünden regiert wurde.

Zu den Zeugnissen aus jener Zeit gehören unter anderem der schöne Palazzo Salis in der Via Dolzino (Antonio Salis – Soglio, 1755), der Giovanni Lucio Guler gewidmete Brunnen vor dem Palazzo Pretorio, an dessen Fassade und in den Innenräumen die Wappen verschiedener Bündner Stadtvögte, angefangen von Fortunato Sprecher, zu sehen sind.

Die Kunstschätze der Stadt sind im Gebäudekomplex der Kirche San Lorenzo aufbewahrt, nur ein paar Schritte vom Bahnhof und dem Busbahnhof entfernt, wo die Busse von St. Moritz und Lugano eintreffen („Palm Express"). Vor der Stiftskirche San Lorenzo (romanischen Ursprungs) liegt ein grosser Säulenvorhof mit einem separaten Glockenturm, beide sind Ende des 16. Jahrhunderts entstanden. Das angrenzende Baptisterium birgt ein besonders wertvolles Werk Lombardischer Kunst: einen Taufstein aus dem Jahr

1156, aus einem einzigen, riesigen Topfsteinblock herausgearbeitet. Auf ihm ist im Relief die Karsamstagzeremonie dargestellt, die Weihe des Taufwassers. An der anderen Seite der Kirche öffnet sich der Hof des Pfarrhauses, in dem sich das Kirchenmuseum mit dem wunderbar restaurierten Kirchenschatz, dem so genannten „Tesoro", befindet, das man unbedingt besichtigen sollte. Das wichtigste Ausstellungsstück, für das sich allein schon eine Reise nach Chiavenna lohnt, ist der „Pax", ein mittelalterlicher Evangeliardeckel aus Nussbaumholz, verziert mit 23 getriebenen Goldplättchen (Symbole der Evangelisten), Emaileinschlüssen, Perlen und Edelsteinen (lombardische Kunst, Datierung 11. bis 12. Jh.). Aus dem 12. Jahrhundert stammen zwei interessante Kupferkreuze, aus dem 15. Jahrhundert zwei geschnitzte Muttergottesfiguren und andere Heiligenfiguren. Nach dem Museumsbesuch darf ein Bummel durch die Via Dolzino nicht fehlen, die frühere Hauptstrasse der Stadt, heute Fussgängerzone mit vielen Geschäften und Spezialitätenrestaurants. Dieses enge Strässchen verbindet die Piazza Pestalozzi, die 1847 entstanden ist, als Chiavenna mit der Eröffnung der Passtrassen über den Splügen und den Maloja vom grossen Verkehrsstrom erfasst wurde, mit der wesentlich älteren Piazza Castello.

Ebenfalls einen Besuch wert ist das Museum Mulino Bottonera ganz in der Nähe dieses Platzes, im Stadtteil der ehemaligen Manufakturbetriebe an der Mera und der Hügel „Paradiso" mit seiner schönen Aussicht über die Stadt und auf das Gebiet Pratogiano. Dort liegen die berühmten „Grotti", natürliche Felshöhlen, in denen bei einer idealen, konstanten Temperatur von 6-8° die Bresaola gelagert wird. Seit mehr als zwei Jahrhunderten verbringt man dort auch gern die Freizeit. Im Innern eines Grotto liest man einen Schriftzug aus dem Jahr 1781: „Man verkauft guten Wein und lernt alles über die Menschheit", was könnte man da noch hinzu fügen?

Der berühmte Evangeliardeckel aus Chiavenna; Guler-Brunnen und Palazzo Pretorio; Palazzo Salis; Taufbecken aus Topfstein.

DIE VIA BREGAGLIA

Durch das Bergell, vom Malojapass bis Chiavenna, zieht sich die Via Bregaglia, ein Wanderweg, der fast ausschliesslich auf dem Talboden mitten durch die Ortschaften verläuft und dabei die wichtigsten Sehenswürdigkeiten berührt. Im ganzen Tal sind detaillierte Karten mit dieser Route zu erhalten, die auch die Beschreibungen der einzelnen Kunstdenkmäler in italienischer und deutscher Sprache enthalten. Der Wanderweg ist mit besonderen Markierungen gekennzeichnet, die das Logo des Bergells zeigen. Weitere Informationen bei Pro Bregaglia (Tel. 081 822 15 55) oder beim Verkehrsverein Consorzio Promozione Turistica Valchiavenna (Tel. 0343 37485), der auch mehrtägige Trekkingtouren mit Gepäcktransport zwischen den einzelnen Etappen organisiert.

PROMONTOGNO

Oberhalb von Promontogno verengt sich das Bergell und teilt sich in „Sottoporta" und „Sopraporta". Hier ragt heute noch der imposante Turm aus dem 13. Jahrhundert auf, der einst zu einer grösseren Befestigungsanlage gehörte, die vom Bischof von Como errichtet wurde, um sich gegen den Bischof von Chur zu verteidigen. Später wurde sie auf Befehl des Papstes Callisto II. im Jahr 1120 aufgegeben. Ganz in der Nähe steht das Kirchlein Nossa Donna, erstmals 988 als wichtigste Kirche des Tals erwähnt. Nach der Reformation verfiel das Gebäude und wurde dann von Giovanni di Castelmur wieder aufgebaut. Will man sie besichtigen, schlägt man die alte Strasse von Promontogno ein, vorbei am neuen Strassentunnel, der unter der Kirche verläuft.

Jede Ortschaft des Bergells besitzt historisch und künstlerisch interessante Sehenswürdigkeiten. Wandert man vom Maloja herab, kommt man durch: Casaccia (1460 m), Vicosoprano (1071 m), Borgonovo (1047 m), Stampa (994 m), Bondo und Promontogno (825 m) – von hier führt ein schönes Strässchen nach Soglio (1088 m) – und schliesslich Castasegna (686 m) an der Grenze zu Italien, dann weiter bis Chiavenna. Sollte man mit dem Auto oder dem Postbus das Bergell hinbabfahren, kann man ebenfalls auf kurzen Spaziergängen Sehenswürdigkeiten besuchen. Hier die wichtigsten, der Reihe nach vom Maloja herab:

Oberhalb von Casaccia die Ruinen der Kirche San Gaudenzio (siehe S. 24) und die Turmruine „Torraccia" (12. Jh.). Im Dorf führt die Strasse an einem typischen Haus aus dem 16. Jh. vorbei, am Hotel Stampa, in dem Altes mit modernem Komfort kombiniert wird (einige Zimmer mit antiken Möbeln eingerichtet): im Gästebuch stehen die Unterschriften von Otto von Bismarck, Giuseppe Garibaldi und der königlichen Familie von Savoien.

Wo sich das Bergell weitet, liegt Vicosoprano mit wichtigen Zeugnissen der Vergangenheit. Von den Patrizierhäusern sind besonders hervorzuheben der Palazzo Salis, der Palazzo Pretorio und der Runde Turm (einst Wohnsitz der Castelmur, dann Kerker und Folterkammer), der einzige dieser Art in Graubünden. Doch das Ganze Dorf ist sehr interessant mit seinen gepflasterten Gassen, den Adelswappen, kleinen Plätzen, Fassadenmalereien und Sprüchen an den Häusern, wie zum Beispiel: „Der Mensch wird geboren um zu arbeiten, die Faulen werden nichts zu essen haben."

Von Vicosoprano führt eine Gerade zwischen Wäldern und Wiesen nach Borgonovo, durch das heute nur die alte Strasse führt; an den blumengeschmückten Häusern viele Inschriften; ausserhalb des Ortes, links in den Wiesen die Kirche San Giorgio (erwähnt 1327, das heutige Gebäude stammt vom Ende des 17. Jahrhunderts). Auf dem Friedhof ruht der Bergeller Bildhauer Alberto Giacometti, das bekannteste Mitglied der Künstlerfamilie (Giovanni, Augusto, Diego und Alberto). Ihre Werke, darunter das wunderbare Gemälde „Leute aus meinem Dorf" (Bondo) des Malers Varlin sind im Museum Ciäsa Granda, das in einem Haus aus dem 16. Jahrhundert in Stampa untergebracht ist, ausgestellt. Dort befindet sich auch ein interessantes Heimatmuseum mit getreu nachgestellten Szenen des täglichen Lebens aus den vergangenen Jahrhunderten. Zu sehen ist dort u. a. die Backstube eines Zuckerbäckers, denn diese Kunst brachten die Bergeller in viele Orte der Schweiz und Itali-

ens (Tel. 081 822 17 39). Weiter auf der Strasse, nach etwa 100 Metern, liegt rechts ein antikes Wannengrab. Auf der anderen Seite des Baches, in Coltura, steht der Palazzo Castelmur, ein Bau, in dem sich viele Stilrichtungen vereinen (im 19. Jh. beendet); Einrichtungsgegenstände im Stil Louis-Philippe, im Sommer für Besucher geöffnet (Tel. 081 822 13 70).

Nach der wallartigen Erhebung von Nossa Donna (siehe Tafel) kommt man nach Bondo und seinem Ortsteil Promontogno, am Eingang des Bondasca-Tals. Von der alten Mera-Brücke herrliche Sicht auf den Piz Badile. Hier steht auch die alte Scartazzini-Mühle, die heute noch in Betrieb ist (Tel. 081 822 15 64). Bondo hat eine sehr kompakte Ortsstruktur mit engen, gepflasterten Gässchen, schönen kleinen Plätzen mit Brunnen, viele alte Häuser, darunter der Palazzo Salis mit italienischem Garten. Sehr familiäre Atmosphäre im Bereich der Crotti mit Bocciabahnen, Käse- und Milchverkauf in der Sennerei. Von Bondo geht es hinauf nach Soglio, auf einer sonnigen Panoramaterrasse; berühmt für seine Sicht auf die Gipfel des Bondasca-Tals, dargestellt von Giovanni Segantini in seinem Gmälde „Leben" (Teil des Triptychons, siehe S. 72). Am Dorfplatz erhebt sich ein Palazzo der mächtigen Familie Salis (heute Hotel). Im Dorf gibt es viele Läden mit Kunsthandwerk und typischen Erzeugnissen (auch hier gibt es noch eine Sennerei). Vom Friedhof bei der evangelischen Kirche San Lorenzo (1354) werden die Worte Reiner Maria Rilkes deutlich, der Soglio als „Schwelle zum Paradies" bezeichnete.

Das letzte Dorf ist Castasegna, das seit 1797 der Grenzort zu Italien ist. Heute verläuft der Grenzverkehr über die neue Umfahrungsstrasse. Ein Grund mehr, das Dorf in aller Ruhe zu besichtigen, auch die beiden kleinen Kirchen, die evangelische von 1660 und die katholische Johanneskirche.

WICHTIGE RUFNUMMERN

Post Castasegna Tel. 081 822 11 15
Post Bondo Tel. 081 822 11 23
Post Soglio Tel. 081 822 12 01
Post Stampa Tel. 081 822 12 28
Post Vicosoprano Tel. 081 822 12 36
Seilbahn Albigna, Tel. 081 822 64 14
Camping Mulina in Vicosoprano
Tel. 081 822 10 23
Camping Bondo Tel. 081 822 11 34
Sasc Furä-Hütte Tel. 081 822 19 68
Sciora-Hütte Tel. 081 822 11 38
Albigna-Hütte Tel. 081 822 14 05
Tennis, Kletterhalle, Eislaufen
Tel. 081 822 18 51

Das Museum Ciäsa Granda.

Verkehrsbüro Bergell Tel. 081 822 15 55

DER CAVLOCCIO-SEE UND DIE GLEICHNAMIGE ALPE.

VON MALOJA NACH SILS

Ausgangspunkt: Malojapass, gebührenpflichtiger Parkplatz kurz unterhalb des Passübergangs Richtung Orden, 1790 m.

Charakteristik: für Familien und Mountainbike bis zum Cavloc-See, Hochgebirgslandschaft bis zur Forno-Hütte, mit meist einfacher Gletscherüberschreitung.

Höhenunterschied/Gehzeit: 120 m bis zum See/1 Std.; 780 m bis zur Hütte/3,5 Std.

Empfohlene Jahreszeit: von Juli bis Oktober (im Winter klassisches Skitourenziel).

Stützpunkte:
Restaurant Cavloccio (1911 m), Tel. 079 438 92 82
Forno-Hütte (2574 m), Tel. 081 842 61 30

Karten auf S. 9 und 33

Achtung! Mountainbiker sollten etwas langsamer bergab fahren, denn auf der Strecke befinden sich einige unübersichtliche Kehren und viele Touristen sind mit Kindern unterwegs.

Wer von Chiavenna ins Engadin kommt, vielleicht nur für einen Tagesausflug, für den ist der Cavloc-See genau das richtige.
Man parkt das Auto in der Nähe der Staumauer von Orden, die errichtet wurde, um die Hochwasser des Bergbachs Orlegna einzudämmen, und nimmt die für den Verkehr gesperrte Fahrstrasse Richtung Forno-Tal auf, die sich fast eben bis zum Berghaus Salecina, dem Sitz der gleichnamigen Kulturstiftung, hinzieht (Tel. 081 824 32 39). Hat man den Bach überschritten, steigt die Strasse in einem schönen Lärchenwald an (rechts die Abzweigung zum Bitabergh-See), und allmählich öffnet sich der Blick auf die Viehweiden von Orden. Es folgt ein steiler Abschnitt (ziemlich mühsam für Radler), wo die Strasse hoch über dem

Tal in den Fels geschlagen ist, mit herrlichem Panorama über den Malojapass und den nördlich darüber aufragenden Piz Longhin. Dann wird die Strasse wieder flacher. Unter uns rauscht der Orlegna-Bach, in dem das Wasser aus dem Forno- und Muretto-Tal zusammenfliesst. Noch ein nahezu ebener Abschnitt und man sieht bereits zwischen den Tannen das Wasser des Cavloc-Sees glitzern (1907 m); ganz in der Nähe, auf einer Erhebung, ein kleines Restaurant. Der See ist Treffpunkt vieler Familien mit Kindern, hauptsächlich aus Italien und aus dem Bergell, denn auch mit dem Kinderwagen kann man hier problemlos heraufspazieren. Das flache Seeufer mit Grillplätzen (Holz vorhanden) lädt zum Ausruhen und Erholen ein. An besonders warmen Tagen, wie im unvergesslichen Sommer 2003, erfrischt man sich am besten mit einem Sprung in den See. Obligatorisch ist ein Abstecher zur nahe gelegenen Alp Cavloc mit ihrem charakteristischen, langen Stallgebäude. Im kühlen Brunnen wird die Milch frisch gehalten, die man im „Selfservice" geniessen kann, wenn man den Unkostenbeitrag hinterlegt. Wer Käse kaufen will, wendet sich an die Alphirten.
Auch eine Runde um den See darf nicht fehlen. Auf einem schmalen Pfad kann man all die wunderbaren kleinen Buchten und verborgenen Uferplätze entdecken. Auf diesem Pfad kann man auch nach Maloja zurückkehren, vorbei am Bitabergh-See (1854 m), wodurch sich die Gehzeit um ca. eine Stunde verlängert. Von diesem Seelein führt auch ein Weg zum „Abenteurpfad"

Die Viehweiden von Orden und Maloja Richtung Cavloc-See.
Frische Milch und Käse auf der Cavloc-Alp.
Der kristallklare Bergsee mit dem Pizzo die Rossi.

DER ABENTEUERPFAD

Für Familien mit Kindern und Jugendlichen darf dieser Abenteuerpfad im Ferienprogramm auf keinen Fall fehlen (genauere Informationen im Verkehrsbüro Maloja). Er beginnt hinter dem Staudamm von Orden und endet am Bitabergh-See. Die Strecke kreuzt den Normalweg zum See und ist mit sechs abenteuerlichen Passagen ausgestattet, darunter auch mit einer Hängebrücke. Besser ist es, diesen Pfad mit den richtigen Hilfsmitteln anzugehen. Die Kinder sollten mit Klettergürtel, Reepschnur und Karabiner ausgerüstet sein, denn alle abenteuerlichen „Hindernisse" sind mit Drahtseilen für die Selbstsicherung versehen. Unbedingt ausprobieren!

(siehe Tafel), anschliessend geht es direkt hinab zum Staudamm von Orden und zum Parkplatz.

ROUTENVERLÄNGERUNG BIS ZUR FORNO-HÜTTE
Die Forno-Hütte ist ein weiteres Tourenziel, das vom Malojapass zu erreichen ist (im Winter auch mit Tourenskiern), auch wenn in diesem Fall diese Route als Tagestour anstrengender ist. Man muss deshalb früh morgens aufbrechen. Der nicht allzu grosse Höhenunterschied könnte hier irreführend sein, denn das Gletschertal, das man ganz durchschreiten wird, ist sehr lang. Nach dem Cavloc-See nähert sich der Weg dem steinigen Bachbett des Orlegna, um zum charakteristischen Plan Canin zu gelangen (1988 m), wo links der Weg zum Muretto-Tal bis hinauf zum gleichnamigen Passübergang abzweigt (2562 m). Dafür muss mit eineinhalb Stunden gerechnet werden. Vom Pass führt der Weg auf italienischem Gebiet weiter, hinab ins Valmalenco bis zur Ortschaft Chiareggio an der alten Via Cavallera (1612 m, Bus und Hotels). Der Muretto-Pass gehört zu den ältesten Verbindungswegen nach Italien. Im 17. Jahrhundert, als das Veltlin unter der Herrschaft Graubündens stand, verkehrten hier viele Handelskarawanen. Auch der Erzpriester von Sondrio, Nicolò Rusca, wurde über diesen Pass nach Chur geführt, wo er von den Protestanten hingerichtet wurde.
Nun zurück zu unserer Route. Zur Forno-Hütte geht man geradeaus an der orographisch linken Talseite weiter, bis man in der Ferne den Gletscher erblickt, der in den ver-

Forno-Gletscher, Cima di Rosso und Pizzi Torrone.

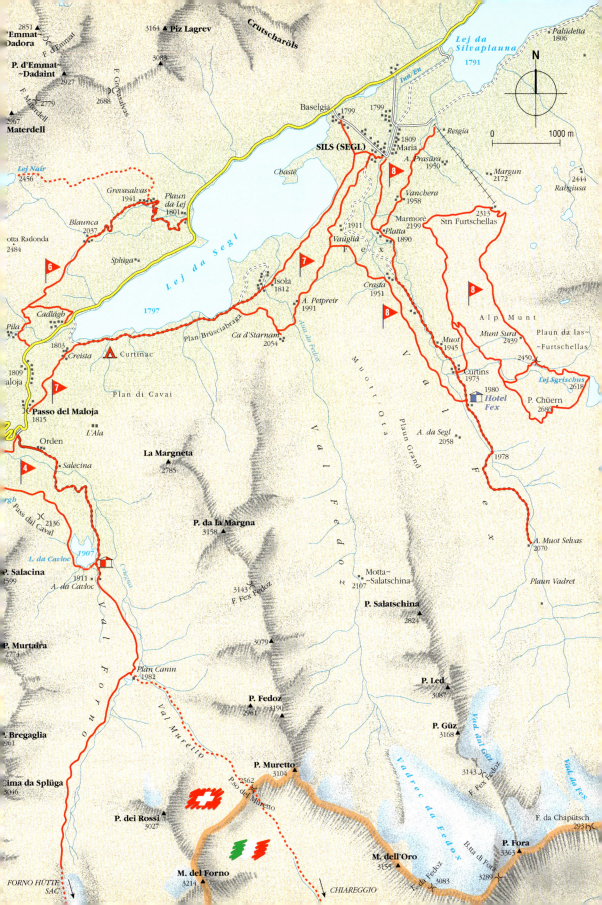

gangenen Jahren deutlich zurückgegangen ist, was beim Blick auf die Landkarte sofort auffällt. Endlich ist man an der Gletscherstirn angelangt, immer den zuverlässigen weiss-blauen Markierungen folgend (kurz zuvor rechts die Abzweigung zum Passo Casnile und der Albigna-Hütte, siehe Route 3) und es geht auf dem Gletscher aufwärts, problemlos,

aber stets mit Vorsicht. Der Wegverlauf ist mit farbigen Punkten angegeben. Die kleinen Spalten lassen sich ohne grössere Schwierigkeiten überwinden. Bei normalen jahreszeitlichen Bedingungen muss man bereits ab August damit rechnen, über blankes Eis zu gehen (Steigeisen sind nützlich aber nicht unbedingt notwendig, da die Steigung sehr bescheiden ist). Bei der Querung des Gletschers ist die Sicht auf den Gipfelkranz am Talabschluss grandios. Besonders berühmt sind die eisige Nordwand der Cima di Rosso und die nicht weniger bekannte Nadel der Kleopatra, im Hintergrund zwischen den beiden Torrone-Gipfeln. Nach der Querung des

ganzen Gletschers steigt der Weg über die Moräne hinauf, das bedeutet die wesentlich steilere, orografisch rechte Talseite, bis zu einem Felsbalkon, auf dem in herrlicher Panoramalage die Forno-Hütte (2574 m) steht. Wer diese Route als Zweitagestour plant, wird nicht enttäuscht werden, denn der Sonnenuntergang ist hier ein überwältigendes Erlebnis. Wer dagegen am gleichen Tag wieder nach Maloja absteigen muss, hat noch gute zweieinhalb Stunden Gehzeit vor sich.

Bergwanderer bei Plan Canin. Das grosse Talbecken des Forno-Gletschers.

Ausgangspunkt: Malojapass (1815 m), gebührenpflichtiger Parkplatz beim Verkehrsbüro (öffentliches WC) oder Parkmöglichkeit in Cadlagh.

Charakteristik: sehr aussichtsreich, Hochgebirgslandschaft zwischen Lunghin- und Septimerpass.

Höhenunterschied/Gehzeit: 840 m/2,5 Std.; weitere 3 Std. für den Abstieg bis Casaccia, 2,5 Std. für den Abstieg nach Bivio.

Empfohlene Jahreszeit: von Juli bis Oktober (im Winter ist der Piz Lunghin eine klassische Skitour).

Stützpunkte: keine.

Karte auf S. 37

Achtung! Die Länge des Abstiegs nach Bivio oder Casaccia ist bei unsicherer Witterung nicht zu unterschätzen. Dieser Routenabschnitt ist eine beliebte Mountainbiker-Strecke, gegenseitiger Respekt!

Vom Malojapass, vor der anglikanischen Kirche in der Nähe des Hotels Lunghin, zweigt ein Feldweg Richtung Pila ab. Hinter diesen Häusern steigt er in einigen Kehren zügig an, bis er auf einen Fussweg trifft, der von dem Dörfchen Blaunca kommt. Weiter geht es in mässiger Steigung am Hang entlang mit einem weiten Panorama über das Oberengadin. Die Aussicht wird mit zunehmender Höhe grandioser. Eine kleine Hochfläche und ein weiterer Steilaufschwung bringen uns zur Mulde des von Gletschern geschaffenen, tiefblauen Lunghin-Sees (2484 m). Gegen Osten, oberhalb des Silsersees, erscheint am Horizont die Berninagruppe mit der leicht zu erkennenden, schneebedeckten Gipfelhaube des Piz Roseg. Von hier kann man links auf steilen Pfadspuren direkt zum Piz Lunghin aufsteigen (2780 m, bequemerer Anstieg vom Lunghin-Pass). Dieser erstrangige Aussichtsbalkon über dem Bergell und dem Oberengadin, ist mit Recht eine der bekanntesten Skitourenrouten in diesem Gebiet. Vom Lunghin-See führt der Hauptweg in weniger als einer halben Stunde zur Passhöhe (2684 m).
Wir befinden uns auf einer wichtigen Wasserscheide. Genau an dieser Stelle (Schild) kann das Wasser in drei verschiedene Richtungen abfliessen. Nach Südwesten hinab in die Mera, also zur Poebene und dann in die Adria. Nach Nordwesten in die Gelgia, dann in den Rhein und in die Nordsee. Nach Osten in den Inn und damit in die Donau und das Schwarze Meer.
Hat man die Erinnerungsphotos mit dem Hinweis-

schild hinter sich gebracht, geht es sanft hinab zum Septimer (2310 m), der von hier aus betrachtet eher eine weitläufige Weidefläche als ein Passübergang zu sein scheint. Kühe und Rinder grasen hier in aller Ruhe und die weisse Strasse, die wir schon von weitem ausmachen konnten, schlängelt sich durch die Wiesen. Rechts, Richtung Norden, zieht sie sich in ca. 6,7 km hinab nach Bivio, wobei sie immer in der Mitte des weiten Tales verläuft. Links endet sie kurz hinter dem Septimer und verwandelt sich in einen Saum-

Vom Pass Lunghin fliesst das Wasser hinab ins Engadin.
Kleines Seelein auf der Alp da Sett mit Blick Richtung Bivio.

Der Septimerpass

Der „Pass da Sett" ist die alte, im Bergell übliche Bezeichnung für Passo del Settimo oder Septimerpass, einen der ältesten Übergänge in den Alpen. Der offizielle doppelte Namen kommt daher, dass neben der ladinischen und italienischen Sprache auch das Deutsche in diese Region eindrang. Zum Septimer kann man heute noch über drei Strassen gelangen: über den Maloja, von Bivio oder von Casaccia. Die beiden letztgenannten waren in der Antike bevorzugte Handelsverbindungen. Es ist kein Zufall, dass im „Itinerarium Antonini (4. Jh.) der Septimer zu den bedeutenden Strassenverbindungen gerechnet wird (unter 372 Routen in ganz Europa); aufgeführt sind dort die Verbindungen mit Brigantium (Bregenz), Cuira (Chur), Tinnetione (Tinzen), Muro di Bregaglia (Müraia di Nossa Donna), Summo Laco (Samolaco), Como, Mediolano.

Einige Ausgrabungen am Pass in den Jahren 1937-38 brachten Funde aus der Römerzeit und dem Mittelalter ans Licht. Es heisst auch, dass im 8. Jahrhundert Carlo Martello in der Nähe des Passes eine Unterkunft für Reisende errichten liess, nämlich das Hospiz San Pietro, urkundlich nachgewiesen aus dem Jahr 831. Von 1387 bis 1390 wurde die Strasse zwischen Tinzen und Piuro über den Septimer auf vielen Abschnitten erneuert, um sie für Karren passierbar zu machen, die Waren im Gewicht von „sechsunddreissig rubbi" transportieren konnten, was heute ungefähr drei Doppelzentnern entspricht. Mit ihren zwei Metern Breite, war sie zu jener Zeit wie eine Autobahn – und wie für die heutigen Autobahnstrecken – zahlte man einen Wegzoll. Später verlor der Passübergang allmählich an Bedeutung, und endgültig in Vergessenheit geriet er mit dem Bau der modernen Fahrstrassen im 19. Jahrhundert, vor allem mit der Eröffnung der Splügenstrasse. Wenn wir also auf dem heutigen Wanderweg auf der Bergeller Seite unterwegs sind, folgen wir grösstenteils dem antiken, gepflasterten Karrenweg.

Die römische Strasse über den Maloja

Dass der Malojapass für die antiken Handelsverbindungen von grundlegender Bedeutung war ist allgemein bekannt. Doch erst 1972 entdeckte man einen wichtigen Beweis dafür, nämlich eine gepflasterte, teils in den Fels gehaute Strasse, auf der Karrenräder gut sichtbare Spuren hinterlassen haben. Der Ursprung dieser Strasse reicht also bis in die Römerzeit, genauer bis ins 1. Jahrhundert n. Chr. zurück.

Der eindrucksvollste Abschnitt besteht aus 14 Felsstufen in der Mitte der eineinhalb Meter breiten Wegtrasse. Diese Stufen sollten den Zugtieren helfen, dieses Steilstück leichter zu überwinden. Seitlich der Trasse sind Löcher in den Fels gebohrt, in die Holzstangen gesteckt wurden, um schwerere Ladungen zu stützen oder die Tiere mit Seilen zu ziehen. Wahrscheinlich wurde diese Strasse das ganze Mittelalter über benutzt, wie die nahe Verbindung über den Septimer. Zu dieser Strasse gelangen wir, wenn wir dem Wegweiser zwischen der Garage Von Moos und dem Milch- und Käseladen folgen. Es handelt sich dabei um den ersten Teil des historischen Wanderwegs durch das Bergell (heute auch Via Bregaglia genannt), der von Maloja bis Cavril führt (Bushaltestelle).

pfad (siehe Tafel) mit längeren, schön gepflasterten Abschnitten. Eine sehr charakteristische Stelle beim Abstieg ist eine alte Steinbrücke, die so genannte römische Brücke, die aber wahrscheinlich aus dem Mittelalter stammt. Der Saumpfad führt gut gekennzeichnet bis zu einer Serie von Serpentinen, Cranch da Sètt, die uns ins weiter unten liegende Val Maroz bringt, also bereits mitten ins Bergell. Auf dem Talboden angekommen, zweigt rechts die Route 2 ab. Wir dagegen gehen links weiter, auf dem Fussweg, der von Maroz Dora (1799 m) nach Casaccia hinabführt. Verlässt man das Val Maroz, zieht sich die Strasse in weiten Kehren zum Dorf hin. Diese kann man auch „vermeiden", indem man die gut ausgeschilderte Abkürzung wählt, auf der man zum Friedhof von Casaccia gelangt. Von hier, aber auch von Bivio, kann man mit dem stündlich verkehrenden Postauto zum Ausgangspunkt zurückfahren.

Hinweistafel für die Wasserscheide am Pass Lunghin,
Lunghin-See und Berninagruppe. Die Strasse über den Septimerpass auf der Bergeller Seite.

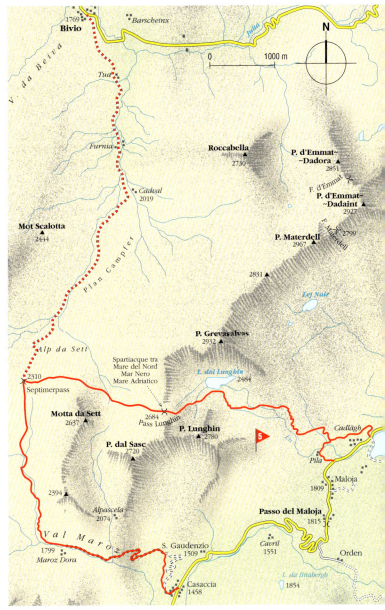

Ausgangspunkt: Plaun da Lej (1801 m, gebührenfreier Parkplatz) oder Maloja (Pila oder Cadlagh, im Sommer kaum Parkmöglichkeiten).

Charakteristik: Rundwanderung mit schöner Aussicht, meist auf Feldwegen, Rückkehr zum Ausgangspunkt mit dem Postauto.

Höhenunterschied/Gehzeit: 240 m/2 Std.

Empfohlene Jahreszeit: Sommer/Herbst.

Stützpunkte: keine.

Karte auf S. 33

Da es sich um eine Rundwanderung handelt, kann sie natürlich in beiden Richtungen durchgeführt werden. Hier wird sie mit Ausgangspunkt Plaun da Lej beschrieben.

Man stellt das Auto auf dem grossen, gebührenfreien Parkplatz am Ufer des Silsersees ab und schlägt den Feldweg rechts des Restaurants Murtaröl – Wegweiser nach Grevasalvas – ein, der in weiten Kehren im Lärchenwald ansteigt (weiter rechts, Richtung Sils, verläuft der Höhenweg Via Engiadina, der zügiger bergauf führt). In weniger als einer Viertel Stunde tritt der Weg aus dem Wald heraus und über den Baumwipfeln erblicken wir sogleich die Häuser von Isola, eingebettet in die grünen Wiesen auf der anderen Seite des Silsersees, ein märchenhaft anmutendes Bild. Noch ein kurzes Wegstück und vor uns erscheint auf einer sanften Wiesenterrasse Grevasalvas mit seinen Engadinerhäusern, die seit dem 19. Jahrhundert unverändert geblieben sind, wo jedes Bauernhaus ein Schmuckstück der Architektur ist (nicht von ungefähr wurden hier einige Szenen des berühmten Films „Heidi" gedreht). Auch wenn unser Ziel der Malojapass ist, lohnt sich ein zehnminütiger Aufstieg Richtung Lej Nair (2456 m, 1,5 Std. vom Ausgangs-

Steigt man von Plaun da Lej nach Grevasalvas hinauf, öffnet sich der Blick auf den Silsersee, Isola, den Piz Corvatsch und den Pizzo Tremoggia.
Rechts, das malerische Dörfchen Grevasalvas im Sommer und nach dem ersten Schneefall; Blick auf den Silsersee und den Piz La Margna, vom Weg, der von Blaunca nach Maloja hinabführt.

punkt), wo sich uns ein weites Panorama öffnet über den Weiler Grevasalvas, den Silsersee und die schneededeckten Gipfel Margna, Tremoggia und Corvatsch. Nach Grevasalvas führt unsere Route weiter zu den Hütten von Blaunca (2037 m), die man schon von weitem sieht und die wir in weniger als einer halben Stunde, immer auf dem Feldweg, erreichen. Zum Maloja hin erkennt man die kantige Gipfelform des Piz Badile mit seiner schattigen Nordostwand über den durch das Bergell heraufziehenden Dunstschleiern. Vorbei an Blaunca, verläuft der Weg eben und in gleicher Richtung weiter, zunächst noch über Wiesen,

dann quert er auf halber Höhe die Bergflanke des steilen Pizzo Grevasalvas bis zum Ufer des herrlichen Sees. Nach einem sehr schönen Aussichtspunkt über die Ortschaft Maloja kommen wir zur Abzweigung, an der man links bergab zum See geht und in wenigen Minuten am Parkplatz von Cadlagh angelangt (Haltestelle für das Postauto nach Maloja). Geht man geradeaus in gleicher Höhe weiter, trifft man kurz darauf auf den Weg, der von Pila zum See und zum Piz Lunghin hinaufführt (siehe Route 5). Diesen Pfad gehen wir bergab Richtung Maloja, wo wir in ca. 20 Minuten ankommen.

Der Segantiniweg und die Gletschermühlen

Kunst und Natur vereinen sich auf wunderbare Weise auf dem Segantiniweg am Malojapass. Giovanni Segantini, 1858 in Arco di Trento geboren, lebte in der Brianza. Mit Luigia Bugatti, auch Bice genannt, die ihm vier Kinder schenkte und mit der er sein ganzes Leben verbrachte, zog er 1886 nach Graubünden, nach Savognin und später nach Maloja. Er liess sich im Haus Kuoni nieder, das uns, zusammen mit seinem Atelier ganz in der Nähe, dank der Bemühungen seines Sohnes Gottardo und später seines Enkels Pietro, erhalten blieb.

Beide Gebäude befinden sich unweit der Post, vor dem Hotel Schweizerhaus. Dort beginnt auch der Segantiniweg, der in 12 „Stationen" das Werk des grossen Malers erläutert und unlösbar mit den Orten in Verbindung bringt, die er selbst aufsuchte, um sich inspirieren zu lassen und um seine Bilder zu malen.

Dieser Lehr- und Wanderpfad wurde 1999 eingerichtet und in einer Broschüre in deutscher und italienischer Sprache eingehend beschrieben (Verkehrsverein Maloja). Der Pfad führt durch einfach begehbares Gelände. Für die gesamte Strecke benötigt man ca. zwei Stunden. Jedoch sollte man sich viel Zeit dafür nehmen, nur so kann man das Werk dieses grossen Künstlers kennen und schätzen lernen. Wir sollten wie er verweilen und betrachten. Er liebte diese Berge so sehr, dass er, als er in schwerer Krankheit auf dem Schafberg (oberhalb von Pontresina) sich dem Tod nahe fühlte, seinen Arzt bat, hinausgetragen zu

werden, um noch einmal seine Berge zu sehen. Segantini ruht mit seiner Lebensgefährtin auf dem kleinen Friedhof hinter dem Parkplatz von Maloja.

Der Segantiniweg führt uns auch zu einer Besonderheit, die die Natur am Maloja geschaffen hat. Die 10. Station ist dem Gemälde „Die Eitelkeit" gewidmet und zeigt Bice, die sich auf der Wasseroberfläche einer Gletschermühle spiegelt. Dieses geologische Phänomen ist in den Alpen ziemlich häufig anzutreffen (nicht weit von hier bei Chiavenna und Cavaglia). Diese Gletschermühlen am Maloja beeindrucken durch Schönheit und Präzision der Formen, sowie durch ihre Anzahl (es sind 36) und Grösse.

Diese „Riesentöpfe" sind nichts anderes als ovale oder runde Löcher, die im Laufe der Jahrtausende von Steinen und Wasser geschaffen wurden. Das heisst, in den Gletschern, die dieses Gebiet vor langer Zeit bedeckten, formten sich auf der Oberfläche Trichter, die bis zu den darunter liegenden Felsen hinabreichten. In diesen Trichtern drehten sich strudelartig die vom Schmelzwasser mitgeführten Steine und höhlten langsam auch den darunter liegenden Fels aus. Beim Rückzug der Gletscher wurden dann diese Meisterwerke der Natur sichtbar.

Auf unserem Wanderweg können wir sie alle entdecken, die grössten, die mehr als zehn Meter tief sind und sechs Meter Durchmesser besitzen, und die kleinsten, die häufig nahe beieinander liegen, bis zu sieben an einer Stelle.

Der Turm Belvedere und das Hotel Palace

6795 Maloja und Piz Corvatsch 3458 m.

gadins, eine Erhebung über dem Bergell mit freier Rundsicht. Das Hauptgebäude seiner Villa sollte ein Turm sein, denn es sollte wie eine richtige Burg aussehen – und der Bau sollte mit eben diesem Turm begonnen werden. Bald darauf aber ging dem Grafen für seine pharaonischen Pläne das Geld aus... Das Hotel Palace konnte sich im Rahmen des internationalen Tourismus nie behaupten und in der Folge davon wurde auch Maloja nie eine richtige Konkurrenz für St. Moritz und Pontresina, deren Entwicklung mit grossen Schritten voranging. Das Hotel schloss bereits nach wenigen Jahren und auch die Villa von De Renesse blieb unvollendet. Allein der Turm war in der Zwischenzeit fertig gestellt worden.

In der zweiten Hälfte des 19. Jahrhunderts wurden die Thermalquellen von St. Moritz immer bekannter und in der Folge nahm die Zahl der Touristen zu, die diesen Kurort schätzten. Nach und nach entstanden neue Hotels und auch der Wintertourismus begann sich zu entwickeln.

Der belgische Graf Camille de Renesse, der von der Ruhe und Einsamkeit der Wiesen und der wenigen Häuser am Malojapass begeistert war, dachte, dass dieses südliche Tor zum Engadin eine Alternative zu St. Moritz und seinem Elite-Tourismus sein könnte. Damit begann der Bau der grossen Hotels Maloja Palace Kursaal und des kleineren Hotels Schweizerhaus, die beide heute noch existieren.

Der Graf de Renesse dachte auch, dass für eine Förderung des Fremdenverkehrs eine Reihe von anderen Einrichtungen nötig wäre und so entstanden auf den Wiesen am Maloja eine evangelische und eine katholische Kirche (siehe Tafel auf Seite 42, Die weisse Kirche am Maloja), ein Eisplatz und einige Villen, darunter auch die Privatvilla des Grafen. Für seinen Wohnsitz wählte er den äussersten Rand des En-

Wer also heute den Malojapass hinauffährt, vorbei an den Ruinen der Kirche San Gaudenzio und der Ebene von Cavril, erblickt hoch oben auf der Passhöhe den Turm Belvedere. Er erinnert uns an die antiken Warttürme des Bergells, vor allem an den Turm von Promontogno, und wir nehmen ganz selbstverständlich an, dass auch der Turm am Maloja antiken Ursprungs und nicht aufgrund des modernen Tourismus entstanden ist.

8858 Maloja Belvedere

Ausgangspunkt: Maloja (1815 m).

Charakteristik: erholsam, für Familien, geeignet für Mountainbikes (im Winter auch für Langläufer).

Rundwanderung: Der Rückweg, ausser mit dem Postauto, ist auch mit dem Boot „Freccia del Maloja" möglich, mit Anlegestellen in Cadlagh, Isola, Sils, Plaun da Lej.

Höhenunterschied: 50 m.

Länge: 7 km von der Dorfmitte Malojas bis zum Dorfplatz von Sils.

Empfohlene Jahreszeit: das ganze Jahr über.

Stützpunkte:
Pension Lagrev, Isola, Tel. 081 824 35 91.

Karte auf S. 33

Die im Folgenden beschriebene Wanderung gehört zu den klassischen Rundwegen im Engadin, am Eingang dieses wunderbaren Tals gelegen, wenn man aus dem Tessin oder aus Italien anreist. Da sie keinerlei Schwierigkeiten aufweist, kann sie zu jeder beliebigen Jahreszeit unternommen werden, sogar wenn das Wetter nicht so gut ist, oder sogar bei Regen…
Auch wenn man vom Silser Seeufer aufbrechen kann, empfehlen wir als Ausgangspunkt den Parkplatz in Maloja vor dem Büro des Verkehrsvereins (öffentliches

Die Wiesen von Isola und der Silsersee.
Die weisse Kirche am Maloja.
Rechts, Malojapass und Piz Lunghin, Tiefblick vom Weg ins Val Fedoz auf die Wiesen und Häuser von Isola.

DIE WEISSE KIRCHE IN MALOJA

Die älteste Kirche in Maloja wurde 1883 von der Familie De Renesse errichtet und zunächst der anglikanischen Kirchengemeinde übergeben. Später wurde sie dann, von 1890 bis 1967, katholisch und dem heiligen Gaudenz gewidmet, bis die neue Kirche in Passnähe gebaut wurde. Von diesem Zeitpunkt an benutzte man die Kirche bei Veranstaltungen als Unterkunft für Jugendliche aus verschiedenen Gemeinden, aber seit 1990 verfiel sie immer mehr, bis dann 1995 die Enkelin Segantinis, Gioconda Leykauf-Segantini, den Verein „Pro Chiesa Bianca di Maloja" (Postfach CH 7516 Maloja) gründete, der sich die Restaurierung und eine neue kulturelle Bestimmung der Kirche zum Ziel gesetzt hat.

WC), um auch dem Friedhof einen kurzen Besuch abstatten zu können, wo Giovanni Segantini und seine Lebensgefärtin Bice (Luigia Bugatti) ruhen (siehe Tafel S. 40). Wir gehen links am Friedhof vorbei, steigen einige Stufen hinab und gleich darauf wieder hinauf in Richtung der bekannten, von Legföhren umgebenen weissen Kirche am Maloja. In diesem Ortsbereich sind zu den ursprünglichen Gebäuden einige Villen hinzugekommen, jedoch immer mit der gebührenden Rücksicht auf die Umwelt. Nach den Häusern von Creista erblicken wir den Silsersee, der uns von hier aus auf dem schönen Spazierweg bis Isola begleitet. Da dieser Weg sehr frequentiert ist, wird gegenseitiges respektvolles Verhalten verlangt. Wer mit dem Rad unterwegs ist, sollte hier langsamer fahren und auf Fussgänger Rücksicht nehmen. Wer zu Fuss geht und in einer Gruppe wandert, sollte nicht die ganze Wegbreite einnehmen. Im Winter müssen die Spaziergänger neben der Loipe bleiben, während die Langläufer ihre Geschwindigkeit bei den Abfahrten etwas mindern sollten...

In Kürze gelangt man zum Campingplatz Plan Curtinac (Achtung, bis dorthin dürfen auch Autos und Wohnmobile fahren) mit seinem kleinen, bei Surfern sehr beliebten Strand. Hier kann man den Pfad linker Hand einschlagen, der direkt am Seeufer verläuft, während sich die breitere Strasse etwas davon entfernt. Nach einigen kurzen Anstiegen treten wir genau an der Abzweigung zum Val Fedoz (die weiter bis ins Fextal führt) aus dem Wald heraus. Wir gehen bergab zum Seeufer und an ihm entlang erreichen wir in wenigen Minuten den zauberhaften Weiler Isola. Eine Kuriosität: verwaltungsmässig befinden wir uns immer noch im Bergell, denn das Ortsgebiet von Stampa umfasst auch alle Weiden um Isola. Hier lohnt sich ein kurzer Abstecher, um den tosenden Wasserfall, der aus der Klamm des Val Fedoz herabstürzt, aus der Nähe zu sehen, und zwar rechts, kurz vor dem Steg, den wir überschreiten werden, wenn wir Richtung Sils weitergehen. Dieser Wegabschnitt auf halber Hanghöhe über den Wiesen und dem See ist erst vorkurzem neu hergerichtet und verbreitert worden, um ihn auch für Radler und Kinderwagen zugänglich zu machen. Ein Schild am Weganfang weist darauf hin, auch auf gegenseitige Rücksichtnahme...

Es folgt ein steiler, kurzer Anstieg bis zu einem engen Durchgang zwischen Steinblöcken, wo links eine Bank zu einer Rast einlädt, mit wunderbarem Blick über den See bis zum Malojapass. Dann geht es wieder abwärts im Tannen- und Lärchenwald (in der Dämmerung kann man hier oft Rehe beobachten) bis zum Ufer des Silsersees und daran entlang bis zur Bootsanlegestelle, anschliessend über Wiesen bis Sils. Links führt der Weg nach Baselgia, rechts nach Maria.

VERBINDUNG MIT DEM FEXTAL,

Wer schon in Isola war, dem empfehle ich die daran anschliessende Wanderung ins Fextal, über den ersten Talabschnitt des Val Fedoz. Es handelt sich um eine etwas längere Route, ideal für Mountainbiker, die hier leichtere Strecken auf Feldwegen mit schwierigeren („single trek") kombinieren können. Dabei auf Fusswanderer Rücksicht nehmen.

Wenig unterhalb der höchsten Stelle an der Wegverbindung zwischen Maloja und Isola, wenn man aus dem Wald heraustritt, zweigt rechts deutlich gekennzeichnet ein Saumpfad ab, der sich kontinuierlich über den felsigen Absatz oberhalb der Häuser von Isola hinaufzieht, mit schönem Panorama über das Oberengadin. Das Strässchen wendet sich nach rechts, hinein in das Val Fedoz, ein heute noch ursprüngliches und wenig besuchtes Tal, und in Kürze gelangt man zur Alpe Ca d'Starnam (2054 m); kurz vor dem Stallgebäude verlassen wir den Hauptweg und gehen links leicht bergab. Auf Holzstegen quert man ein feuchtes Wiesengebiet und geht weiter bergab bis zu einer kleinen Brücke über die Ova da Fedoz, mit dem obligatorischen Viehgatter. Schliessen nicht vergessen! Dann ein kurzer Anstieg bis zur Alpe Petpreir (1991 m), vorbei an einem Brunnen und in ein paar Kehren hinab bis zu den Wiesen. Oberhalb von Vauglia trifft man auf den Weg, der von Sils heraufkommt, und schlägt den Pfad ein, der im nächsten Kapitel beschrieben wird. Von hier folgt man rechts (Richtung Süden) der Route hinauf ins Fextal.

Beim Dörfchen Isola öffnet sich das Gletschertal Val Fedoz. Heute ist der Fedoz-Gletscher stark zurückgegangen, nur ein Stück zwischen dem Monte dell'Oro und dem Pizzo Fora ist übrig geblieben.
Mit dem Mountainbike auf der Alp Petpreir.

Ausgangspunkt: Sils Maria (1809 m), Parkhaus gebührenpflichtig.

Charakteristik: für Familien und Radler bis Fex Curtins, Pferdekutschen im Sommer und Pferdeschlitten im Winter (sie Info-Seite).

Höhenunterschied/Gehzeit: 170 m bis Curtins/ 1,15 Std.; 300 m bis Muot Selvas/2 Std.

Empfohlenen Jahreszeit: das ganze Jahr über bis Curtins (im Winter Ziel für Langläufer).

Stützpunkte:
Verschiedene Hotels und Restaurants in Crasta; Hotel Fex in Curtins Tel. 081 826 53 55, Alpe Muot Selvas.

Karte auf S. 33

Achtung! Mountainbiker sollten bei der Abfahrt auf ihre Geschwindigkeit achten, da auf der Talstrasse stets viele Wanderer unterwegs sind.

DAS HOTEL WALDHAUS

Auch wenn das Hotel Waldhaus in Sils nicht das älteste des Engadins ist, es wurde am 15. Juni 1908 eröffnet, ist es doch eines der bekanntesten und mehr als jedes andere Hotel, etwas erhöht am Eingang des Fextals schon von weitem sichtbar, fester Bestandteil des Engadiner Landschaftsbildes geworden. Weltberühmte Persönlichkeiten waren in diesem Haus zu Gast, wie Albert Einstein oder Maurizio Pollini … Die vollständige Liste wird in den Gästebüchern der Familie Kienberger, die seit Generationen dieses Spitzenhotel mit grosser Hingabe leitet, sorgfältig gehütet. Das Hotel bietet den Gästen jeglichen Service und Komfort (es gibt sogar eine Hauskapelle mit einer schönen Orgel), um ihren Aufenthalt so angenehm wie möglich zu gestalten. Besondere Aufmerksamkeit wird den Kindern zuteil, die mit persönlich abgestimmten Ferienprogrammen verwöhnt werden.

Die Kirche San Lorenzo in Sils Baselgia, im Vordergrund der Inn.

Dieser Wandervorschlag, mit dem Ausgangspunkt Sils, beschreibt die abwechslungsreichste Route ins Fextal, wobei man vermeidet, auf dem Hin- und Rückweg die gleiche Strecke zu benutzen. Hat man das Auto im Parkhaus abgestellt (WC), schlägt man am kleinen Dorfplatz die Teerstrasse ein, die in zwei steilen Kehren in die Nähe des Hotels Waldhaus führt, ein grossartiges Beispiel für die Architektur der „Belle époque". Weiter bergauf geht es vorbei an den Tennisplätzen und dem Minigolfplatz (für Besucher geöffnet) bis zu einer Geländekuppe mit Aussicht über den ersten Talabschnitt. Hier empfehle ich, anstatt in das Tal einzudringen, rechts den Fussweg aufzunehmen, auf dem im

Winter die Langlaufloipe angelegt wird. Er beschreibt einen weiten Bogen, bleibt dabei rechts der Strasse, um dann etwas steiler an der rechten Seite eines Bauernhauses anzusteigen. Auf diese Weise gelangt man zu einem kleinen Übergang nach Isola und dem Val Fedoz. Wir dagegen gehen links auf der Abzweigung nach Crasta, hinauf über einen ersten Anstieg und dann diagonal am Hang bis zum weissen Kirchlein und den Häusern von Crasta (1951 m). Wer hier keine Rast einlegen will, sollte, anstatt zur Talstrasse hinabzugehen, oben auf dem Fussweg bleiben und auf der orografisch linken Talseite weiterwandern. Denn von dort geniesst man eine bessere Aussicht und es ist ruhiger ohne den Kutschverkehr und nur wenigen Radlern. Nach einem langen, geruhsamen Abschnitt geht es schliesslich unmittelbar nach Curtins abwärts, dann auf einer neuen Brücke über den Bergbach bis zum Hotel Fex, wo man eine wohlverdiente Pause einlegen kann. Auch für die von Sils heraufkommenden Pferdekutschen ist hier Endstation.

Wer dagegen weiterwandern will, um den oberen Teil des Tals zu entdecken, wählt den Feldweg, der von Curtins in südlicher Richtung bis zu einer Alpe bei Muot Selvas (2070 m) führt und damit bereits den Blick auf die Gletscher ermöglicht. Direkt vor uns liegt die Eiszunge des Pizzo Tremoggia, der sich durch besondere geologische Formationen auszeichnet. Eine Schicht aus weissem Kalkstein liegt über dunkleren Felsen metamorphen Ursprungs. Oberhalb der weiten Hochfläche führen zwei Übergänge vom Engadin ins Valmalenco: rechts vom Gipfel der Passo del Tremoggia (3014 m) und links die Einsattlung Fex-Scerscen (3122 m), die vor allem von Skitourengängern überschritten wird und in deren Nähe sich auf italienischer Seite das Biwak Colombo befindet. Hierbei handelt es sich natürlich um Routen die nur erfahrenen Bergsteigern vorbehalten sind.

Nun zurück zu den Wiesen der Alpe Muot Selvas. Für den Rückweg sollte man die Talstrasse wählen, mit Blick vom Piz Lagrev bis Crasta, wo sich der Besuch der Bergkirche aus dem 16. Jahrhundert lohnt. Von dort geht es rechts auf einem charakteristischen Pfad bis zu den malerischen Häusern von Platta (1890 m). Anschliessend verläuft ein viel begangener Wanderweg durch eine Schlucht bis zum Dorflatz von Sils, wo die Pferdekutschen abfahrbereit stehen und auch das Verkehrsbüro liegt. Von Platta gibt es auch eine andere Wegvariante, die rechter Hand bis zum Parkplatz der Furtschellasbahn verläuft, wo man eventuell parken könnte, sollte, was allerdings nur sehr selten der Fall ist, die zentrale Tiefgarage besetzt sein. In beiden Fällen ist die Rückkehr nach Maloja mit dem Engadinbus von Sils oder mit dem Postauto von Baselgia möglich, das ungefähr stündlich verkehrt.

Zu Fuss, mit dem Rad oder mit der Pferdekutsche, das Fextal zählt zu den beliebtesten Ausflugszielen des Engadins.
Links, die Häuser von Muot, das Kirchlein von Crasta, mit dem Rad unterwegs nach Curtins. Auf dieser Seite, der Pizzo Tremoggia mit seiner auffälligen Kalksteinschicht über dem Bergstock aus metamorphosem Gestein; die Alphütten von Curtins und Gesamtansicht des Fextals vom Plan Vadret.

VARIANTE: AUFFAHRT MIT DER BERGBAHN UND ABSTIEG INS FEXTAL

Wer das Fextal bereits kennt, kann es auch zur Abwechslung auf andere Weise erreichen, mit der Bergbahn, die auf Furtschellas (2313 m) hinauffährt. An der Bergstation eröffnen sich uns zwei Möglichkeiten.

Die erste Route bietet ein wunderbares Panorama, ist keineswegs anstrengend und verläuft ausschliesslich bergab, zuerst über den Aussichtspunkt Marmorè (2199 m), dann in einer langen Diagonalen entlang der orografisch rechten Bergflanke bis Curtins (ca. 1 Std).

Die zweite Route ist anstrengender: ein teilweise ziemlich steiler Steig führt in weniger als einer Stunde bis zu einer weiten Hochfläche mit dem grossen Lej Sgrischus (2618 m), in dessen Nähe auch andere Bergs-een liegen, darunter der Lej Alv (2639 m). Hat man den nahen Piz Chuern (2689 m) erreicht, einen wahren Aussichtsbalkon über dem Oberengadin – genau vor uns erhebt sich der Piz La Margna (3158 m) – beginnt der Abstieg ins Fextal und nach Curtins, ehrlich gesagt ein wenig eintönig und mit einem beträchtlichen Höhenunterschied, bei dem uns die Trekkingstöcke zugute kommen. Eine Neuheit gibt es hier seit 2004: eine kulinarische Route, das bedeutet, mit einem einzigen Fahrschein kann man am frühen Morgen mit der Bergbahn hinauffahren, das Frühstück im Restaurant in der Bergstation einnehmen, das Mittagessen im Hotel Fex und am Nachmittag einen Imbiss in der Pension Chesa Pool in Fex Platta (weitere Informationen Tel. 081 838 50 00).

FRIEDRICH NIETZSCHE IN SILS

Der Philosoph Friedrich Nietzsche (1844-1900) kam fast zehn Jahre lang ins Engadin. Nach einem Aufenthalt in St. Moritz im Sommer 1879 erwählte er Sils Maria für seine Sommerfrische. Anfangs wohnte er im Hotel Alpenrose (heute Ferienresidenz) – sein Eintrag im Gästebuch stammt vom 18. Juli 1883 – dann im Haus in Maria, das heute ein Museum ist. Der Philosoph unternahm lange Spaziergänge am Ufer des Silvaplaner- und Silsersees bis zum äussersten Ende der Halbinsel Chastè, wo ein Gedenkstein an einem Felsblock an ihn erinnert. Während dieser

einsamen Wanderungen, allein mit dem Rauschen der Wellen und dem Wind in den Bäumen, liess er sich zu seinem vielleicht berühmtesten Werk „Also sprach Zarathustra" inspirieren.

Auch „Der Wanderer und sein Schatten" entstand wahrscheinlich während seiner Aufenthalte im Engadin. Hier finden sich seine ersten Eindrücke von diesem Hochtal: „ ... für mich ist es, als wäre ich im Gelobten Land"... und weiter „ich bin dieser Natur ähnlich!" Ein Besuch des Museums, jeweils am Nachmittag geöffnet, ist sehr beeindruckend.

I N F O R M A T I O N E N

AM MALOJAPASS

KUNST – GESCHICHTE – KULTUR

Der 1999 eröffnete Segantiniweg führt zu den Stellen, an denen der grosse Künstler seine Werke geschaffen hat. Er beginnt bei seinem Wohnhaus und Atelier, gegenüber der Post, und verbindet dann die verschiedenen, mit ausführlich beschriebenen Schautafeln gestalteten „Stationen" vom Malojapass bis Capolago.
Einige Gebäude, typisch für die Architektur des 19. Jahrhunderts: Villa La Rosée (1885); Hotel Schweizerhaus; Turm Belvedere (siehe S. 41); Kirche San Gaudenzio (Weisse Kirche in Maloja, siehe S. 42).
In Orden befindet sich der Sitz der Salecina-Stiftung mit zwei selbst bewirtschafteten Unterkunftshäusern und Wochenprogrammen für die Gäste; Tel. 081 824 32 39.

BESONDERHEITEN

Die Gletschermühlen in der Nähe des Turms Belvedere, einstündiger Spaziergang.
Die „Maloja-Schlange", eine meteorologisches Erscheinung, die manchmal in den Abendstunden zu beobachten ist, wenn der Dunst, der durch das Bergell heraufzieht, eine Art Schlange bildet, bevor er ins Engadin eindringt.
Bei Orden gibt es eine Staumauer, die nicht zur Energiegewinnung errichtet wurde, sondern vor eventuellen Flutwellen aus dem Fornotal schützen soll, zahlreiche Hinweisschilder vor Ort.
Jenseits der Staumauer beginnt der Abenteuerpfad (siehe S. 32), ein Erlebnis für Gross und Klein.

SPORT – RELAX

Der Malojapass ist die Pforte zu den Langlaufloipen (über 200 km), wenn man von Italien oder aus dem Tessin anreist. Beim Malojapass beginnt auch jedes Jahr der berühmte Skimarathon (2. Sonntag im März); Tel. 081 850 55 55.
Eisplatz, Schlittenbahn beim Turm Belvedere.
Für alpine Skiläufer, Ponylift und Skilift Aela, Tel. 081 824 31 20.

WICHTIGE RUFNUMMERN

Post Maloja Tel. 081 824 31 41
Campingplatz Plan Curtinac Tel. 081 824 31 81
Forno-Hütte Tel. 081 824 31 82
Bootsfahrten auf dem Silsersee,
täglich mehrere Fahrten: Tel. 081 826 53 43

Verkehrsbüro Maloja Tel. 081 824 31 88

IN SILS

KUNST – GESCHICHTE – KULTUR

Haus und Museum des Philosophen Friedrich Nietzsche (siehe Tafel links); Tel. 081 826 53 69.
Museum des Malers Andrea Robbi (1864-1945), Tel. 081 862 63 32.
Romanische Bergkirche in Fex-Crasta, Fresken aus dem 16. Jh. (Schlüssel im Hotel Sonne oder der Pension Crasta).
Kirche S. Lorenzo in Baselgia, 17. Jh.
Typische Häuser aus dem 17./18. Jh.; Ortsführungen jeweils Montag nachmittags.

BESONDERHEITEN

Führungen zur Alp, um die verschiedenen Arbeitsabläufe der Alpwirtschaft kennen zu lernen, mit typischer Brotzeit, jeden Donnerstag um 13 Uhr, Tel. 079 295 16 71.
Engadiner Alpenflora im Alpengarten von Muot Marias, Führungen (Info Verkehrsbüro).
Via Gastronomica, kulinarische Wanderungen im Fextal, Info und Karte bei der Furtschellasbahn, Tel. 081 838 50 00.

SPORT – RELAX

Modernes Sportzentrum Muot Marias; im Sommer Tennis, Basketball, Volleyball, Hallenfussball, Nordic Walking, Kinderspielplatz; im Winter Eislaufen, Curling, Hockey; in der Nähe Skischule für Kinder.
Mountainbike, Kurse und Vermietung, Tel. 081 826 52 94 und 081 826 55 02.
Schwimmbad und Wellnesszentrum im Hotel Waldhaus (081 838 51 00) und im Hotel Schweizerhof (Tel. 081 838 58 58).
Segelschule: Tel. 081 851 06 05.
Surfschule: Tel. 081 828 92 29.
Ruderbootvermietung in Plaun da Lej: Tel. 081 826 53 43.
Angeln im Silsersee, Erlaubnisbescheinigung im Verkehrsbüro.
Golfübungsplatz beim Hotel Margna, Tel. 081 838 47 47; Minigolfplatz beim Hotel Waldhaus (siehe oben).
Skischule (Langlauf und Abfahrt), Tel. 081 838 50 55.

WICHTIGE RUFNUMMERN

Post Sils Baselgia Tel. 081 826 52 25
Post Sils Maria Tel. 081 826 53 13
Pferdekutschen ins Fextal:
Gebrüder Clalüna Tel. 081 826 52 86;
Gian Coretti Tel. 081 826 56 73
Furtschellasbahn Tel. 081 838 50 00
Hotel Fex Tel. 081 826 53 55
Bootsfahrten auf dem Silsersee,
täglich mehrere Fahrten: Tel. 081 826 53 43

Verkehrsbüro Sils Tel. 081 838 50 50

Gehen und Gleiten im Schnee...

Das Engadin ist ein Langlaufparadies!
Ich denke, dass jeder, auch wenn er kein leidenschaft-
licher Langläufer ist, dieser Behauptung zustimmen
wird. Man bemerkt es sofort, wenn man das Bergell
hinauffährt (von Januar bis April). Kaum ist man auf
der Passhöhe angelangt, öffnen sich die Schnee bedeckten Wiesen von Orden mit ihren Loipen. Noch
ein paar Kilometer weiter, hinter dem grossen Hotel
Maloja Palace, breitet sich die weite Ebene des zugefrorenen Silsersees aus, auf dem die Langläufer wie
Ameisen unterwegs sind. Zusammen mit den Wanderern und Spaziergängern können sie in aller Ruhe dutzende von Kilometern zurücklegen, zwischen Wäldern
und Dörfern, in der Traumlandschaft des Engadins.
Über zweihundert Kilometer Langlaufloipen werden
zwischen Maloja und Strada im Unterengadin regelmässig gespurt und gepflegt, nicht nur Loipen auf dem
sonnigen Talboden, wo normalerweise von November
bis Ostern Schnee liegt, sondern auch bis weit in die
Seitentäler hinein. In den bekanntesten, dem Fextal
und dem Rosegtal, kann man im Winter auch zu Fuss
durch die Schneelandschaft wandern oder einen Aus-

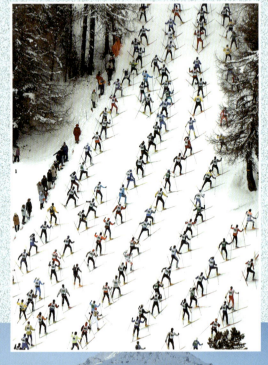

flug mit dem Pferdeschlitten machen. Im gesamten Engadin sind an wichtigen, ich würde sagen, strategischen Stellen, Hinweistafeln mit Landkarten aufgestellt. Sie zeigen die Wanderwege, die auch im Winter in aller Sicherheit und mit einer minimalen Ausrüstung, oft genügen ein Paar feste Winterstiefel, begangen werden können. Es verwundert also nicht, wenn man auf Familien mit Schlitten und Kinderwagen trifft, oder auf ältere Spaziergänger, die sich mit Skistöcken mutig auf den Weg machen.... Sogar wenn es schneit, sind sie zahlreich unterwegs. Hotels und Restaurants sind stets geöffnet und selbst für einen heissen Tee wird man herzlich aufgenommen. Das Gleiche gilt auch für die Langläufer. Auf Schautafeln sind die Loipen verzeichnet. Speziellere Hinweise findet man auf blauen Stangen längs der Loipe, mit Orts- und Entfernungsangaben. Von Maloja nach S-chanf, über die zugefrorenen Seen wird auch ein Skimarathon durchgeführt, der bereits eine lange Tradition besitzt, der Engadin Skimarathon. Seit 1969 treffen sich hier am zweiten Sonntag im März mehr als zehntausend Langläufer für ein spektakuläres Rennen. Die Besten erreichen in weniger als eineinhalb Stunden, nach 42 Kilometern, das Ziel. Natürlich kann man auch ohne diesen Wettbewerbsgeist teilnehmen, einfach nur die Landschaft, das bunte Gemisch der Teilnehmer aus vielen Ländern

und die freudig applaudierende Zuschauermenge geniessen. In St Moritz Bad, vor dem neuen Langlaufzentrum, sind alle Namen der Sieger und Siegerinnen der vergangenen Jahre mit ihren Gewinnzeiten aufgeführt.

Ein Hinweis: Das Engadin ist gross genug für alle und deshalb wird gegenseitiger Respekt verlangt. Was im Sommer für Fusswanderer und Radfahrer gilt, trifft auch im Winter für Spaziergänger und Langläufer zu. Zu Fuss sollte man auf keinen Fall die Loipen betreten, denn es genügen die Schritte einer einzigen Person, die Spuren der klassischen Loipen und der Skatingbahnen zu zerstören. Das gleiche

gilt für die Langläufer, vor allem in den Seitentälern. Sie sollten auf ihren Loipen bleiben, ohne die Fussgänger, die wesentlich langsamer unterwegs sind, zu behindern oder zu erschrecken.

Und noch ein Hinweis. Obwohl es noch nicht obligatorisch ist, bitte ich alle Langläufer, die Anstecknadel „Engadin Pin" zum Preis von 35 Franken zu erwerben, mit der man alle Loipen die ganze Wintersaison über benutzen kann, oder wenigstens den Tagespass (10 Franken). Es ist ein kleiner Beitrag zur Präparierung dieser wunderbaren Langlaufloipen.

VON SILVAPLANA NACH ST. MORITZ

ST. MORITZ, DIE SEEN UND WÄLDER DES OBERENGADINS VON MUOTTAS MURAGL GESEHEN.

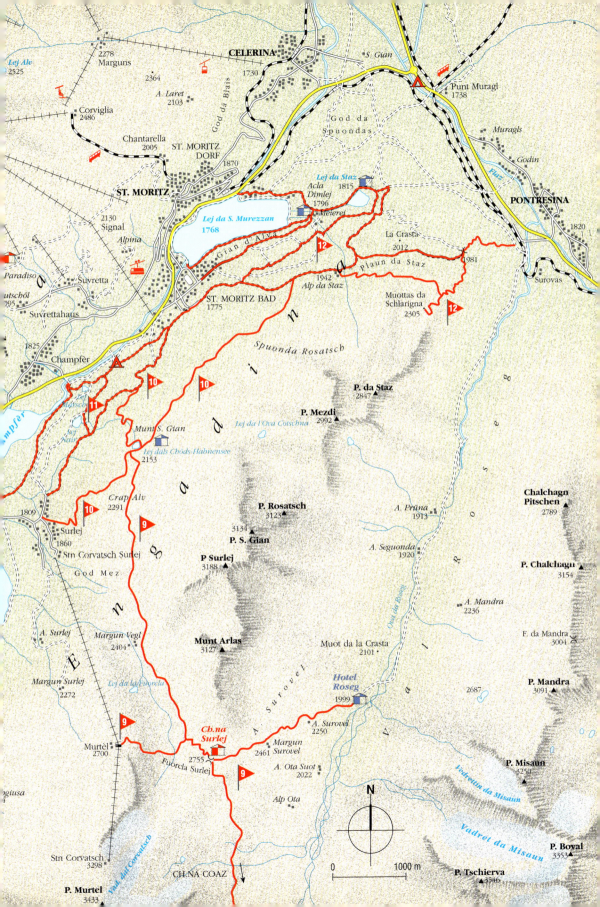

Ausgangspunkt: Surlej (1860 m), gebührenfreier Parkplatz auf dem Parkplatz der Talstation Corvatschbahn.

Charakteristik: für Familien bis zur Fuorcla Surlej, alle anschliessenden Routen sind leicht aber sehr viel länger.

Höhenunterschied/Gehzeit: Von der Mittelstation Murtèl, 100 m/eine knappe Stunde bis zum kleinen Berggasthaus auf der Fuorcla Surlej (2755 m); weitere zwei Stunden bis zur Coaz-Hütte (2610 m); ebenfalls ca. zwei Stunden für den Abstieg zum Lej dals Chöds und nach Surlej.

Empfohlene Jahreszeit: von Juli bis September.

Stützpunkte:
Restaurant Murtèl (bei der Mittelstation), Tel. 081 838 73 83;
Berggasthaus Fuorcla Surlej, Tel. 081 842 63 03;
Coaz-Hütte, Tel. 081 842 62 78;
Hotel Roseggletscher, Tel. 081 842 64 45;
Restaurant Hahnensee, Tel. 081 833 36 34.

Karte auf Seite 54

Fährt man mit der Corvatschbahn bis zur Mittelstation Murtèl, bieten sich mehrere Wegvarianten an, für die man sich auch an Ort und Stelle, je nach den Wetterverhältnissen entscheiden kann, oder je nachdem, ob man einen aktiven oder eher beschaulichen Tag verbringen möchte.

Die auf dieser Seite beschriebene Wanderung ist sehr beliebt. Man sollte möglichst einen Tag mit guter Fernsicht wählen, aufgrund des grandiosen Panoramas in dieser Höhe. Im Talgrund des Engadins und besonders in Silvaplana kann man sich nicht vorstellen, was jenseits des Piz Corvatsch ist und was uns nach der Auffahrt mit der Seilbahn erwartet. Man muss es selbst gesehen haben...

In wenigen Minuten bringt uns der erste, vor kurzem erneuerte Abschnitt der Seilbahn von Surlej hinauf nach Murtèl, in 2700 m Höhe, wo wir aussteigen. Leider ist das Landschaftsbild hier durch die vielen Skipisten etwas beeinträchtigt. Doch wenn man sich auf dem Strässchen Richtung Fuorcla Surlej auf den Weg macht, befindet man sich bald in typischer Hochgebirgslandschaft (morgens ist es hier auch im Sommer sehr kalt, da wir auf der Nordseite sind); es geht leicht bergab über die Skipiste, die vom Piz Corvatsch herabkommt und dann den Hang aufwärts, der unterhalb der Fuorcla Surlej liegt. Auf den letzten Metern steigert sich die Erwartung. Bald erscheinen nach und nach zuerst die Schnee bedeckte Spit-

ze des Vorgipfels des Piz Roseg (3920 m) und nach wenigen Schritten auch die anderen Gipfel, die den einzigen Viertausender der Zentralalpen umringen, den Piz Bernina (4049 m). Dieses Panorama ist wirklich einzigartig, mit der Eiszunge des Tschiervagletschers, die sich zwischen zwei riesigen Moränen zu Tal schiebt, ein Rest der kleinen Eiszeit im 18. Jahrhundert. Unter den herrlichen Bergen, die uns umgeben, möchte ich zwei klassische Routen besonders hervorheben: den unverwechselbaren Grat am Pizzo

Das überwältigende Panorama der Berninagruppe von der Fuorcla Surlej: von links die Gipfel Tschierva, Morteratsch, Bernina, Scerscen, Roseg, Gemelli, Sella und Glüschaint.

Bianco (an den Piz Bernina grenzend), der überall als Biancograt („Himmelsleiter") bekannt ist und die Nordwand des Piz Roseg. Das kleine Seelein beim Berggasthaus Fuorcla Surlej lädt zu einer Rast ein, die wir beliebig verlängern werden, falls die Rückkehr nach Surlej mit der Bergbahn geplant ist (letzte Abfahrt 16.45 Uhr).

VERLÄNGERUNG BIS ZUR COAZHÜTTE

Die Fuorcla Surlej ist der bequemste Übergang vom Oberengadin ins Rosegtal, der natürlich seit dem Bau der Corvatschbahn viel begangen wird. Deshalb sollte man auch zu einem „Abstecher" ins Rosegtal profitieren, der hier im nächsten Kapitel beschrieben wird.

Auch die Coazhütte ist zu einem beliebten Ziel vom Ausgangspunkt Fuorcla Surlej geworden. Die Wanderung dorthin ist ziemlich lang aber ohne grosse Höhenunterschiede. Fast immer in Nord-Südrichtung windet sich der Weg an der orografisch linken Flanke des Rosegtals entlang, natürlich mit einer unvergleichlichen Aussicht auf die oben genannten Berge. Von der Fuorcla Surlej geht es zunächst abwärts bis zum tiefsten Punkt bei der Querung des Vallun del Murtèl (2569 m – unweit von der Einmündung des Wegs, der vom Hotel Roseggletscher heraufkommt), um dann sehr langsam wieder anzusteigen. Wenn man sich der Coaz-Hütte nähert, erblickt man weiter unten einen vom Gletscher geschaffenen See, der im Laufe des 20. Jahrhunderts entstanden ist (auf den Landkarten hat er noch keinen Namen, doch er wird allgemein „Lej da Vadret" genannt) und die Hütte, die vom Eisbruch des Roseggletschers, der wie alle anderen Gletscher stark zurückgegangen ist, überragt wird.

ABSTIEG INS ROSEGTAL

Wie bereits erwähnt, ist die Fuorcla Surlej der einfachste Übergang vom Oberengadin ins Rosegtal. So kann man also von der Fuorcla Surlej hinabwandern zum berühmten Hotel Roseggletscher mitten im Rosegtal (1,5 Std.) und von dort bis zum sieben Kilometer entfernten Pontresina (weitere 1,5 Std.); vom Hotel kann man aber auch den bequemen Pferdekutschendienst in Anspruch nehmen (siehe Infoseite).

ABSTIEG VON SURLEJ ÜBER
DEN LEJ DALS CHÖDS

Eine andere schöne Wanderroute führt über den Lej dals Chöds oder Hahnensee (2153 m) hinab nach Surlej (oder St Moritz). In diesem Fall gehen wir von der Fuorcla ein kurzes Stück abwärts, auf dem Weg, den wir von Murtél heraufgekommen sind, und zweigen dann rechts ab. Vorbei unter den Hängen des Piz Arlas bleiben wir oberhalb von Margun Vegl, von wo zwei Ski-/Sessellifte hochgehen, und wandern unter dem Sessellift Giand'Alva hindurch. Der Pfad zieht sich in einer langen Diagonalen bis zum Crap Alv (2291 m), einem Aussichtspunkt hoch über dem Sils-ersee, dem Sivaplanersee und dem Malojapass. Dann geht es in einem schönen Arvenwald weiter bis zur Mulde des Lej dals Chöds oder Hahnensees (2153 m – siehe folgende Route).

Von einem Abstieg zu Fuss von der Fuorcla Surlej über die Alp Surlej rate ich ab. Es ist sicher der direkteste Weg aber weit weniger interessant, denn er führt zum grössten Teil über das Gelände der Skipisten.

Links, Luftaufnahme des Lej Vadret unterhalb der Coaz-Hütte mit westlichem Talabschluss des Rosegtals. Auf dieser Seite, die Coazhütte und der Weg hinauf zur Fuorcla Surlej.

Der Julierpass

Über den Julierpass (2284 m – Pass dal Guglia auf Ladinisch) führt heute eine breite Asphaltstrasse, besonders auf der Engadiner Seite, und bei einer gemütlichen Spazierfahrt sieht man den Piz Bernina mit seinem berühmten Biancograt. Seine Bedeutung als zentraler Passübergang in den Alpen geht zurück bis in die Römerzeit. Auf der Passhöhe wurden Reste von Marmorsäulen, Teile von Statuen und 24 Behälter mit Münzen gefunden, die aus der Zeit des Kaisers Augustus stammen. Der Übergang wurde für den Handelsverkehr zwischen Chur und Como benutzt, als Alternative zum höheren, wenn auch direkteren Septimer. Er hatte den Vorteil, dass sein weiter Sattel früher schneefrei wurde.

Vom Gasthaus La Veduta (2233 m), unterhalb der Passhöhe auf der Seite von Bivio, beginnt der Weg hinauf zum See Grevasalvas (2390 m) und damit zur gleichnamigen Scharte (2688 m) von der man mühelos zu den Häusern von Grevasalvas hinabsteigen kann (siehe Route 6). An der gleichen Stelle zweigt der schwierigere Pfad zur Forcella d'Angel auf (2984 m), der die Verbindung zum Val Bever herstellt, wo die Jenatschhütte liegt (2652 m – siehe Route 22).

Ausgangspunkt: Surlej (1809 m), gebührenfreier Parkplatz bei der Bushaltestelle – WC.

Charakteristik: für Familien.

Höhenunterschied/Gehzeit: 340 m/1,5 Std. bis zum See, die weitere Gehzeit hängt von der Routenwahl ab.

Empfohlene Jahreszeit: von Juni bis November.

Stützpunkte:
Bergrestaurant Hahnensee (2153 m),
Tel. 081 833 36 34.

Karte auf Seite 54

Der Lej dals Chöds gehört zu den beliebtesten Wanderzielen und kann beliebig von Surlej, Champfèr und St. Moritz aus erreicht werden. In den herrlichen Wäldern gibt es zahlreiche Varianten der hier beschriebenen Route.

Aber nun zurück zu unserer Wanderroute, die uns sicher zur kleinen Niederung mit dem See führt (eigentlich sind es zwei). Der malerische Ort lädt zu einer Rast ein, sei es am Ufer der beiden kleinen Seen, sei es in der nahen Gastwirtschaft Hahnensee, die nicht nur für ihre Küche bekannt ist, sondern auch für ihren halbkeisförmigen Balkon, wo das Panorama bis nach Norden reicht und zwischen uralten Arven erblickt man die Häuser von Champfèr, Suvretta und St. Moritz, das Grün der Wiesen und das Weiss der höchsten Bergspitzen (genau vor uns der Gipfel des Piz Julier oder Guglia).

Rehe auf einer Lichtung oberhalb Surlej und die von Gletschern geschaffene Mulde des Lej dals Chöds (Hahnensee).

Wie bereits oben angedeutet, kann man zu dem hier vorgeschlagenen Wanderziel von verschiedenen Ausgangspunkten aufbrechen. Es eignet sich auch zu einer Rundwanderung, denn von jedem Endpunkt kann man leicht mit dem Postauto oder dem Engadinbus zum Ausgangspunkt zurückkehren.
Ich empfehle, das Auto auf dem gebührenfreien Parkplatz in Surlej bei der Bushaltestelle zu parken, denn genau hinter dem WC-Häuschen beginnt der gut markierte Weg zum Lej dals Chöds oder Hahnensee. Der Weg gewinnt sofort an Höhe und führt an den letzten Häusern von Surlej vorbei, hinauf in einen Lärchen- und Tannenwald. Man lässt eine Abzweigung zum Lej Nair links liegen und wandert weiter bis zur zweiten, ein wenig oberhalb 1900 m. Rechts (südl. Richtung) geht es nach God Mez und zur Alp Surlej am sanft geneigten Berghang entlang. Wir dagegen nehmen den Pfad links auf, der zügig im Wald ansteigt. Bisweilen öffnen sich Lichtungen, wo man früh morgens oder bei Sonnenuntergang nicht selten auf Rehe trifft. Der lichte Wald erlaubt auch Panoramablicke auf das Oberengadin bis hin zum Malojapass, besonders spektakulär an klaren Herbsttagen. Einige Felsvorsprünge über uns könnten dazu verleiten, den Weg zu verlassen, um eine noch bessere Aussicht zu geniessen... Nebenbei erwähnt, wenn man will, kann man vom Lej dals Chöds auf einem lohnenden Pfad bis zum 2291 Meter hohen Crap Alv, zum „Weissen Fels" hinaufsteigen, immer um der Aussicht willen.

Für eine weitere Variante, über die man müheloser, jedoch mit mehr Zeitaufwand hier heraufkommt, nimmt man den ersten Abschnitt der Corvatschbahn bis Murtèl zu Hilfe. Von dort geht's zum Berggasthaus Fuorcla Surlej und dann folgt der lange Abstieg, vorbei am Crap Alv bis zum Lej dals Chöds, mit grossartiger Aussicht (siehe Route 9).

Nach der obligatorischen Rast am See, kann man die längere Fortsetzung Richtung Pontresina und Muottas da Schlarigna wählen. Von diesem Pfad, der an der Waldgrenze die Hangflanken des Piz Rosatsch quert, gibt es einige Abzweigungen nach St. Moritz, alle gut markiert und deutlich zu erkennen, die letzte von ihnen führt zur Alp da Staz (1942 m), wo man auf die Route 12 trifft. Wir ziehen hier den direkten Abstieg nach St. Moritz vor. Unterhalb des Lej dals Chöds geht es in zahlreichen Serpentinen im Nadelwald bergab bis zu einer Weggabelung. Links kehrt man, ein wenig oberhalb des Lej Nair, nach Surlej

zurück, rechts dagegen wandert man auf einem breiteren Spazierweg nach St Moritz Bad. Im Winter verwandelt sich dieser Abschnitt zu einer technisch schwierigen Langlaufloipe. In Kürze erreicht man die Wiesen beim Thermalbad. In der Nähe liegen die Tennisplätze, das Spielkasino und das grosse Kempinski Grand Hôtel des Bains, von wo auch der Engadinbus zurück nach Surlej fährt.

Eine Alternative zum Engadinbus ist der Uferweg am See von Chamfèr entlang. In diesem Fall schlägt man, bevor man zu den Tennisplätzen gelangt, links einen Wiesenweg Richtung Campingplatz ein. Es folgt ein kurzer Anstieg zur Sprungschanze von St. Moritz und damit auch zum Lej Marsch, einem beliebten Badesee (mit einem kleinen Sandstrand für die Jüngsten). Danach geht es abwärts zum Inn, ganz in der Nähe des Sees von Champfèr an dem man nun einen guten Kilometer entlang wandert, bis zu den Wiesen von Surlej, bei Silvaplana.

Blick vom Hahnensee hinab nach St. Moritz.
Das Oberengadin vom Aussichtspunkt Crap Alv.

LEJ NAIR UND LEJ DALS CHÖDS: SMARAGDE IM OBERENGADIN

Es gibt ein Projekt der Gemeinde und des Verkehrsvereins Silvaplana für diese beiden glitzernden Bergseen, die zu den beliebtesten Wanderzielen des Engadins gehören. Ein Moor-Lehrpfad wurde eingerichtet, der über die hunderttausendjährige Geschichte und den Wandel dieser Landschaft am Beispiel der beiden eiszeitlichen Gewässer informiert, die heute zu einem interessanten Feuchtbiotop gehören.

Der Weg verläuft teilweise über Holzstege durch das moorige Gelände, vorbei an ausführlichen Informationstafeln, die über den natürlichen Lebensraum zahlreicher Blumen- und Pflanzenarten berichten.

Ausgangspunkt: St. Moritz Bad (1775 m), mehrere gebührenpflichtige Parkplätze (aber man kann auch von Champfèr oder Surlej aufbrechen).

Charakteristik: für Familien.

Höhenunterschied/Gehzeit: unwesentliche Höhenunterschiede, die Wanderzeit hängt von der Anzahl der Pausen ab.

Empfohlene Jahreszeit: das ganze Jahr über.

Stützpunkte: Restaurant Bar bei der Schanze.

Karte auf Seite 54-55

Hier folgt eigentlich nicht die Beschreibung einer Wanderroute, sondern ein Vorschlag, wie man ein paar erholsame Stunden in der gesunden Luft, in der wunderbaren Natur des Engadin verbringen kann. Die herrlichen Wälder bieten unzählige Möglichkeiten. Man kann die Flora und Fauna entdecken, sich dem Nordic Walking oder dem Mountainbike widmen, oder sich einfach nur am Seeufer des Lej Marsch in die Sonne legen... auch im Winter ist diese Umgebung ideal für erholsame Spaziergänge.

Wie auf der Karte auf Seite 54 leicht zu erkennen ist, gibt es verschiedene Ausgangspunkte. Hier ist der kur-

Der kleine Lej Nair, an dem der Naturlehrpfad entlang verläuft, und die Burg Crap da Sass am Ufer des Silvaplanersees. Rechts, Kühe und Fischer am See; der Lej Marsch im Herbst.

ze Spaziergang beschreiben, der am Platz vor dem Thermalbad von St Moritz beginnt. In zwei Kehren geht es hinauf zur Französischen Kirche – ein Besuch lohnt sich, schöne Schnitzereien aus dem Jahr 1877 – dann eben weiter Richtung Campingplatz und Sprungschanze. Anschliessend gelangt man zum zauberhaften Lej Marsch, den man auch von Champfèr in einer knappen halben Stunde erreichen kann. An warmen Sommertagen ist dieser Weiher, zusammen mit dem Lej da Staz, von dem wir später berichten werden, ein bevorzugtes Ziel von Familien mit Kindern und Jugendlichen, denn sein wenig tiefes Wasser erwärmt sich angenehm und lädt zum Baden ein. Zwei Familiengrillplätze (Brennholz liegt bereit), zwei Badestege und ein kleiner „Strand" für die Kinder machen das Angebot komplett. Natürlich kann man auch weiterwandern, im Zickzack hinauf durch den Wald zum Lej Nair (1864 m), wo ein interessanter Lehrpfad eingerichtet wurde (siehe S. 63). Auch von diesem Seelein gibt es wieder zahlreiche Möglichkeiten, denn in diesem Waldgebiet kreuzen sich fast alle hundert Meter die Wander- und Spazierwege. Doch das sollte kein Grund zur Besorgnis sein. Es fehlt nicht an Wegweisern oder an Wanderern, die man eventuell

NORDIC WALKING

Beim Wandern durch die Engadiner Wälder trifft man auf gelbe Schilder mit einem sympathischen Logo auf der rechten Seite: zwei Wanderer mit Stöcken. Sie weisen auf die eigens ausgewählten Routen für Nordic Walking hin, dieser neuen Sportart für jedes Alter. Nordic Walking bedeutet Gehen in sehr zügigem Rhythmus mit Hilfe von leichten Stöcken (ideal sind Langlaufstöcke), wobei auf eine bestmögliche Koordination von Arm- und Beinbewegung geachtet werden sollte. Doch kein Grund zur Beunruhigung, die theoretischen Erklärungen klingen weit komplizierter, als es in Wirklichkeit ist. Diese Sportart ist im Grund die „Sommerversion" des Langlaufens und ist zudem viel leichter zu erlernen. Informationen in den Verkehrsbüros, speziell in Pontresina.

um Informationen bitten könnte. Nach einem weiteren Wegabschnitt trifft man auf die Nordic Walking-Strecke und folgt ihr rechts (südwestlich) nach Surlej, oder in entgegengesetzter Richtung zum Lej dals Chöds, oder vom Lej Nair durch den God Surlej (Wald von Surlej) hinab zur Halbinsel Crastatscha am See von Champfèr… Es gibt keine vorgeschriebene Richtung, jeder sollte sich von der Eingebung des Augenblicks leiten lassen und wird es nicht bereuen.

Zahlreiche Spazier- und Wanderwege verbinden den Sivaplanersee mit dem Lej Marsch und dem Lej Nair, ideal für erholsame Familienausflüge, zu Fuss oder mit dem Rad, wobei uns ein Eichhörnchen neugierig beobachtet.

Ausgangspunkt: St. Moritz Bad (1775 m), mehrere gebührenpflichtige Parkmöglichkeiten (auch von Celerina oder Pontresina möglich).

Charakteristik: für Familien bis zum Stazersee, auf Muottas da Schlarigna schönes Panorama.

Höhenunterschied/Gehzeit: unwesentlicher Höhenunterschied bis zum See, 170 m bis zur Alp da Staz, 530 m bis Muottas da Schlarigna/2 Std.

Stützpunkte: Gasthaus Stazersee, Tel. 081 833 60 50, ganzjährig geöffnet.

Karte auf Seite 54-55

Achtung! Wenn unser Wanderziel Muottas da Schlarigna ist, sollten wir unbedingt einen Tag mit guter Fernsicht wählen, um das Panorama besser geniessen zu können.

Wie in der vorausgegangenen Routenbeschreibung bereits erwähnt, ist der Stazersee an schönen Sommertagen ein äusserst beliebtes Ausflugsziel. Doch möchte ich darauf hinweisen, dass besonders im Herbst von diesem Ort eine besondere Faszination ausgeht, wenn an dem verträumten kleinen See wieder Ruhe einkehrt, oder im Winter, wenn die Langläufer über den gefrorenen Wasserspiegel durch die Stille gleiten. Auch während der kalten Wintermonate finden Wanderer im Wald und um den See stets optimal präparierte Fusswege.

Doch zurück zum Sommer. Wenn wir nur bis zum Stazersee wollen, gibt es von St. Moritz einen Hauptweg (nicht asphaltiert), der von zahlreichen kleineren Pfaden und Nebenwegen gekreuzt wird, die ein verwirrendes Netz zu bilden scheinen. Das ist jedoch kein Grund zur Besorgnis. Zahlreiche Wegweiser und ein bisschen Orientierungssinn bringen uns bestimmt ans Ziel. Es ist ratsam – wenn wir mit dem Auto anreisen – bei der Kirche St. Karl zu parken, neben dem Sportplatz am Moritzersee.

Die direkteste Route folgt von hier der Via Surpunt, von der Jugendherberge aufwärts (Achtung, keine Parkmöglichkeit) durch einen schönen Wald auf einer breiten Forststrasse, die den Vitaparcours und die Loipentrasse quert.

Häufiger wird jedoch die Wegstrecke am südlichen Ufer des Moritzersees, der einzige für Radfahrer gesperrte Abschnitt, hinauf zu den Häusern der Meierei, gewählt. Hierher gelangt man auch in einem etwas längeren Spaziergang, entlang des gegenüber liegenden Seeufers, auf einem schmalen Teersträsschen. Hier ist es weniger ruhig, denn Radfahrer und Inlineskater sind ebenfalls unterwegs. Dieser Uferabschnitt ist jedoch wesentlich sonniger, während das Südufer im Schatten der Nadelbäume liegt. Wählen Sie nun selbst...

Der Stazersee und die Alp Staz, umgeben von herrlichem Nadelwald; im Hintergrund der Silvaplanersee.

Im Winter stellt sich dieses Problem nicht, denn die gefrorene Wasserfläche öffnet zahlreiche Spaziermöglichkeiten, ausser bei Sportveranstaltungen natürlich. Von der Meierei weiter auf einer erst kürzlich geteerten Strasse (damit die Pferdekutschen keinen Staub mehr aufwirbeln) bis zum Ufer des Stazersees.

Schliesslich kann man auch vom Bäderzentrum von St. Moritz, vorbei an einem beliebten Kinderspielplatz, zum See hinaufspazieren. Dieser Weg führt durch eine charakteristische Hochmoorlandschaft, ein besonders geschütztes Feuchtbiotop. Sogar die Loipentrasse wurde verlegt, um dieses besondere empfindliche Gebiet nicht zu gefährden.

Vom beliebten Badestrand des Stazersees lohnt es sich, zur ruhigen Alp da Staz aufzusteigen. Hinter dem Gasthaus nimmt man den Weg nach Pontresina auf, verlässt ihn aber schon bald, um rechts ein Strässchen einzuschlagen, das in einigen Kehren und über ein kurzes Steilstück zu einer grossen Lichtung führt. Wir befinden uns hier auf dem Plaun da Staz, in ca. 1950 Metern Höhe. Verlassen wir den Wald, erblicken wir rechts, in ungefähr hundert Meter Entfernung, das Gebäude der Alp da Staz (1942 m), von dem ein Weg direkt nach Muottas da Schlarigna ansteigt. Dort hinauf möchte ich aber eine andere Route vorschlagen. Anstatt in die Richtung der Alp zu wandern, wenden wir uns in die entgegen-

Eine grosse Arve (Zirbelkiefer) oberhalb des Stazersees.
Stazersee und Moritzersee in einer Luftaufnahme.
Panorama von Muottas da Schlarigna: die Schneehaube des Piz Morteratsch, der Piz Languard und sein Tal, Richtung Talebene von Samedan mit Piz Ot und Crasta Mora.

gesetzte Richtung (östlich) und queren, in leichter Steigung, den ganzen wunderbaren Plaun da Staz bis wir wieder in den Wald zurückkehren (1981 m, Holzgatter und Bank). An einer Weggabelung geht es ziemlich steil direkt nach Pontresina hinab und rechts nach Muottas da Schlarigna. Wir nehmen den Pfad auf, der in vielen Serpentinen zwischen uralten Arven den Berghang hinaufzieht (eine stammt nachgewiesen aus dem 15. Jahrhundert). Mit zunehmender Höhe wird der Wald lichter und wir geniessen die ersten Ausblicke, bis wir den Weg kreuzen, der von der Alp heraufkommt und der unser Rückweg sein wird. Ein Stück weiter noch und das herrliche Panorama öffnet sich auch gegen Süden, wo die unverwechselbare Schneehaube des Piz Morteratsch glitzert, und über Wiesenkuppen mit kleinwüchsigen Lärchen und Legföhren erreichen wir in 2305 Metern Höhe Muottas da Schlarigna. Die Sicht ist unvergleichlich, weshalb man auch mit Karte und Fernglas ausgerüstet sein sollte, um die einzelnen Berggipfel und Ortschaften bestimmen zu können. Für den Abstieg nach St. Moritz (natürlich kann man auch nach Pontresina hinabsteigen, dessen Bahnhof von hier eine knappe Stunde entfernt ist) wählt man am besten den Weg über die Alp da Staz und weiter bis St. Moritz Bad, das man beim Spielplatz hinter dem Schwimmbad erreicht.

Anfänge des Bergtourismus

Es war Paracelsus (eigentlich: Aurelius Theophrastus Bombastus zu Hohenheim), der als erster die eisenhaltigen Quellen von St. Moritz erwähnte und ihre therapeutischen und heilenden Eigenschaften lobte, doch bis Anfang des 19. Jahrhunderts wurden sie nicht für touristische Zwecke genutzt und das Wasser wurde lediglich von den wenigen Talbewohnern getrunken. 1831 baute man ein Haus für Wasserkuren. In einem Saal befand sich ein Quellbrunnen und es wurde auch die Anwesenheit eines Arztes garantiert; sogar eine Badekabine war vorhanden, aber es gab keine Unterkunftsmöglichkeiten für die Kurgäste. Darauf musste man bis 1853 warten, als die Bäder von St. Moritz eine moderne Thermaleinrichtung bekamen, die zum Hotel des Bains gehörte. In jenen Jahren kann man noch nicht von Tourismus sprechen und die Unterkünfte im Alpenraum beschränkten sich auf einige Gasthäuser, in denen normalerweise Kaufleute und Händler übernachteten. Auch St. Moritz stellte mit der Pension Faller keine Ausnahme dar. Es war das einzige Haus, das 20 Übernachtungsplätze bot, eine enorme Zahl für jene Zeit. Aber es genügten wenige Jahre, um diese Situation zu ändern, anfangs vor allem durch den Ruf der Thermalquellen, dann auch durch die Schönheit der

56. BAGNI DI ST. MORITZ

HÔTEL ZU DEN HEILQUELLEN VON St MORITZ
Canton Graubünden.

Landschaft und die gute Luft. Die Touristen, meist aus dem wohlhabenden England, verbrachten dort den Sommer. In der Nähe der Thermalquellen entstand das Hotel des Bains, das heute noch zu den ersten Adressen zählt (Hotel Kempinski) und eine Persönlichkeit hob sich hervor, die einen bedeutenden Einfluss auf die Geschichte des Ortes und des Engadins haben sollte, Johannes Badrutt. Er erwarb 1855 von der Familie Flugi die Pension Faller, erneuerte sie 1859 und änderte

ihren Namen um in „Engadiner Kulm" (das heutige Hotel Kulm, das älteste, das heute noch in Betrieb ist) und vor allem lud er vier englische Sommergäste ein, den Winter 1864-65 im Engadin zu verbringen, wozu er mit ihnen eine Wette abschloss. Sollte ihnen der Aufenthalt im Winter nicht gefallen, würde er ihnen die Reisekosten für die Rückkehr nach London erstatten. Wenn ihnen der Winter im Engadin aber gefallen sollte, konnten sie so lange seine Gäste sein wie sie wollten. Auf den ersten Blick hat diese Wette den Anschein, als würde Badrutt dabei immer der Verlierer sein, doch in Wirklichkeit war er der Erfinder der Tourismuswerbung, denn seine vier Gäste aus England blieben nicht nur jenes Jahr von Weihnachten bis Ostern, sondern kehrten jedes Jahr mit vielen anderen zurück, und das mehrere Winter lang. Damit begann der Wintertourismus in den Alpen, der in wenigen Jahren dem traditionellen Sommertourismus an Bedeutung gleichkam (siehe Informationen über den Wintersport auf Seite 74). Aber kehren wir zurück zum Sommer, zum kleinen Dorf St. Moritz über den Seen und in der Nähe der Thermalquellen. Eine Hand voll Häuser und die Pension Faller, Bauern und Hirten, aber auch eine grossartige Idee, die gesunde Luft und die herrliche Engadiner Landschaft in eine Einkommensquelle zu verwandeln. Es ist also kein Zufall, dass 1864 genau hier der erste Fremdenverkehrsverein der Schweiz entstand, genauer gesagt der „Verein zur Verschönerung des Sommers", und in wenigen Jahren, von 1870 an, erlebte man einen wahren Bauboom. Es entstanden mehr als zehn große Hotels und in einem von ihnen (im Hotel Kulm) brannte am Heiligabend im Jahr 1878 zum ersten Mal in der Schweiz elektrisches Licht im Speisesaal.

tersport, die bis heute jedes Jahr verbessert und erneuert wurden. Seit 1930 gibt es auch das berühmte Markenzeichen von St. Moritz, eine Sonne mit dem Schriftzug des Ortes. Es ist das älteste touristische Emblem, das heute noch verwendet wird und in über 50 Staaten registriert ist. Aber warum wurde vor 75 Jahren ausgerechnet eine Sonne als Wahrzeichen gewählt? Die Antwort ist nicht schwer, denn bereits damals gab es im Jahr durchschnittlich 322 Sonnentage. Diese Tatsache bedeutete einen Rekord und musste natürlich weithin bekannt gemacht werden.

Links, das Thermalbad von St. Moritz auf zwei Bildern des 19. Jahrhunderts.
Oben, Verkäuferinnen in der Trinkhalle Stahlbad und daneben Touristen in der Alten Stube der Pension Faller, dem heutigen Hotel Kulm. Auf dem Farbfoto das Hotel Badrutt's Palace heute.
Ein altes Werbeplakat des Engadins.

Die Touristen jener Zeit gehörten natürlich ausschliesslich dem Adel und dem reichen europäischen Bürgertum an. Man setzte alles daran, ihnen den Aufenthalt so angenehm und komfortabel wie möglich zu machen. So baute man neben den Thermen die Trinkhalle Stahlbad mit breiten, überdachten Wandelhallen, wo man zwischen der einen und anderen Trinkkur und einem Einkauf in den Geschäften auf und ab spazierte, auch um „gesehen" zu werden, und wo man versuchte, das Leben in den Grossstädten, vor allem von Paris, mit seinen „Passages couverts" nachzuahmen; oder man hörte nachmittags oder abends Konzerte.
Auch in der Umgebung fehlte es nicht an Ausflugszielen, wo man nach erholsamen Spaziergängen gemütlich eine Tasse Tee oder Kaffe trinken konnte und sich dabei vielleicht über die abenteuerlichen Erstbesteigungen der umliegenden Gipfel unterhielt (siehe Seite 96-97). Ende des 19. Jahrhunderts ist St. Moritz bereits der bekannteste Fremdenverkehrsort in den Alpen. 1891 wird der Golfclub gegründet, 1896 lässt Johannes Badrutt das heute noch weltberühmte Hotel Palace erbauen. Hier fährt auch die erste elektrische Trambahn der Schweiz und zu Beginn des 20. Jahrhunderts klettern die ersten Zahnradbahnen die Bergflanken hinauf. 1913, nur wenige Jahre nach der Eröffnung der Berninabahn, nimmt die Standseilbahn Chantarella ihren Betrieb auf, 1907 jene von Muottas Muragl; 1935 beginnt mit dem ersten Skilift der Bau der Aufstiegsanlagen für den Win-

Kultur im Hochtal

Zu Beginn des 20. Jahrhunderts, als der Elitetourismus seine Glanzzeit erlebte, entwickelte St. Moritz eine städtische Infrastruktur. Die Erstellung der Rätischen Eisenbahn über Albula und Bernina, und der Bau der Zahnradbahnen von Chantarella und Muottas Muragl ermöglichten es den Touristen, schneller zu ihren Ausflugszielen zu gelangen. Aber die Adligen und Künstler, die damals bereits nach St. Moritz kamen, verlangte es nach mehr. Man baute für die kulturellen Bedürfnisse auch Museen. Von Anfang an bildeten sich zwei Leitlinien heraus: einerseits die Erhaltung der Engadiner Gebirgskultur, die das tägliche Leben bestimmte, andererseits durfte man den ruhmreichen Maler Giovanni Segantini nicht vergessen, der 1899 mit nur 41 Jahren gestorben war. Sein plötzlicher und tragischer Tod, aufgrund einer Bauchfellentzündung, war in ganz Europa bekannt geworden. Das Museum, das ihm gewidmet ist, wurde 1908 an der Via Somplaz eingeweiht. Der Rundbau mit seiner grossen Kuppel gleicht dem Pavillon, den Segantini für die Weltausstellung in Paris im Jahr 1900 entworfen hatte und der sein berühmtes Alpentriptychon aufnehmen sollte. Doch bereits vor seinem Tod war das Projekt aufgrund der hohen Kosten fehlgeschlagen und Segantini hatte beschlossen, die drei Gemälde – „Werden", „Sein", „Vergehen" – in einem einzigen grossen Werk zusammenzufassen, das jedoch unvollendet geblieben ist. Im Museum sind auch andere berühmte Werke zu sehen, einige

sind aus dem Besitz der Stiftung „Otto Fischbacher Giovanni Segantini (drei Gemälde und drei Zeichnungen), darunter auch sein vielleicht berühmtestes Bild „Ave Maria a trasbordo", das sich vielen Generationen durch Drucke, Kalenderblätter und andere Reproduktionen ins Gedächtnis einprägte. Der Künstler hatte 1882 eine erste Version gemalt, als er noch in der Brianza wohnte; ein Jahr später erhielt das Gemälde anlässlich der Weltausstellung in Amsterdam die Goldmedaille, wodurch Segantini international bekannt wurde. Im August 1886 in Savognin, wo er sich niedergelassen hatte, malte der Künstler das Bild erneut mit einer anderen Technik und es wurde damit zu einer wahren Ikone des späten 19. Jahrhunderts. Zusammen mit dem Triptychon stellt es den Mittelpunkt des Museums dar, das in jüngster Zeit restauriert und erweitert wurde und das allein schon eine Reise nach St. Moritz wert ist. Hinter dem Museum führt der Segantiniweg vorbei, ein ruhiger Spazierweg am Waldrand von God Laret (sechs interessante Informationstafeln), parallel zur Via Somplaz, vom Hotel Soldanella bis zur Kreuzung mit der Via Suvretta (Segantini-Museum, Via Somplaz 30, Tel. 081 833 44 54).

Unterhalb des Segantini-Museums, an der Via dal Bagn, die von St. Motitz Dorf nach Bad führt (es gibt auch einen Weg in der Nähe des Segantini-Museums, der direkt hinabführt), liegt das Engadiner Museum, in einem eigens dafür errichteten Gebäude (1905) im Engadiner Stil.

Hier wird die Vergangenheit lebendig. Die Lebenswelt der Bergbauern bis hinein ins 19. Jahrhundert ist in allen Einzelheiten dargestellt. Richard Campbell, der Gründer und Erbauer des Museums, sammelte unermüdlich Objekte und Einrichtungsgegenstände, die heute ausgestellt werden. Das älteste Exponat stammt aus der Bronzezeit und ist ein Sammelbecken für Quellwasser. Vor kurzem (1995-1999) leitete das Museum eine genaue Untersuchung dieses Fundstücks, das 1905 entdeckt wurde. Die Ergebnisse der dendrologischen Untersuchung und der 36 Analysen der Radiokarbonmethode beweisen das gleiche Alter der einzelnen Elemente und geben als Entstehungszeit das Jahr 1466 v. Chr. an. Die Bronzegegenstände, die in einer der Wasserleitungen gefunden wurden – zwei Schwerter, ein Dolch, eine Fibel - stammen aus den Jahren 1450 bis 1300 v. Chr. Dabei handelt es sich um die ältesten Fundstücke des gesamten Engadins. Aber wie schon gesagt, zeigt uns das Museum vor allem die jüngste Vergangenheit. Besonders eigenartig ist zum Beispiel das Schlafzimmer, an dessen Decke ein blühender Himmel gemalt ist (während der Pestzeit entstanden), oder die Stube, von der die Wärme, aber auch die Bewohner, durch eine Falltür in die darüber liegende Schlafkammer gelangen konnten. In der einfachen, russgeschwärzten Küche bereitete man in einem Arbeitsvorgang viele kleine Brote zu, die dann im Backtrog verstaut, hart und trocken wurden. Anschliessend brachte man jeweils einige Brote in den Keller, wo sie wieder weich wurden und so –relativ frisch – verzehrt werden konnten. Im oberen Stock ist eine Sammlung besonderer Engadiner Stubeneinrichtungen (stüvasur) und Schlafkammern zu sehen (Engadiner Museum, Via dal Bagn 39, Tel. 081 833 43 33).

Geht man von Post und Palace hinauf Richtung Schweizerhof (sehr verkehrsreich, fünf Straßen treffen hier zusammen), wendet man sich kurz vor dem Kreisverkehr nach rechts, hinab zur Via Arona, wo eine Villa aus dem 19. Jahrhundert liegt, Eigentum der Familie des Künstlers und Arztes Peter Robert Berry (1864-1942). Hier wurde das Berry Museum eröffnet, mit vielen Ölgemälden, Pastellen und Zeichnungen (zum grössten Teil noch im Besitz der Familie), die einen umfassenden Überblick über das künstlerische Schaffen dieses Arztes vermitteln, der mit Sicherheit unter dem Einfluss des nur sechs Jahre älteren Giovanni Segantini stand. Auch Berry, der in Paris und München Kunst studiert hatte, fühlte sich bei seiner Rückkehr ins Engadin vom Licht und von den Farben dieses Hochtals überwältigt und er malte sie, verschmolz sie mit dem Leben zwischen diesen hohen Bergen. Beispielhaft dafür ist das Foto seines Ateliers, das Berry 1908 im Schnee am Berninapass aufstellen liess, zusammen mit dem Gemälde einer Pferdekarawane, die Veltliner Wein transportiert. Vergleichen sie es mit dem Foto aus dem Jahr 1913 auf Seite 108 in diesem Band (Berry Museum, Via Arona 32, Tel. 081 833 30 18). Ein anderes Museum von ganz besonderer Art ist das Haus, in dem bis zum Alter von 86 Jahren (1891-1978) die Künstlerin Mili Weber lebte. Gebaut wurde es 1917 von ihrem Bruder Emil, ganz aus Holzstämmen im Wald am Moritzersee und es vermittelt heute noch eine einzigartige Atmosphäre, die nicht nur auf die wunderbare Lage zurückzuführen ist. Mili Weber war mehr als eine Malerin, sie liess sich von der Natur verzaubern und mit grosser Sensibilität liess sie in fast allen ihren Werken Traumwelten erstehen. Nach und nach bemalte sie jede verfügbare Fläche in ihrem Haus, die Wände und Decken, die Möbel und die Flügel ihrer Orgel, sogar die Boiserie rund um ihre Badewanne... Skizzen, Studien, Märchenillustrationen, all das ist in diesem Museum zu sehen. Im Unterschied zu den anderen Museen ist es nur auf Anfrage zu besichtigen (Tel. 081 833 31 86; 833 42 95; 833 33 09). Was die jüngste Ausstellung betrifft, die „St. Moritz Design Gallery", siehe Texttafel auf Seite 76.

Die lange Tradition

Seit jener längst vergangenen Wintersaison von 1864-1865 sind Millionen von Touristen aus aller Welt ins Engadin gekommen. In St. Moritz ist der Winter die Hauptsaison, denn die Übernachtungszahlen sind wesentlich höher als im Sommer. Das liegt daran, dass es nirgendwo in den Alpen ein so grosses Angebot an Wintersportarten gibt. Nicht nur alpines Skifahren und Langlaufen sondern auch Snowboard, Kite-snow, Skispringen, Bobfahren, Skeleton, Curling, Eislaufen, Eishockey, Pferde- und Windhundrennen, Polo und Kricket auf Schnee, Hundeschlittenrennen, und nicht zuletzt das Schneewandern, bei dem man in aller Ruhe dutzende von Kilometern auf gut präparierten Wegen zurücklegen kann.

Auch dazu ein wenig Geschichte. 1872 fand das erste Eisschnelllaufrennen statt. 1880 hatte St. Moritz die Ehre, das erste Curling-Turnier auf dem europäischen Kontinent zu organisieren, eine Sportart, die in Schottland bereits ziemlich verbreitet war. Nur fünf Jahre später wurde die berühmte Cresta Run eingeweiht, eine Natureisbahn, die von St. Moritz nach Celerina hinabführt und die heute noch befahren wird, bäuchlings und mit dem Kopf voran erreicht man Geschwindigkeiten bis zu 140 km/h. Auf der Bob Run, der ältesten Natur-

des Wintersports

eisbahn der Welt, können alle den Nervenkitzel einer Abfahrt im "Taxi-Bob" erleben (Anmeldung und Informationen Tel. 081 833 02 00). Wer den Schnee liebt, aber nicht die Aufregung, für den sind die zugefrorenen Seen des Engadins das Richtige. Hier kann man Schlittschuh laufen, vom Zufrieren bis zu den ersten Schneefällen. Sie werden auch für viele andere Sportarten genutzt, vor allem für das Langlaufen und den berühmten Skimarathon (siehe S. 50). Besonders der St. Moritzersee ist eine wahre Sportarena. Ein besonderes Ereignis sind die internationalen Pferderennen White Turf (erstmals 1907) an drei aufeinander folgenden Wochenenden. Spricht man vom Wintersport, darf man natürlich die beiden Olympiaden in den Jahren 1928 und 1948 nicht vergessen und die jährlich stattfindenden Weltcuprennen. Das Eisstadion mit seiner neuen, modernen Kunsteisbahn ist das ganze Jahr geöffnet und ermöglicht Eislaufen bei allen Temperaturen und zu jeder Jahreszeit. Für den traditionellen Schlitten, mit dem sich die Touristen bereits im 19. Jahrhundert vergnügten, gibt es eine extra Rodelbahn bei Muottas Muragl. Sie ist mehr als 4 km lang, bei einem Höhenunterschied von über 700 m.

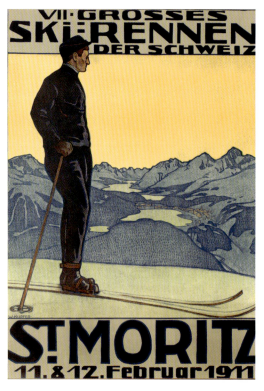

DESIGN GALLERY UND SHOPPING

Zu einer Stadt wie St. Moritz gehören natürlich auch Geschäfte von besonderem Niveau, Juweliergeschäfte, Modeboutiquen, Konditoreien.... Sie sind ein Anziehungspunkt für Touristen, die auch von ausserhalb in den Ort kommen, manchmal nur für ein paar Stunden, fast immer mit dem Auto, einfach mal vorbeischauen und damit Verkehrsprobleme schaffen, vor allem im Winter, wenn die Shoppingzeit in die Abendstunden fällt, nach dem Skilaufen: Um das Verkehrsproblem zu lösen, wurde am Seeufer das grosse Parkhaus Serletta gebaut, das in vier unterirdischen Etagen rund 600 Stellplätze bietet. In einer Rekordzeit von knapp zwei Jahren wurden die Arbeiten beendet. Am 18. Dezember 2004 nahm das Parkhaus offiziell seinen Betrieb auf. Die Autos bleiben damit dem Zentrum fern und die Fussgänger erreichen vom Parkhaus bequem und schnell die Geschäfte. Der Höhenunterschied zwischen See und Zentrum wird mit einem modernen Rolltreppensystem überwunden, das das Parkhaus mit dem Bahnhof und der Via Serlas, beim Hotel Palace, praktisch im Zentrum verbindet (der zukünftigen Fussgängerzone). Aber damit nicht genug: man befindet sich keineswegs zwischen anonymen Betonwänden und bedrückenden Unterführungen.

Alles hier ist weitläufig als grosse Galerie angelegt, die das ganze Jahr über Tag und Nacht geöffnet ist: die „St. Moritz Gallery". 35 hell beleuchtete Schaufensterflächen mit grossen Ausstellungen schmücken die Wände. Die erste hat zum Thema „75 Jahre Markenzeichen St. Moritz" (siehe S. 71) und zeigt eine wertvolle Sammlung von Plakaten seit 1895, die von der Bibliothek mit grosser Sorgfalt reproduziert wurden. 2005 sind andere wichtige Expositionen vorgesehen, zum Beispiel über den 75. Autosalon in Genf und über das 75. Jubiläum der Eisenbahnverbindung zwischen St Moritz und Zermatt, den berühmten Glacier-Express.

IN SILVAPLANA

KUNST – GESCHICHTE – KULTUR

Evangelische Kirche mit Fresken aus dem 15. Jahrhundert, mit spätgotischem Taufstein und barocker Kanzel.
In Champfèr, protestantische Kirche von 1521.

BESONDERHEITEN

Vor der Ortschaft, wenn man von Sils kommt (Tankstelle), gibt es ein Gehege mit Murmeltieren.

SPORT – RELAX

Windsurfen, Kitesailing, Kitesurfen: Silvaplana ist das „Mekka" dieser Sportarten, dank den konstanten Windverhältnissen, Info bei Swiss Kitesurf, Tel. 081 828 97 67; Campingplatz, Tel. 081 828 84 92 / 079 455 36 51.
Sportzentrum Mulets für viele Sportarten, darunter Tennis, Volleyball, Fussball, Inlineskating, Finnenbahn.
Für das Mountainbike, siehe St. Moritz.
Fischen im Silvaplanersee mit Genehmigung (Info Verkehrsbüro und Rathaus), Tel. 081 838 70 70.
Ausflug mit der Pferdekutsche nach Champfèr, Tel. 081 833 12 79.
Skischule; auch für Kinder, mit Betreuung und Schneespielplatz Surlej, Tel. 081 828 86 84.
Eislaufen und Curling, Tel. 081 828 85 82.
Corvatschbahn, in zwei Abschnitten bis 3303 m, herrlicher Blick auf die Berninagruppe, Tel. 081 838 73 73; im Winter Skipisten, jeden Freitag Nachtskilauf.

WICHTIGE RUFNUMMERN

Post Silvaplana Tel. 081 828 81 35
Post Champfèr Tel. 081 833 39 70
Coaz-Hütte Tel. 081 842 62 78

IN ST. MORITZ

KUNST - GESCHICHTE - KULTUR

Für die zahlreichen Museen siehe S. 72-73.
An der Piazza della Scuola, reichhaltige Bibliothek mit zahlreichen, teils sehr alten Bänden zur Geschichte des Engadins, Tel. 081 834 40 02; Buchhandlung Wega, mit dem grössten Buchsortiment des Engadins, Tel. 081 833 31 71.
An der Plazza Mauritius, vor dem Rathaus und dem Verkehrsbüro, der Mauritiusbrunnen von 1910, Werk des Bildhauers Wilhelm Schwerzmann zum Adenken an die Baronin Goldschmidt-v. Rothschild, die sich durch die Errichtung wohltätiger Stiftungen verdient gemacht hat.
Chesa Veglia, Engadiner Haus von 1658, hinter dem Rathaus.
Schiefer Turm aus dem 12. Jh. (Neigung 5,5°), Teil der 1890 abgebrochenen St. Mauritius-Kirche (gegenüber dem Hotel Kulm).
Druidenstein, besteht aus einem auf drei kleineren Steinen ruhenden mächtigen Granitblock, oberhalb Bobbahnstart.

Verkehrsbüro Silvaplana Tel. 081 838 60 00

BESONDERHEITEN

Heidi-Hütte, Original Hütte des im Engadin gedrehten Heidifilms. Auf Salastrains.
Die neue AlpenAkademie Engadin/GeoParc umfasst ungefähr 40 Projekte zum Thema „Natur und Umwelt", wie zum Beispiel die Verlegung des Flusses Flaz (siehe S. 128), Tel. 081 851 06 00.

SPORT – RELAX

St. Moritz ist ein Paradies für Radfahrer. Alle Strassen und Wege können, soweit es nicht ausdrücklich untersagt ist, mit dem Mountainbike befahren werden. Ausserdem gibt es die Strecke des Engadin Bike Marathon (78 km, 2700 m Höhenunterschied). Einige Fahrradgeschäfte verleihen auch Räder: Tel. 081 832 22 22/ 081 833 44 77/ 081 833 31 70/ 832 19 19.
Therapeutisches Bäderzentrum St. Moritz, verschiedene Bäder, Massagen, Gymnastik, Solarium, medizinische Betreuung, Tel. 081 833 30 62.
Segel- und Ruderbootvermietung, St. Moritzersee, Tel. 081 833 40 56, Kanufahren, Tel. 081 832 10 72.
Für Windsurfen und Kitesailing siehe Silvaplana.
Reiten, Einzel- oder Gruppenunterricht und Ausritte mit Begleitung, Tel. 081 833 57 33.
Minigolf in St. Moritz Bad, Tel. 081 833 44 56.
Hallenschwimmbad St. Moritz Bad wird modernisiert, in St Moritz Bad, Tel. 081 833 60 25.
Tennis und Squash in St Moritz Bad (Corviglia, Tel. 081 833 15 00 und bei der Schanze, Tel. 081 833 21 48.
Fischen im See mit Tageserlaubnis.
Eisstadion, auch im Sommer geöffnet, vor kurzem modernisiert, Tel. 081 833 50 30.
Bergsteigerschule, Tel. 081 833 77 14.
Langlaufschule und Langlaufzentrum, Tel. 081 833 62 33.
Skischule Suvretta, Tel. 081 836 36 00.
Olympiabobbahn, Tel. 081 830 02 00.
Pferdekutschfahrten am See und durch die umliegenden Wälder, Tel. 081 833 74 57/ 081 833 12 39.
Olympiaschanze, erbaut für die Winterolympiade 1928, heute noch für Sprungwettbewerbe benutzt.
Panoramaflüge siehe S. 129.

WICHTIGE RUFNUMMERN

St. Moritz besitzt ein umfassendes und sehr gut funktionierendes öffentliches Verkehrsnetz: Engadin Bus, Rhätische Bahn, Postauto und Busse im Ortsverkehr bilden den Engadin Verbund, Tel. 081 834 91 00.
Die zahlreichen Luft- und Standseilbahnen gehören zu den St Moritzer Bergbahnen, Tel. 081 836 50 50.
Bahnhof Rhätische Bahn Tel. 081 288 56 40.
Postbus, Tel. 081 837 64 64.
4 Apotheken: Corviglia, Tel. 081 833 41 34; Bad, Tel. 081 833 62 12; Galerie, Tel. 081 833 72 92 und Kulm, Tel. 081 833 40 51.
Jugendherberge, Via Surpunt, Tel. 081 833 39 69.
Sommercamping, Tel. 081 833 40 90.

Verkehrsbüro St Moritz Tel. 081 837 33 33

DAS MORTERATSCHTAL UND DIE BERNINAGRUPPE, GESEHEN VON DER PARADIS-HÜTTE.

VON PONTRESINA
ZUM BERNINAPASS

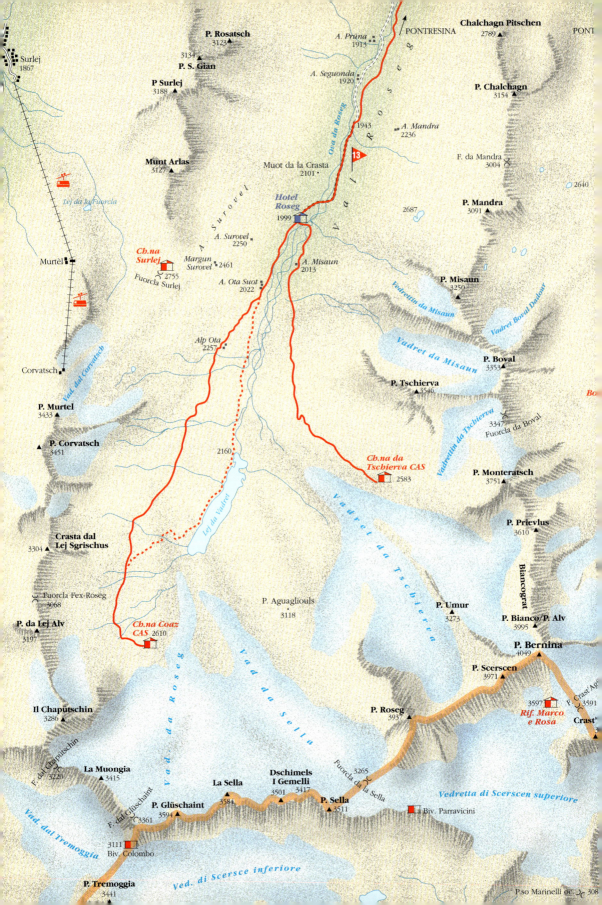

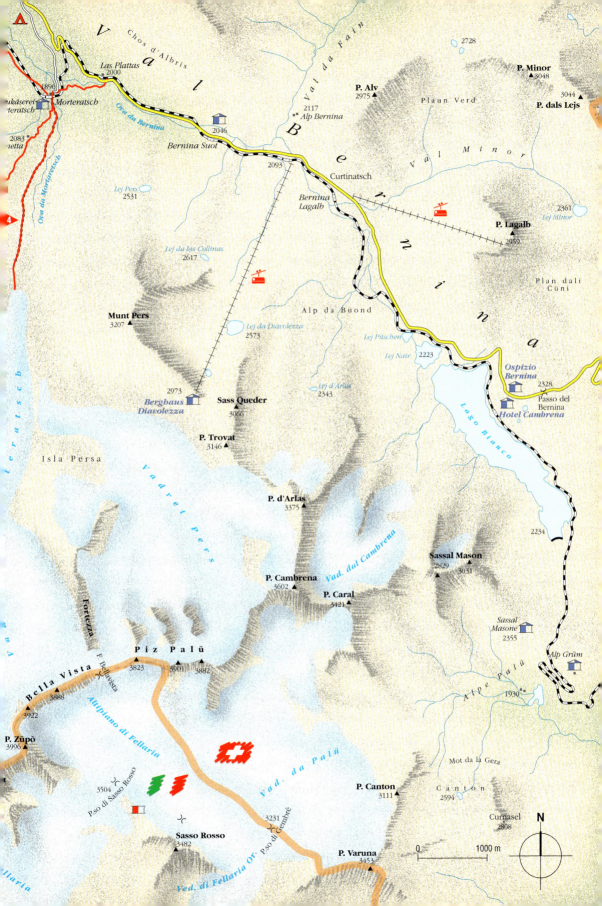

Ausgangspunkt: Bahnhof Pontresina (1774 m), grosser gebührenpflichtiger Parkplatz.

Charakteristik: für Familien bis zum Hotel Roseggletscher, sehr aussichtssreich zur Coaz- und Tschierva-Hütte.

Höhenunterschied/Gehzeit: 220 m/1,5 Std bis zum Hotel Roseggletscher (1999 m), 800 m/3,5 Std. bis zur Tschierva-Hütte (2583 m), 830 m/4 Std. bis zur Coaz-Hütte (2610 m).

Empfohlene Jahreszeit: bis zum Hotel Roseggletscher das ganze Jahr über (im Winter klassische Skitour), zu den beiden Hütten von Juli bis September.

Stützpunkte: Hotel Roseggletscher, Tel. 081 842 64 45, ganzjährig geöffnet; Tschierva-Hütte SAC, Tel. 081 842 63 91; Coaz-Hütte SAC, Tel. 081 842 62 78.

Karte auf S. 80-81

Achtung! Wenn wir bis zu den beiden Hütten wandern, ist es besser, mit den Pferdekutschen von Pontresina bis zum Hotel Roseggletscher zu fahren: Tel. 081 842 60 57 - 081 842 65 43 - 081 842 62 20 (Voranmeldung erforderlich).

Man kann nicht behaupten im Engadin gewesen zu sein, wenn man nicht im Rosegtal war! Für Wanderer und Bergsteiger ist es ein einmaliges Erlebnis. Der erste wird grossartige Wälder finden, deren Fauna an die Anwesenheit des Menschen gewöhnt ist, und einen weiten, vom Gletscher geschaffenen Talboden, auf dem das Hotel Roseggletscher liegt; der zweite wird von den Viertausendern überwältigt sein, die sich majestätisch am Talabschluss erheben. Aber beide, Wanderer und Bergsteiger, werden über das Panorama staunen, die Weite der Täler, die mächtigen Eismassen der Gletscher. Heute müssen wir, um diese Gletscher aus der Nähe betrachten zu können, über das Hotel Roseggletscher hinauswandern, wo sich bis zum Ende des 19. Jahrhunderts eine einzige grosse Eiszunge herabwälzte. Heute sind es dagegen zwei Gletscher, die aus zwei voneinander getrennten Tälern kommen: links, von unten gesehen, der Tschierva-Gletscher, der in grossen Eisbrüchen von den Gip-

feln des Bernina, Scerscen und Roseg herabkommt; rechts der Roseggletscher, der diesen Namen
trägt auch wenn er von den Gipfeln Glüschaint,
Sella und Gemelli kommt.

Wer zu Fuss in das Rosegtal hineinwandert, sollte
nicht auf der Talstrasse gehen (Kutschenverkehr
und Radfahrer), sondern den Weg einschlagen,
der an der orografisch rechten Talseite verläuft
(vom Bahnhof auf einem Brücklein über die Ova
da Roseg Richtung Dorfzentrum, 50 m hinter der
Brücke zweigt der Weg rechts ab): hier ist es ruhiger, wir können Gämsen, Eichhörnchen und
vor allem Haubenmeisen beobachten, die an Touristen gewöhnt sind und sogar aus der Hand fres-
sen. Der Tannenwald mit Lichtungen und Ruhe-
bänken begleitet uns bis zur Einmündung in die
Talstrasse (1943 m), ungefähr einen Kilometer
vor dem Hotel Roseggletscher. Dies ist zu einer
wahren „Institution" für das Engadin geworden,
Sommer und Winter geöffnet, mit einer unvergleichlichen Aussichtsterrasse und Innenräumen,
die einem Museum gleichen. Der Besitzer Plinio
Testa, der das Hotel heute nicht mehr leitet, hat
in den Gasträumen Jagdtrophäen aufgehängt:

Links, das herrliche Rosegtal. Luftaufnahme vom Talabschluss aus dem Jahr 2001, im Gegensatz dazu ein Foto von M. W. Müller vom August 1885: beeindruckend ist der Wandel der Gebirgslandschaft in einem Zeitraum von wenig mehr als hundert Jahren.

Die Tschierva-Hütte mit dem Piz Bernina und dem Biancograt. Links die alte Hütte und oben der moderne Erweiterungsbau des Architekten Hans-Jörg Ruch.

vom Hirschgeweih bis zum ausgestopften Murmeltier, vom Kiefer eines Gämsen bis zum neugierigen Hermelin.

WEITER BIS ZUR TSCHIERVA-HÜTTE

Die bekannteste Route ist sicher der Weg bis zur Tschierva-Hütte, wofür man ca. zwei Stunden benötigt. Auf einer Brücke quert man die Ova da Roseg und geht eben weiter bis zur Alp Misaun (2013 m), wo der Pfad am Osthang des Piz Tschierva ansteigt. Nach einem Steilstück mit zahlreichen Serpentinen gelangt man zum Fuss eines Felsbandes, auf dem sich der Weg der grossen, rechten Seitenmoräne des Tschiervagletschers nähert. Eine Wegspur führt auf den Moränenkamm, doch der Hauptweg bleibt in sicherem Gelände weiter links, in der Talmulde unterhalb der Hütte (2583 m), die früher weiter unten, näher an der Moräne stand. Doch aufgrund der fortwährenden Erosion musste die Hütte verlegt werden. Von der Tschierva-Hütte hat man ein wunderbares Panorama auf die gleichnamige Spitze, auf den Piz Bernina, den Biancograt und auf die eindrucksvolle Nordwand des Piz Roseg.

WEITER BIS ZUR COAZ-HÜTTE

Auch dieser Anstieg bietet herrlich Blicke auf die höchsten Gipfel. Es soll daran erinnert werden, dass die Coaz-Hütte mit weniger Höhenunterschied und Anstrengung von der Fuorcla Surlej erreicht werden kann (siehe Route 9). Vom Hotel Roseggletscher geht es ein paar hundert Meter am Rand der vom Gletscher geschaffenen Ebene entlang bis zu einer charakteristischen Alphütte, wo einst einige Szenen eines Films mit Sean Connery gedreht wurden. Dann steigt der etwas bequemere Hauptweg rechts an, führt vorbei an der Alp Ota (2257 m) und steigt kontinuierlich in einer langen Diagonalen unter dem Piz Corvatsch an, bis er vor der Hütte mit dem Pfad, der von der Fuorcla Surlej herabkommt, zusammentrifft. Eine landschaftlich interessantere Variante dazu zieht sich geradeaus durch das Tal hinauf, überwindet einige Bächlein und steigt dann gemächlich über den Moränengürtel hinauf. Man gelangt zu einem grossen, grünen See (normalerweise Lej da Vadret genannt), der auf den Karten noch keinen offiziellen Namen besitzt, denn er ist erst 1935 entstanden, als sich die Gletscherstirnen des Tschierva- und Roseggletschers trennten. Letzterer endet noch immer mit einem gewaltigen Eisbruch im See.

Zu jeder Tages- und Jahreszeit verursacht die langsame, aber ständige Bewegung des Gletschers denn Abbruch grosser Eisblöcke, die krachend ins Wasser stürzen. Oft kann man dieses Phänomen aus der Nähe beobachten. Deshalb lohnt es sich bis hier herauf zu kommen (2160 m, eine gute Stunde vom Hotel), auch wenn man nicht die Absicht hat, bis zur Coaz-Hütte weiterzugehen. Die Route zur Hütte führt am See entlang, an dessen Ende der Pfad entschlossen über den rechten Hang Orografisch links) ansteigt, um dann mit der vorher beschriebenen Route in ungefähr 2600 m Höhe zusammen zu treffen. Von hier kann man die Coaz-Hütte bereits gut erkennen, die sich gegen den Eisbruch des Roseggletschers abhebt und die wir kurz darauf erreichen (zweieinhalb Stunden vom Hotel Roseggletscher).

Ausgangspunkt: Bahnhof Morteratsch (1896 m), grosser gebührenpflichtiger Parkplatz, dennoch in der Hauptsaison oft überfüllt, man kann auch von Pontresina Ortsteil Resgia (1830 m) aufbrechen oder von Plattas (2000 m), kurz nach dem Belvedere an der Berninastrasse.

Charakteristik: für Familien bis zum Morteratschgletscher.

Höhenunterschied/Gehzeit: ca. 150 m/1 knappe Stunde bis zum Gletscher; 600 m/2,5 Std. bis zur Boval-Hütte (2495 m).

Empfohlene Jahreszeit: bis zum Morteratschgletscher das ganze Jahr über, zur Boval-Hütte von Juli bis Oktober.

Stützpunkte:
Boval-Hütte SAC, Tel. 081 842 64 03.

Karte auf S. 80-81

Der Weg zum Morteratsch ist einer der wenigen im Engadin, der für Fahrräder gesperrt ist.
Achtung! An der Gletscherstirn des Morteratsch besteht die Gefahr von herabstürzenden Steinen oder Eisbrocken; wer auf den Gletscher steigen möchte, braucht die notwendige Erfahrung und geeignetes Schuhwerk.

Ebenso wie die vorhergehende Route, darf auch die Wanderung zum Morteratschgletscher bei einem Engadinurlaub auf keinen Fall fehlen. Ausgangspunkt ist der Bahnhof Morteratsch, aber wer den Ausflug ein wenig verlängern möchte, dem empfehle ich Resgia oder la Plattas. Im ersten Fall quert man die Ova da Bernina und die angrenzende Bahnlinie, um auf dem ungeteerten Talsträsschen weiterzugehen oder den Fussweg etwas weiter oben, die beide parallel zueinander ins Tal hinein laufen (im Winter auch als Skitour). Noch lohnender ist es jedoch, vom zweiten Belvedere am Berninapass aufzubrechen, wo ein Wegweiser die Abzweigung kennzeichnet, die in nur 15 Minuten zum Bahnhof Morteratsch hinabführt; auch in diesem Fall quert man die Ova da Bernina, begleitet ein Stück weit den malerischen Flusslauf mit kleinen Wasserfällen, glitzernden Tümpeln und glatt geschliffenen Felsen... eine wunderbare, wenig bekannte Stelle. Beim Bahnhof hat sich dem traditionellen Restaurant eine neue Einkehrmöglichkeit hinzugesellt, die Alp Schaukäserei Morteratsch, die

man, vor allem wenn man mit Kindern unterwegs ist, unbedingt aufsuchen sollte. Gezeigt wird dort die Käseherstellung im traditionellen Kupferkessel (täglich von Juli bis September), und natürlich muss man ihn auch an Ort und Stelle probieren...
Beim Bahnhof Morteratsch nimmt also die viel begangene Talstrasse zum Gletscher ihren Anfang. Nach wenigen Schritten gibt uns ein origineller Wegweiser die Richtung zur Boval-Hütte an. Wir bleiben zunächst auf der Strasse, wandern vorbei an glatt geschliffenen Felsen, die heute vielen für die ersten

Kletterversuche dienen. Bald bemerken wir die Hinweisschilder, die die Lage der Gletscherstirn seit 1900 hinweisen, denn sie hat sich inzwischen schon über 2 km zurückgezogen. Das bedeutet, dass während der kleinen Eiszeit (ca. 1700-1800) das Eis bis zu diesen Felsen hinauf reichte. Heute ist der Morteratschgletscher wesentlich flacher, aber seine Eiszunge, die sich bis in eine Höhe von über zweitausend Meter hinaufzieht, ist einen Besuch wert, denn wie nur wenige Gletscher in den Alpen, reicht sie bis weit hinab ins Tal. Wer sich aufs Eis hinauf wagt, sollte, auch wenn am ersten Abschnitt keine Steilstücke oder Spalten vorhanden sind, die nöti-

Käseherstellung in der Alp Schaukäserei Morteratsch.
Jung und Alt sind davon fasziniert.

ge Erfahrung und Ausrüstung besitzen. Besser noch ist es, sich den Bergführern von Pontresina anzuvertrauen, die mit den gebotenen Sicherheitsvorkehrungen regelmässig Gletscherwanderungen leiten, oder man beobachtet das ganze aus sicherer Entfernung. Auch ein Aufenthalt direkt unter der Gletscherstirn kann gefährlich sein, denn die langsame aber kontinuierliche Bewegung des Eises kann das Herabstürzen von Fels- und Eisbrocken verursachen.

Der Gletscher kann auch von einer anderen, weiter entfernten doch aussichtsreicheren Stelle aus beobachtet werden. Dazu schlägt man den Weg ein, der vom Bahnhof zur Boval-Hütte führt. Er gewinnt am Taleingang mit einigen Kehren im Nadelwald an Höhe, gelangt auf die Kuppe Chünetta (2083 m) und folgt von dort der ganzen Moräne auf der orografisch linken Seite des Gletschers, mit herrlichem Ausblick auf die Gipfel Palü, Bellavista und Zupò. Ein Abschnitt über glatt geschliffene Felsen (einige leichte Stellen mit Drahtseilen) bringt uns zum Hangabsatz, auf dem die Hütte liegt, zu der wir über einen letzten Aufschwung mit Serpentinen gelangen. Vor der Terrasse der Boval-Hütte erscheint auch der Vadret Pers, der von der Nordwand des Piz Palü herabkommt und in den weiter unten liegenden Morteratschgletscher mündet. Auf dem Eis sind wie immer zahlreiche Seilschaften und Wanderer unterwegs, die hier von ihren Führern die „Gletschertaufe" erhalten.

Der Rückweg erfolgt auf der gleichen Route.

Zwei Bilder des Morteratschgletschers, die fast vom gleichen Standpunkt an der Gletscherstirn aufgenommen wurden. Das erste Foto von 1890 stammt von Alexander Flury, einem berühmten Bergführer aus Pontresina, das zweite wurde 2004 von Luca Merisio aufgenommen.

Vom Gipfel des Piz Morteratsch, nur wenige hundert Meter von dem berühmten Biancograt (rechts) entfernt, blickt man auf das Becken des Morteratschgletschers mit der Boval-Hütte.

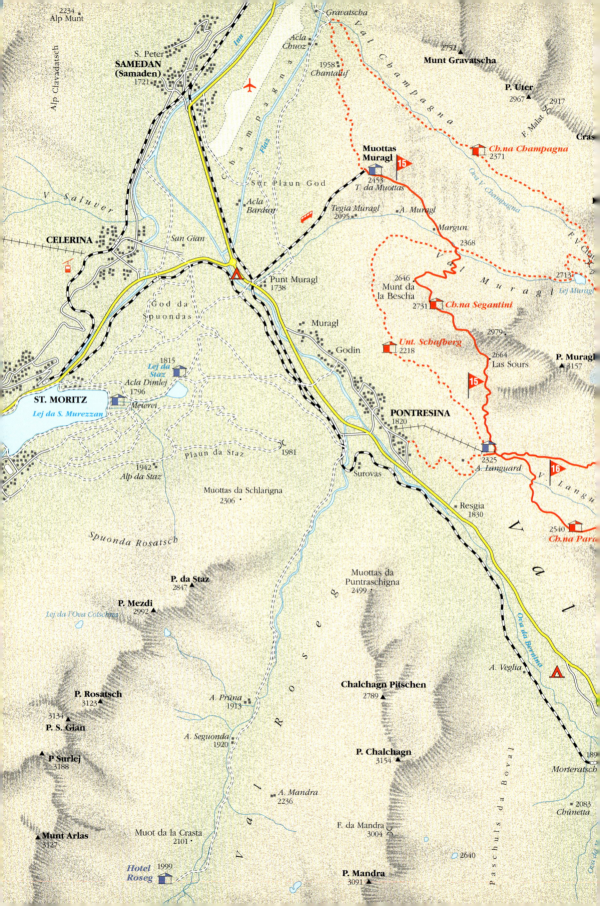

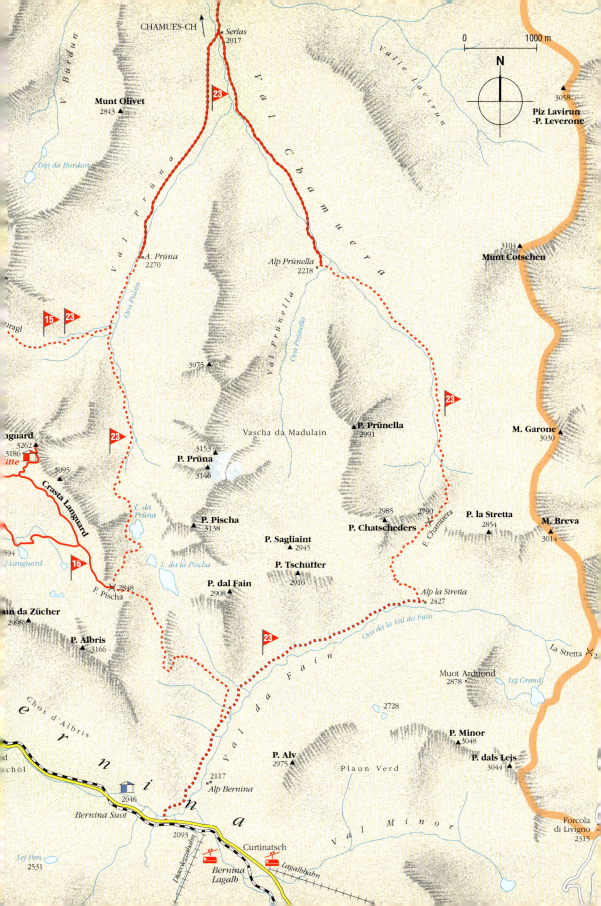

Ausgangspunkt: Talstation der Standseilbahn in Punt Muragl (gebührenfreier Parkplatz), dann Muottas Muragl (2453 m).

Charakteristik: Rundwanderung mit Aussicht auf das Oberengadin.

Höhenunterschied/Gehzeit: ca. 350 m/1,5 Std. zur Segantini-Hütte (obere Route); eine weitere Stunde für den Abstieg zur Alp Languard; 150 m/2 Std. für die tiefer gelegene Route über den Unteren Schafsberg.

Empfohlene Jahreszeit: von Juli bis Oktober.

Stützpunkte:
Berghotel Muottas Muragl, Tel. 081 842 82 32;
Segantini-Hütte, Tel. 079 681 35 37;
Restaurant Unterer Schafberg, Tel. 079 253 83 80;
Restaurant Alp Languard, Tel. 079 682 15 11.

Karte auf S. 88-89

Achtung! Für den Höhenweg zur Alp Languard mit Abfahrt im Sessellift nach Pontresina die Fahrkarte bereits in Punt Muragl lösen.

Die Standseilbahn Muottas Muragl bringt uns in wenigen Minuten mit Steigungen bis zu 52% vom 1700 m hoch gelegenen Talboden bis hinauf auf 2400 m, zu einem herrlichen Aussichtsbalkon über dem Engadin. Man sollte daher einen Tag mit guter Fernsicht wählen und möglichst früh am Morgen hinauffahren, um das Panorama geniessen zu können und um eine der vielen Wanderrouten zu wählen, die wir im folgenden aufzählen werden. Die bekannteste davon werden wir ganz beschreiben.

Die erste führt hinab zum Flugplatz von Samedan, mit einem direkten Abstieg über Wiesen und durch Wald bis nach Acla Chuoz. Von dort sind die Bahnhöfe der Rhätischen Bahn von Samedan (nach links) und Bever (nach rechts) gleichweit entfernt (2 Std.).

Die zweite geht hinauf zum Lej Muragl (2713 m – 1 Std.); von hier können gute Bergwanderer bis zur gleichnamigen Scharte aufsteigen (2891 m, möglicherweise Steinböcke zu beobachten) und dann auf einem ein wenig steilen Pfad zuerst ins Val Prüna und dann in das lange, grüne Val Chamuera absteigen (siehe Route 23). Ein Feldweg führt hinab

bis zum Dorf Chamues-ch und damit nach La Punt (Bahnhof). Vom Lej Muragl kann man auch durch das Val Champagna (Einkehrmöglichkeit in der Chamanna Champagna, 2371 m) hinab bis zur Acla Chuoz wandern.

Die dritte Route, die häufig begangen und keineswegs mühsam ist, quert zum Unteren Schafberg (2218 m, kleines Bergrestaurant) und führt weiter nach Pontresina, immer bergab, oder bei leichtem Anstieg zur Alp Languard.

Lohnender ist es jedoch, bis zur kleinen Segantini-Hütte aufzusteigen (2731 m), auf dem Grat des Schafbergs, der Erhebung zwischen Muottas Muragl und Pontresina. Die Hütte trägt den Namen des Malers Giovanni Segantini, der hier am 28 September 1899 an einer Bauchfellentzündung starb, während er dabei war, dieses herrliche Panorama auf der Leinwand festzuhalten (siehe Seite 40 und 72).

Aber gehen wir der Reihe nach vor. Vor allem sollte man, wenn man das erste Mal nach Muottas Muragl hinaufgefahren ist, sich in der Nähe des Hotels umsehen und das Engadin von hier oben betrachten, das uns schöner denn je zu Füssen liegt mit seinen tiefblauen Seen inmitten der grünen Wälder und den weiss leuchtenden Gletschern über den Talniederungen. Mehr als Worte vermag dieses herrliche Panoramabild aus dem

Volkstanzgruppe auf der Terrasse des Muottas Muragl und Alphornbläser auf der Alp Languard.

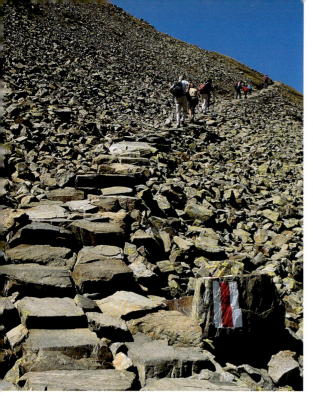

Der Weg hinauf zur Segantini-Hütte verläuft zunächst durch das grüne Val Muragl (unten), dann etwas mühsamer über Geröll und Steinplatten

berühmten Band „Das grosse Buch vom Engadin" von Max Weiss auszusagen!

Dann machen wir uns auf den Abstieg, der bis zur kleinen Brücke über die Ova da Muragl (2368 m) mit der Route zum Unteren Schafberg identisch ist. Auf der anderen Seite des Bachs, dessen Wasser aus dem Lej Muragl kommt (von hier in einer Stunde zu erreichen), geht es zur Segantini-Hütte hinauf, zunächst auf einer kunstvoll mit Steinplatten belegten Diagonalen, dann schlängelt sich der Weg in Serpentinen über Wiesen. Die kleine Berghütte taucht überraschend auf und man versteht sofort, warum Segantini ausgerechnet hier malte. Das Panorama ist einmalig, vom St. Moritzersee zum langen Einschnitt des Rosegtals, das von hier in seiner ganzen Länge zu überschauen ist, und zum Tal des Morteratsch mit dem Piz Bernina und dem Biancograt. Unschwer kann man auch alle anderen Gipfel erkennen, Piz Palü, Bellavista, Crast'Agüzza, Morteratsch, Piz Julier und Piz Nair. Diese Berge wollte Segantini sehen, bevor er starb. Von der Segantini-Hütte, die allein schon eine Wanderung wert ist, gehen wir weiter Richtung Alp Languard, auf einem Pfad, der sich an die Flanke des Piz Muragl schmiegt. Man durchquert das felsige und abschüssige Gebiet von Las Sours. Einige fest verankerte Drahtseile sorgen für Sicherheit. Da aber manche Stellen sehr ausgesetzt sind, sollte man schwindelfrei sein.

Nach Las Sours fällt der Pfad rasch zur Alp Languard ab (2325 m), mit schöner Aussich auf das Morteratschtal. Die Alp ist ein beliebter Ort für eine Rast und ist durch einen bequemen Doppelsessellift mit Pontresina verbunden. Von hier zweigen verschiedene, sehr interessante Routen ab, die im folgenden Kapitel beschrieben werden. Es ist aber auch möglich, zu Fuss weiter zu wandern, hinab nach Pontresina, auf einem angenehmen Weg (Röntgen-Weg), wo man zwischen Lärchen und Arven in der Nähe des Spagniola Turms und der Kirche Santa Maria ankommt (eine knappe Stunde).

Ausgangspunkt: Pontresina, Talstation der Sesselbahn (wenig Parkmöglichkeiten).

Charakteristik: weites Tal, ideal für Wanderungen aller Art.

Höhenunterschied/Gehzeit: von der Alp Languard, 240 m/eine knappe Stunde zur Paradis-Hütte (2540 m); 300 m/1 Std. zum Lej Languard (2594 m); 550 m /2 Std. zur Fuorcla Pischa (2848 m) + 1,5 Std. Abstieg ins Val da Fain; 960 m/3 Std. auf den Piz Languard (3262 m); für den gesamten Rundweg ca. 1200 m und 6/7 Std.

Empfohlene Jahreszeit: von Juli bis Oktober.

Stützpunkte:
Restaurant Alp Languard, Tel. 079 682 15 11;
Paradis-Hütte, Tel. 079 610 36 03;
Georgy-Hütte, Tel. 081 842 68 13.

Karte auf S. 88-89

Die Alp Languard ist der Ausgangspunkt für viele Wanderungen, immer auf gut angelegten, markierten Wegen.

Die Alp Languard ist an sich schon ein lohnendes Wanderziel, über den Röntgen-Weg von Pontresina aus zu erreichen; empfehlenswert ist aber auch, von der Sesselbahn zu profitieren und die Alp dann als Ausgangspunkt für höher gelegene, aussichtsreichere Routen zu wählen.

Die Angaben für Gehzeit und Höhenunterschiede der einzelnen Routenziele können dem Info-Kasten oben entnommen werden (ausführliche Informationstafel auch bei der Alp Languard). Man kann dort je nach Ausdauer und der zur Verfügung stehenden Zeit eine Wanderroute wählen. Hier beschreiben wir eine lange Rundwanderung, die die charakteristischsten Stellen des Val Languard umfasst sowie die gleichnamige Bergspitze, ein Aussichtspunkt hoch über dem Engadin.

Von der Bergstation der Sesselbahn (nach der letzten Abfahrt fragen) nimmt man den Weg ins Val Languard hinein auf, den man jedoch schon nach wenigen Minuten wieder verlässt, indem man links einen schmalen, steilen Pfad einschlägt, der an der orografisch rechten Talseite ansteigt. Je mehr man an Höhe gewinnt, desto eindrucksvoller zeigt sich das Panorama auf die Berninagruppe. Über uns ist die Georgy-Hütte gut zu sehen, die am Gipfel des Piz Languard zu „haften" scheint. Nur mit etwas Mühe kommt man zu ihr und ihrer Aussichtsterrasse hinauf. Von dort trennen uns nur ein paar Minuten und eine felsige Passage von der Bergspitze des

Piz Languard, der mit seinen 3262 Metern einen beachtlichen Anstieg bedeutet und nur erfahrenen Berggängern zu empfehlen ist. Die Rundsicht erstreckt sich über 360°. Nach Norden zieht sich das Val Prüna hinab bis zum angrenzenden Val Chamuera; zu unseren Füssen liegt der herrliche Prüna-

see und der Pischasee; tiefblau leuchten sie zwischen den hellen Geröllfeldern (die meist bis Anfang August mit Schnee bedeckt sind); dahinter der Einschnitt des Val da Fain mit dem Talabschluss des Piz Alv; Richtung Süden ein weiterer Bergsee, der Lej Languard zwischen Wiesen und Felsen und im Hintergrund die Gletscher der Berninagruppe; im Westen der ebene Talboden mit Celerina, St. Moritz, der Piz Nair und Piz Julier... Nach einer verdienten Rast auf dem Gipfel oder bei der Hütte geht es weiter, nun zügig bergab, nur ein kurzes Stück, bis links in ca. 2900 m Höhe deutlich eine Wegspur abzweigt, die leicht abwärts führt und dann diagonal zur Fuorcla Pischa verläuft (2848 m). Über uns, auf der Crasta Languard, kann man oft Steinböcke sichten, die uns misstrauisch, aber keineswegs ängstlich beobachten. Von der Fuorcla Pischa kann man entweder durch das lange Val Prüna oder durch das kurze Val da Fain weiterwandern. Im letzten Fall endet die Bergtour am Bahnhof Bernina Suot (2046 m).

Wir dagegen gehen vom Sattel ein Stück auf unserem Weg zurück und schlagen dann den Hauptweg ein, der aus dem Val Languard herabkommt und nehmen links Pfadspuren auf, die oberhalb des Lej Languard in etwas schwierigeres, jedoch sehr schönes Gelände führen. Auch dies ist eine von Steinböcken bevorzugte Gegend. In Kürze gelangen wir zum Felsaufschwung genau über dem faszinierenden Lej Languard, zu dem wir auf steilem Weg absteigen. Das Seeufer mit blühendem Enziane lädt

Blick von der Fuorcla Pischa auf den Piz Languard und das gleichnamige Tal. Bergwanderer auf der Fuorcla Pischa und der Costa Paradis, im Hintergrund Piz Bernina und Piz Moteratsch.

zum Verweilen ein. Wenn Ausdauer und Zeit es erlauben, sollte man die Bergtour bis zur Paradis-Hütte ausdehnen. Vom See auf dem einzigen Weg hinab durch das weite Tal, und wenig unterhalb der 2500 m Marke zweigt links der Pfad zur „Costa del Paradis" ab. Die Mühe eines kurzen Anstiegs lohnt sich, denn von der Hütte sehen wir noch einmal das Morteratschtal mit seiner gewaltigen Eiszunge. Nur eine halbe Stunde Abstieg trennt uns nun vom Ende unserer Bergwanderung, wenn unsere Berechnungen stimmen und die Sesselbahn noch nicht geschlossen hat; andernfalls müssen wir auf dem vorher bereits beschriebenen Weg zu Fuss nach Pontresina absteigen.

Die Paradis-Hütte.
Der kristallklare Lej Languard.
Gelber Enzian, junge Steinböcke oberhalb des Sees.

Die Viertausender

Die Berninagruppe ist der höchste Gebirgsstock der Zentralalpen und auch der einzige, der die Viertausendmetermarke überragt. Es verwundert also nicht, dass sich das Interesse von Generationen von Alpinisten seit der zweiten Hälfte des 19. Jahrhunderts auf ihre Gipfel richtet und heute noch lockt der Name Bernina unzählige Bergsteiger in dieses Gebiet.

Aber gehen wir der Reihe nach vor. Am 13. September 1850 erstieg der Kartograph Johann Coaz als erster den Gipfel des Piz Bernina (4049 m). Er hatte bereits viele andere Gipfel bezwungen, darunter den Piz Corvatsch und den Piz Capütschin. Seine Route verlief durch die Eisbrüche des Labyrinths hinauf zum Ostgrat, der heute noch den letzten Abschnitt des Normalwegs bildet.

Eine andere berühmte Persönlichkeit jener Zeit ist Gian Marchet Colani aus Pontresina (genauer gesagt kam er aus Acla Colani im Rosegtal). Er war ein grosser Jäger – auf seine Rechnung gehen 2700 Gämsen und einige Bären - und ein ebenso grosser Bergsteiger. Er nahm wahrscheinlich auch 1835 an der Erstbesteigung des Ostgipfels des Piz Palü teil. Wenn Gi-

Bergsteiger an der Cresta Güzza und Sonnenaufgang am Biancograt.

Der Ostgrat des Piz Bernina und der Morteratschgletscher.

DIE MARCO E ROSA-HÜTTE

Eine extra Beschreibung verdient die Marco e Rosa-Hütte an der Fuorcla Crast'Agüzza, in 3600 Metern Höhe auf italienischem Gebiet, denn sie ist eine der höchstgelegenen Hütten in den Alpen und weil sie ein wichtiger Stützpunkt für den Normalanstieg ist, wird sie von Bergsteigern aus der ganzen Welt aufgesucht. Die erste Capanna, die heute noch in perfektem Zustand ist, wurde unter schwierigsten Verhältnissen 1913 errichtet. 1964 kam ein Erweiterungsbau hinzu, der von der heutigen, supermodernen Struktur ersetzt wurde. Sie ist Marco und Rosa De Marchi und Agostino Rocca gewidmet und die Einweihung erfolgte im September 2002. Sie wird von einer allen Bergsteigern wohl bekannten Persönlichkeit geleitet, von dem Bergführer Giancarlo Lenatti (auch „Bianco" genannt) aus Chiesa Valmalenco.

Mit der Entwicklung des Alpinismus in der zweiten Hälfte des 19. Jahrhunderts, entstanden auch die ersten Unterkünfte im Hochgebirge. Anfangs waren es einfache Schutzhütten, wo man auf Strohsäcken schlief. Sie wurden später meist durch moderne Strukturen ersetzt, die man auch „Capanna" oder, wie in Italien, „Rifugio" nennt. Das erste Schutzhaus in der Berninagruppe war die Bovalhütte (1877), drei Jahre später gefolgt vom Rifugio Marinelli Bombardieri (Italien). Aus dem Jahr 1893 stammt die Diavolezza-Hütte und 1899 die Tschierva-Hütte, dagegen wurde die Joan Coaz gewidmete Hütte erst 1926 erbaut.

Aufstieg zum Piz Morteratsch mit Blick auf die Nordwand des Piz Roseg.

Heute befürchten die Bergsteiger, dass der Biancograt bis in einigen Jahrzehnten verschwunden sein könnte, sollte die aktuelle Tendenz des Rückzugs der Gletscher in den Alpen anhalten. Wenn man jedoch einige Touren unternimmt, und sei es nur auf den Normalanstiegen, kann man erkennen, dass das Massiv noch stark vergletschert ist und die Eismassen noch die Routen bestimmen. Sogar bis in den Frühling hinein sind noch Skitouren möglich.

Besonders hervorheben möchte ich, natürlich nicht für Bergwanderer sondern für Bergsteiger, den Normalweg zum Piz Palü (besonders lohnend auch als Skitour). Eine wunderbare Route zwischen den Eisbrüchen des Persgletschers, die man mit der klassischen Überschreitung bis zur Fuorcla Crast'Agüzza verlängern kann, die nicht sehr schwierig ist und eine herrliche Sicht auf den Biancograt, den Normalanstieg zum Piz Morteratsch von der Tschiervahütte aus, auf den Piz Bernina mit seinem Normalanstieg über die Fortezza, die Marco e Rosa-Hütte und den schmalen Ostgrat oder über den etwas schwierigeren, doch lohnenderen Biancograt bietet.

DIE DIAVOLEZZA-BAHN

Wer sich eine Gletscherwanderung mit oder ohne Führer nicht zutraut, für den gibt es glücklicherweise eine Alternative. Eine Fahrt mit der Diavolezza-Bahn, die in wenigen Minuten von 2093 Meter auf 2973 Meter Höhe hinaufschwebt. Genau an dieser Stelle hatte bereits der aus Pontresina stammende Christian Grass 1893 ein kleines Schutzhaus errichtet.

Heute ist es ein komfortables Restaurant und Hotel mit einer grossartigen Aussicht auf einen Teil der Berninagruppe, auf den Piz Palü und den Piz Morteratsch. Auch wer kein Bergsteiger ist, sollte einmal hier oben übernachten, um das goldene Licht des Sonnenaufgangs und Sonnenuntergangs auf den Bergspitzen und Gletschern aus der Nähe erleben zu können. Mit einem Fernglas kann man dutzende von Seilschaften auf den verschiedenen Führen und Routen beobachten.

an Marchet Colani als „König der Bernina" mit dem Gewehr galt, so war es Martin Schocher mit Steigeisen und Pickel. Er war der Erstbesteiger der schwierigen Bumiller- und Kuffnerführe am Piz Palü (die Namen stammen von den Kunden) und stand insgesamt 234 Mal auf dem Piz Bernina. Davon war er 59 Mal über den Biancograt angestiegen, 26 Mal im Winter und zum ersten Mal 1905 mit Skiern bis zur Fuorcla Crast'Agüzza.

Ein paar Jahre vorher, am 16. Juli 1890, wurde ein ausserordentliches bergsteigerisches Unternehmen durchgeführt. Der erst siebenundzwanzigjährige, doch sehr bergerfahrene Christian Klucker durchstieg mit seinem Kunden Ludwig Normann-Neruda die Nordostwand des Piz Roseg, 700 Meter Eis und Fels mit teilweise über 60° Neigung, und das alles mit der damaligen Ausrüstung.

Der Biancograt, der sich messerklingenscharf in den Himmel hebt, bis zum Pizzo Bianco und dann als Felsgrat weiter bis zum Piz Bernina führt, wurde in der Zwischenzeit bereits von dem deutschen Alpinisten Paul Güssfeldt bezwungen (dem späteren Erstbesteiger des Peutery-Grats am Mont Blanc), am 12. August 1878, begleitet von den beiden erfahrenen Bergführern Hans und Johann Gross aus Pontresina. Ebenfalls auf dieser berühmten Route – bereits im 20. Jahrhundert – bewältigte Hermann Buhl, der grosse, österreichische Kletterer, der normalerweise die Anfahrt zu seinen Bergtouren mit dem Fahrrad zurücklegte, den Aufstieg über die Tschiervahütte zum Biancograt sowie den Abstieg in nur sechs Stunden, auch für heutige Begriffe eine immer noch aussergewöhnliche der Zeit.

KUNST - GESCHICHTE - KULTUR

Spagniola Turm und romanische Kirche Santa Maria mit byzantinischen und romanischen Fresken aus dem 13. und 14. Jh.
Barockkirche S. Nicolò.
Museum Alpin in der Chesa Delnon, einem typischen Engadinerhaus. Eine Sammlung von Vögeln, Mineralien, Dias über die Alpenflora und vor allem Dokumente und Fotografien über die Geschichte des Alpinismus, Tel. 081 842 72 73.
Hotel Kronenhof von 1898.
Schloss Hotel von 1910.
Rondo: Kongress-, Kultur- und Informationszentrum (Verkehrsbüro), mit Konzertsaal, Ausstellungsräumen, Konferenzzimmer; Architekt Hanspeter Menn, eröffnet 1997, Tel. 081 838 83 18.

BESONDERHEITEN

Gletscherlehrpfad des Morteratsch, vom Bahnhof Richtung Gletscher.
Klimalehrpfad, von Muottas Muragl zur Alp Languard.
Philosophen-Weg, von der Bergstation Muottas Muragl, 10 Tafeln erläutern die Lehren von Sokrates bis Sartre.
Schlittenbahn bei Muottas Muragl, eine der schönsten der Alpen; über 700 m Höhenunterschied, Länge 4,2 km (Schlittenverleih).
Das Kurorchester Pontresina spielt von Mitte Juni bis September täglich von 11 bis 12 Uhr im Tais-Wald (10 Minuten zu Fuss von der Via dalla Staziun).
Käseherstellung in der Alp-Schaukäserei beim Bahnhof Morteratsch; von Juli bis September traditionelle Käseherstellung, von Montag bis Freitag, Brunch und Restauration nach Voranmeldung, Tel. 081 842 62 73).
Schlucht des Bergbachs Ova da Bernina, Einblicke von der Brücke „Punt Ota".

Verkehrsbüro Pontresina Tel. 081 838 83 00

SPORT - RELAX

Sesselbahn Alp Languard: Tel. 081 842 62 55.
Standseilbahn Muottas Muragl: Tel. 081 842 83 08.
Pferdekutschen und Pferdeschlitten: Tel. 081 842 60 57 (Costa), 081 842 65 43 (Thom), 081 842 62 20 (Keiser).
Bergsteigerschule „la Montanara": Ausflüge und Wanderungen im Sommer und im Winter (Skitouren): Tel. 081 838 83 33. Nicht versäumen sollte man die Gletscherwanderung über den Morteratsch-Gletscher.
Langlaufschule: Tel. 081 842 68 44.
Langlaufzentrum (Umkleide, Duschen, Wachsraum, Skiverleih und Kiosk), beleuchtete Nachtlanglaufloipe (von Montag bis Freitag von 18,30 bis 20 Uhr): Tel. 081 842 72 23.
Skischule, Langlaufschule und Snowboard „Snowsports": Tel. 081 838 83 83.
Eisplatz mit Eislaufschule: Tel. 081 842 73 41.
Curling und Natureisplatz beim Sport Pavillon Roseg: Tel. 081 842 63 46.
Eisstockschiess auf dem Natureisplatz beim Schwimmbad: Tel. 081 842 61 92.
Schwimmbad und Sauna: Tel. 081 842 73 41, 081 842 66 29.
Gleitschirmfliegen-Doppelflug: Tel. 081 842 68 84, 081 842 62 85.
Tennisplätze bei verschiedenen Hotels.
Minigolf in Surovas: Tel. 081 838 93 00.
Fischen im Lej Nair und Lej Pitschen: kostenlos für die Gäste aus Pontresina, weitere Informationen beim Verkehrsbüro.
Trimmdichpfad in Rusellas.
Vier Nordic Walking-Strecken im Pontresina Bernina Nordic Park.
Campingplatz: Tel. 081 842 62 85
Hotel Roseggletscher: Tel. 081 842 64 45
Hotel Diavolezza: Tel. 081 842 62 05
Caoz-Hütte: Tel. 081 842 62 78
Tschierva-Hütte: Tel. 081 842 63 91
Boval-Hütte: Tel. 081 842 64 03
Georgy-Hütte: Tel. 081 833 65 65
Marco e Rosa-Hütte: Tel. 0039 0342 515 370

WICHTIGE RUFNUMMERN

Rhätische Bahn: Tel. 081 842 63 37
Zwei Bahnhöfe, der grössere am Eingang des Rosegtals, der andere in Surovas.
Engadin Bus Tel. 081 834 91 00
Postbusse Tel. 081 837 67 64
Post Tel. 081 842 63 78
Taxi Tel. 079 786 19 17
Apotheke Roseg Tel. 081 842 82 06
Kino Rex Tel. 081 839 36 36
Kindergarten für Kinder von 3 bis 10 Jahren im Hotel Saratz. Tel: 081 839 40 00

DAS STÄDTCHEN POSCHIAVO UND SEIN SEE.

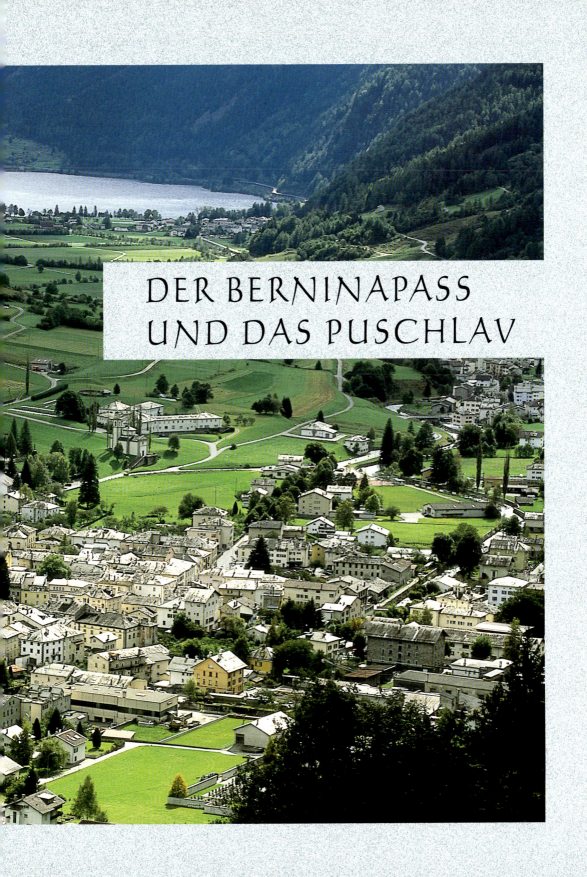

DER BERNINAPASS
UND DAS PUSCHLAV

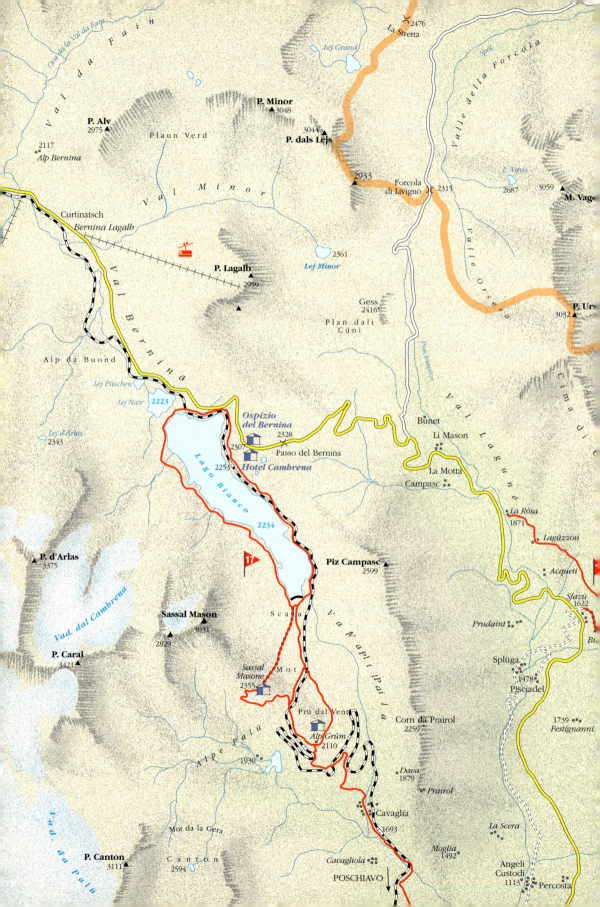

Ausgangspunkt: Hospiz Bernina (Bahnstation, 2253 m; Strasse 2307 m).

Charakteristik: für Familien, schöne Sicht auf den Palü-Gletscher.

Höhenunterschied/Gehzeit: 100 m/1,5-2 Std. bis Sassal Masone, dann ausschliesslich bergab bis zur Alp Grüm und eventuell nach Cavaglia oder Poschiavo.

Empfohlenen Jahreszeit: von Juli bis Oktober.

Stützpunkte:
Hotel Cambrena, Tel. 081 844 05 12;
Hospiz Bernina, Tel. 081 844 03 03;
Büffet am Bahnhof, Tel. 081 844 03 07;
Pension Sassal Masone, Tel. 081 844 03 23;
Rest. Belvedere Alp Grüm, 081 844 03 14;
Büffet am Bahnhof Alp Grüm, Tel. 081 844 03 18;
Büffet Bahnhof Cavaglia, Tel. 081 844 01 94.

Karte auf S. 102-103 und 111

Die Wanderung kann bis Cavaglia verlängert werden (1693 m) oder Cadera (1383 m) oder sogar bis Poschiavo (1014 m), zurück zum Hospiz Bernina jeweils mit der Rhätischen Bahn.

Der Lago Bianco am Berninapass ist einer der grössten im Engadin (21 Millionen Kubikmeter), aber im Unterschied zu den anderen Seen wurde er zur Energiegewinnung künstlich erweitert. Zwei Staumauern begrenzen ihn im Süden und Norden. Der

Berninapass besteht eigentlich aus zwei Übergängen: der niedrigere (2253 m) wird von der Bahnlinie der Rhätischen Eisenbahn überquert, daneben verläuft der Fussweg; über den höheren Übergang dagegen (2328 m) verläuft die Fahrstrasse. Es ist die zweithöchste Passstrasse des Engadins (die höchste ist die Flüelapassstrasse, 2383 m), aber die höchste, die den ganzen Winter über offen gehalten wird und deshalb ganzjährig befahrbar ist.

Unsere Wanderung beginnt beim Bahnhof Hospiz Bernina, am Ufer des Lago Bianco, der seinen Namen von der hellen Farbe seines Wassers hat. Um die Sassal Masone-Hütte zu erreichen, gibt es zwei Möglichkeiten, die beide am Lago Bianco entlang führen. Die erste, kürzere und viel begangene Route folgt zunächst der Bahnlinie auf einem schönen ungeteerten Strässchen Richtung Südende des Sees. Die zweite, längere aber ruhigere Variante führt zur Staumauer am Nordende des Sees, unter der man am ganzen westlichen Ufer entlang geht bis zur südlichen

Mauer, wo man auf die erste Variante trifft. Der Ort hier wird Scala genannt. Nach und nach öffnet sich das Panorama auf das Puschlav mit der charakteristischen Felspyramide des Pizzo dal Teo (3049 m). Wir halten uns rechts (links geht es unmittelbar hinab zur Alp Grüm) unter den Hängen des Sassal Masone und folgen dem Strässchen, das kontinuierlich bis zum Berggasthaus/Pension Sassal Masone (2355 m) ansteigt, das sich in einer unvergleichlich schönen Lage befindet. Zu unseren Füssen breitet sich das ganze Puschlav mit seinem See aus, und am Horizont zeichnet sich die blaue Linie der Veltliner Orobischen Alpen ab. Im Westen wird die Sicht von den Eisbrüchen des immer noch relativ nahe liegenden Piz Palü „verdeckt". Von der Sonnenterrasse fällt unser Blick auf zwei charakteristische „trulli" oder „tholos", aus Steinen aufgeschichtete Rundbauten, in denen Käse und Getränke bei konstanter Temperatur gelagert werden.

Nach der unumgänglichen Fotopause folgen wir dem Weg taleinwärts bis zu einer Abzweigung: geradeaus nähert man sich dem Gletscher, links dagegen geht es zum Talgrund hinab, wobei man die Bahnlinie unterhalb von Mott quert und in Kürze zum Restaurant Belvedere der Alp Grüm gelangt (2110 m). Um zum Pass zurückzukehren, kann man den Hauptweg hinaufgehen (schöner Forstweg im Lärchenwald), der rechts am Hangvorsprung Pru dal Vent vorbei führt, oder, wer's bequemer will, wartet auf den Bernina Express, der stündlich verkehrt und in der Sommersaison offene Panoramawagen mitführt.

Da immer die Möglichkeit besteht, mit dem Zug zurückzufahren, kann man ohne grosse Mühe die Wanderung bis Cavaglia ausdehnen (1693 m), eine einladende, grüne, in den Sommermonaten sehr belebte Wiesenmulde inmitten der Lärchenwälder, und selbst hier gibt es einen Bahnhof. Doch das ist noch nicht alles, denn der Weg führt noch weiter. Wir unterlassen hier die Beschreibung des anstrengende-

ren Wegabschnitts und der langen Querung bis zum Ort Selva. Wenn jedoch jemand Lust hat, noch mehr vom Tal kennen zu lernen, genügt es den Wegweisern in südlicher Richtung nach Poschiavo zu folgen. Nach einer engen Klamm geht es auf halber Höhe abwärts, man quert erneut die Bahntrasse, gelangt zu den Alphütten von Cadera (1383 m, Bahnhof) und erneut geht es bergab bis Poschiavo (siehe Foto S. 100), das uns wie ein richtiges kleines Städtchen, zwischen grünen, gepflegten Wiesen erscheint, mit seinem Altstadtkern, aus dem die Kirchtürme und der Rathausturm aufragen. Auch der Bahnhof von Poschiavo zeigt seine Wichtigkeit mit zahlreichen Gleisen, Restaurants und Büffets, wo wir uns eine wohlverdiente Rast gönnen werden.

Links, die Talmulde von Cavaglia, Wanderer auf dem Weg zur Alpe Grüm und auf dem Aussichtspunkt Sassal Masone. Die charakteristischen „Trulli" bei Sassal Masone, im Hintergrund der Palü-Gletscher und das Puschlav.

Der Bernina Express

„Vom Zitroneneis zum ewigen Schnee", das ist der Werbeslogan, mit dem die Rhätische Bahn für eine ihrer spektakulärsten Routen wirbt. Man reist vom 429 Meter tief gelegenen Tirano, der Stadt mitten im Veltlin, bis hinauf nach St. Moritz in 1770 Metern Höhe. Die Rhätische Bahn mit ihren 397 km verbindet das Veltlin mit den wichtigsten Orten des Kantons Graubünden, wie Chur, Arosa, Davos, Klosters, Disentis, Landquart und Thusis. Sie ist eine Aktiengesellschaft, von der gegenwärtig 52% im Besitz des Kantons Graubünden sind, 43% gehören der Schweizer Eidgenossenschaft und 5% privaten Schweizer Aktionären. Sie wurde als eine ein Meter breite Schmalspurbahn angelegt, um die Geländeschwierigkeiten besser überwinden zu können und sie wird mit 11 000 Volt Einphasenwechselstrom be-

teln der Strecke Steigungen von 7% und legt in ungefähr zweieinhalb Stunden 60 km zurück. Der Zug windet sich langsam die orografisch rechte Talseite des Puschlavs hinauf bis zum Bahnhof Hospiz Bernina (2253 m), dem höchsten Punkt, der in Europa von einem Zug ohne Zahnradantrieb erreicht wird. Die Bahnlinie wurde ur-

trieben, ausser der Linie über den Berninapass, die mit 1000-1500 Volt Gleichstrom läuft. Die Arbeiten an der Bahnlinie über den Bernina begannen 1906 unter der Leitung einer Privatgesellschaft und dauerten bis 1910 an. Bereits 1913 war die Bahn auch im Winter in Betrieb, als einige Meter Schnee die höchstgelegenen Streckenabschnitte bedeckten. Die Gleise wurden mit speziellen Schneeschleudern, die vor den Triebwagen montiert wurden, frei geräumt. In den Sommermonaten verkehren auf dieser Linie die besonders beliebten, offenen Panoramawagen. Der Bernina Express überwindet auf über zwei Drit-

sprünglich mit dem Ziel geplant, den Warentransport zwischen der Schweiz und Italien zu erleichtern und zu fördern. Heute ist der Bernina Express, obwohl er diese frühere Aufgabe beibehalten hat, eine grosse Touristenattraktion. Bei der Planung der Strecke achtete man besonders auf die Umgebung; die Natur sollte keinen sichtlichen Schaden erleiden und ihre einmalige Schönheit sollte erhalten bleiben, sodass heute der Zug selbst ein Teil dieser herrlichen Landschaft zu sein scheint.

Internetadresse: www.rhb.ch

TECHNISCHE DATEN

Baubeginn: 1906

Eröffnung Tirano – St. Moritz: 05.07.1910

Stromsystem: Gleichstrom 1000-1500 V

Gesamtlänge: 60,6 km

Grösste Steigung: 7%

Kleinster Kurvenradius: 45 m

Tunnel und Galerien: 13, insgesamt 4072 m

Brücken: 46 (21 länger als 10 m), insgesamt 722 m

Längste Brücke: 116 m

WISSENSWERTES

Angestellte der Rhätischen Bahn:
1 300 (im Jahresdurchschnitt), davon 100 auf der Strecke Tirano-St. Moritz.

Anzahl der täglichen Fahrten:
im Sommer, 12 Tirano-St. Moritz, 11 St. Moritz-Tirano; im Winter, 7 Tirano-St. Mortitz, 8 St. Moritz-Tirano.

Jährlicher Warentransport auf der gesamten Rhätischen Bahn: 819 000 Tonnen.

Jährliche Personenbeförderung auf der gesamten Rhätischen Bahn: 2 025 000 Fahrgäste.

Der Berninapass

Wer heute an einem schönen Sommertag über den Berninapass fährt, kann sich kaum vorstellen, was es bedeutete, den Passübergang mit der Kutsche oder mit den ersten Autos zu befahren. Erfolgte das auch noch im Winter, bedeutete das wirklich ein Abenteuer. Wie wir gesehen haben, wurde die Rhätische Bahn „erst" 1910 fertig gestellt und erst drei Jahre später nahm sie ihren Betrieb auch im Winter auf. Und wie gelangte man vor jener Zeit im Winter von Tirano nach Pontresina? Das zeigt uns ein altes Foto, das zusammen mit vielen anderen im Hotel Restaurant Cambrena hängt, gegenüber dem Hospiz Bernina. Man sieht eine Pferdekarawane mit Schlitten. Der Mann, der zu Fuss vorausgeht, ist Carlo Giuliani (der Grossvater von Alice Bontognali, die heute

das Hotel Cambrena leitet), 1875 geboren und bereits mit 25 Jahren Bergführer. Er fand sogleich Arbeit als Führer der Säumerzüge, die im Sommer täglich und im Winter zweimal in der Woche den Pass überschritten, um Waren, Post und Kaufleute vom Veltlin ins Engadin und wieder zurück zu bringen. Sehr gefragt war der Veltliner Wein, von dem nahezu 50% der Gesamtproduktion in die Schweiz exportiert wurden. Doch wenn man im Sommer die Reise als Routine bezeichnen konnte, die Saumtiere benötigten ungefähr sechs Stunden für den Abschnitt von La Rösa nach Bernina Suot (ein Dutzend Kilometer), war das im Winter ganz anders. Vor allem brauchte man mehr Zeit, oft über zehn Stunden, denn Carlo Giuliani und seine Begleiter mussten auch den Schnee zur Seite räumen, wenn er zu hoch lag und nicht immer war eine Passüberschreitung möglich, denn die Schneestürme am Berninapass sind keine Kleinigkeit (auch die modernen Autos mit Allradantrieb kommen dabei in Schwierigkeiten) und auch die Lawinen waren eine ständige Gefahr. Im Puschlav erzählt man sich, dass die Pferde die Gefahr spürten und sich an jenen Tagen weigerten aufzubrechen. So mussten Reisende und Führungsmannschaft oft warten und in La Rösa übernachten, manchmal sogar einige Tage, bis sich das Wetter wieder besserte. So steht bis heute an einem Haus in La Rösa der Spruch: „Wenn das Wetter heute nicht schön ist, wird es morgen schön sein, und wenn es nicht schön sein wird, wird es irgendwann schön werden."

Alle Ortschaften an dieser Saumstrasse besitzen heute noch Hotels und Restaurants, die in jener Zeit entstanden sind: Pozzolasco, Sfazù, La Rösa, Hospiz Bernina (1865) und Bernina Suot haben in diesen 150 Jahren Generationen von Reisenden und Touristen Unterkunft gewährt.

Ausgangspunkt: Sfazù (1622 m) oder La Rösa (1871 m).

Charakteristik: unschwieriges Gelände, einige herrliche Bergseen.

Höhenunterschied/Gehzeit: 900 m/3,5 Std. bis zum Übergang ins Val Viola (2528 m), halbe Strecke bis zum Saoseosee (2028 m).

Empfohlenen Jahreszeit: von Juni bis November.

Stützpunkte:
Saoseo Lungacqua-Hütte, Tel. 081 844 16 09;
Alpe Campo-Hütte, Tel. 081 844 04 82.

Karte auf S. 102-103

Auch nur bis zum ersten See (Saoseo) eine sehr lohnende Wanderung.

Das Val di Campo oder Val da Camp ist zweifellos das schönste Seitental des Puschlav, denn es besitzt alle typischen Eigenschaften eines Gebirgstals: gepflegte Viehweiden, Nadelwald, Bergseen, Hochgebirgsmatten und nicht zuletzt gemütliche Berghütten.
Die klassische Route beginnt an der Berninastrasse bei Sfazù (1622 m, Bushaltestelle und grosser Parkplatz): wer will, kann von hier auch einem Kleinbus zusteigen, der im Linienverkehr bis nach Lungacqua fährt, um so einen Grossteil des Höhenunterschieds zu überwinden. Doch das Tal ist so schön, dass man es in aller Ruhe zu Fuss erwandern sollte, oder auch

mit dem Mountainbike, wenn man dementsprechend im Training ist.
Von Sfazù steigt die ungeteerte Strasse gleichmässig bis zu den Hütten von Salva an (1741 m), die man auch über den Weg von La Rösa (1871 m) erreichen kann. Das ist eine sehr interessante Variante mit schöner Aussicht, denn sie verläuft auf halber Hanghöhe an der linken Talseite des Puschlavs, vorbei an der Alp Laguzzon und durch einen wunderbaren Lärchenwald bis zum Val di Campo. Hinter Salva gibt es nur noch einen Weg und man kann ihn nicht verfehlen, wenn man

Unterwegs mit dem Rad im Val di Campo und Val Viola, auf der gemächlich ansteigenden Talstrasse und am steilen Hang unterhalb des Passo di Val Viola. Die Talniederung Lungacqua mit der Saoseo-Hütte und der Alp Campo etwas weiter oben.

Möglichkeiten. Die erste Variante folgt dem Talboden, der sich allmählich verschmälert, es geht vorbei an dem kleinen See Dügüral, dann auf Pfadspuren immer links bleibend bis zum Passübergang. Die zweite, häufiger begangene Route steigt den Grashang nordwestlich des Sees hinauf und wendet sich dann nach Nordosten, hinauf zum Passo di Val Viola. Beide Wege sind steil und auch den besten Bikern ist es hier nicht mehr möglich, im Sattel zu bleiben. Doch zum Pass sollte man unbedingt hinauf, denn auf der anderen Seite öffnet sich ein völlig anderes Landschaftsbild, alles ist weiter, das ganze Val Viola mit seinen Seen und Berghütten – die alle den gleichen Namen tragen – erstreckt sich zu unseren Füssen. Dieses unwahrscheinlich lange Tal kann sicher nicht an einem einzigen Tag bewältigt werden (von Arnoga müsste man 100 km zurücklegen und drei öffentliche Verkehrsmittel nehmen, um ins Puschlav zurückzukehren). Für unsere Wanderung ist also der Rückweg nach Sfazù oder La Rösa vorgesehen, der mit der Aufstiegsroute identisch ist.

Bergwanderer im Val Viola Bormina an der italienischen Grenze. Der See des Val Viola (Fortsetzung des Val di Campo und der tiefer liegende Saoseosee, wenig oberhalb von Lungacqua.

immer dem Strässchen bis zur sonnigen Talebene von Lungacqua folgt (1985 m), wo einige Häuser stehen, darunter auch die Saoseohütte. Hier bieten sich zwei Möglichkeiten. Die erste Strecke, für Fahrräder bestens geeignet, verläuft weiter auf der Strasse bis zur Berghütte Alp Campo (2065 m), dann auf einem Weg oberhalb des Saoseosees bis zum See des Val Viola (2159 m). Diese Route stellt durch ihre technischen Schwierigkeiten die Radfahrer auf eine harte Probe, während für Fusswanderer dieses Problem nicht besteht. Als Alternative dazu nimmt man gleich bei der Hütte den Weg auf, der direkt zum Saoseosee, einem grünen Smaragd inmitten der Lärchen, ansteigt, dann an ihm entlang führt und schliesslich zum Ufer des Lago di Val Viola gelangt. Über dem See erhebt sich an der Grenze zum italienischen Val Grosina die unverwechselbare Felsspitze des Corno di Dosdè (3232 m).
Will man nach Italien, ist es jedoch besser, bis zum Pass des Val Viola aufzusteigen, der in 2528 Metern Höhe das Val Viola mit dem Val Viola Bormina verbindet, das sich in seiner ganzen Länge bis Bormio erstreckt (genauer bis zur Ortschaft Arnoga im Valdidentro). Auch vom Lago di Val Viola gibt es zwei

Ausgangspunkt: Poschiavo (1014 m), Bahnhof der Rhätischen Bahn (Parkmöglichkeit).

Charakteristik: Künstlerisch und kulturell interessanter Spaziergang durch Poschiavo und seine Ortsteile.

Empfohlene Jahreszeit: von März bis November.

Stützpunkte: zahlreiche Hotels und Restaurants, siehe Verzeichnis des Verkehrsbüros.

Karte auf S. 111

Der Hauptort des Puschlavs ist von grossem historischem und künstlerischem Interesse. Seine Lage an der wichtigen Verbindungslinie zwischen Mitteleuropa und Italien hat zweifellos zu seiner Entwicklung beigetragen. Beim Verlassen des Bahnhofs bekommen wir einen ersten Eindruck von diesem sonnigen, Städtchen mit südländischem Flair. Drei Türme ziehen unsere Blicke auf sich, der Turm der katholischen Stiftskirche San Vittore, der Turm des Rathauses und der Glockenturm der evangelischen Kirche. Im Zentrum Poschiavos – wo man den mittwochs stattfindenden bunten Wochenmarkt besuchen sollte – entdeckt man an der Piazza und in einigen Strassen Gebäude unterschiedlicher Stilepochen, die sich jedoch harmonisch zu einem Ganzen fügen. An dieser Stelle möchten wir nur einige der wichtigsten Bauwerke und Sehenswürdigkeiten nennen.
- Palazzo Mengotti (beim Bahnhof), aus dem Jahr 1655, Sitz des Heimatmuseums und des Webereimuseums.
- Der Rathausplatz, Mittelpunkt der Stadt, mit Gebäuden aus verschiedenen Geschichts- und Stilepochen, darunter das Rathaus aus dem 17. Jh. und der dazugehörige Turm aus dem 12. Jh., wo angeblich bis im 17. Jh. Hexenprozesse stattfanden.
- Die katholische Stiftskirche S. Vittore (1497-1503), ebenfalls am Rathausplatz, Innenraum barock, Turm romanisch.
- Die evangelische Kirche S. Ignazio von 1649, nicht weit vom Platz entfernt.
- Das Oratorium S. Anna, aus dem 17. Jh., neben der Stiftskirche. Im Innern sind Totenschädel aus der Pestzeit aufbewahrt.
- Das Oratorium S. Pietro aus dem Hochmittelalter, im 16. Jh. umgebaut, nur wenige Minuten hinter dem Bahnhof.

Links, Poschiavo, das Spanische Viertel, das Webereimuseum und der Palazzo Mengotti.
Auf dieser Seite, die Kirche S. Maria Assunta, Miralago und der See von Poschiavo, Markttag im Städtchen, der romanische Glockenturm der Stiftskirche San Vittore.

- Via dei Palazzi, am Südrand der Stadt, eher bekannt unter der Bezeichnung „Spanisches Viertel", mit Häusern im Maurischen Stil, erbaut von einigen Auswanderern Poschiavos, die in Spanien Kaffeehäuser unterhielten.
- Kapelle S. Maria Presentata, 15 Minuten vom Bahnhof, mit interessantem Chorraum.
- Kirche S. Maria Assunta, im Stil Bramantes mit Werken des Bergamasker Malers Prina, sicher die schönste Kirche Poschiavos, in südlicher Richtung ausserhalb des Ortes.

Doch abgesehen von diesen Sehenswürdigkeiten, bildet das Städtchen Poschiavo ein geschlossenes Ganzes, eine Einheit, trotz der verschiedenen architektonischen Stilrichtungen und es gehört sicher zu den schönsten Ortschaften in den Alpen. Um sich davon zu überzeugen, genügt es, eines der vielen Strässchen hinaufzuwandern, die zu den umliegenden Alpen führen, zum Beispiel von Privilasco Richtung Capitul oder Massela, wo man ganz besondere Tiefblicke geniessen kann. (siehe Fotos auf den Seiten 100-101).

Ausser einem Stadtrundgang ist auch ein erholsamer Spaziergang bis zum kleinen Ort Miralago zu empfehlen, am Südufer des Sees von Poschiavo, von wo man mit dem Zug zurückfahren kann. Der Spaziergang beginnt südlich der Stadt, bei der Kirche S. Maria Assunta, wo ein Feldweg (für den Verkehr gesperrt) zu den Ortsteilen Prada (982 m) und Pagnoncini führt. Zwischen herrlichen Wiesen gelangt man zu den Häusern von Canton und kurz darauf zum Ufer des Sees, an dessen Ostseite es auf einem malerischen Spazierweg entlang geht. Von Poschiavo bis Miralago benötigt man ungefähr gute zwei Stunden, natürlich ohne Pausen, die man bei der Schönheit der Umgebung unbedingt einlegen muss.

Ein Ausflug nach Tirano

Auch Tirano ist, wie viele italienische Städte, römischen Ursprungs, und im Laufe des Mittelalters, als in seiner Umgebung Befestigungsanlagen und Burgen errichtet wurden, erlangte es strategische Bedeutung. Von Tirano führen die Strassen über den Berninapass, in das Gebiet von Bormio, ins untere Veltlin und nach Aprica. Ende des 15. Jahrhunderts liess Ludovico Sforza, genannt „Il Moro", eine Mauer errichten, um die Stadt vor den Einfällen der Graubündner zu schützen, die sie jedoch trotzdem 1512 eroberten und bis 1797 beherrschten. Die Stadt, die derzeit über 10 000 Einwohner zählt, besitzt eine sehr interessante Altstadt, rund um die Pfarrkirche S. Martino. Die Präsenz der Rhätischen Bahn, bereits seit 1907, hat sicher wesentlich zur Entwicklung des Tourismus beigetragen und unternimmt man heute eine Fahrt in einem der Panoramawagen, kann man das wichtigste Bauwerk der Stadt bewundern, die Basilika und Wallfahrtskirche Madonna di Tirano (der Zug hält aber nicht, man muss bis zum Bahnhof weiter fahren und dann zu Fuss ein Stück zurückgehen). Am 29. September 2004 feierte man den 500. Jahrestag der Erscheinung der Muttergottes. An der Stelle, wo sich dieses Wunder ereignete und Maria dem Jüngling Mario Homodei erschienen war, begann man eine Kirche zu errichten, die 1528 geweiht wurde. Es war die Zeit der Renaissance und die Basilika ist ein Beispiel dieses Stils in höchster harmonischer Vollendung, wie man sofort an der grossartigen Fassade erkennt. Einen Grossteil des Innenraums nimmt die riesige Orgel ein, mit 2200 Pfeifen in einem wunderbar geschnitzten Orgelprospekt. Die Basilika erhebt sich an der Stelle, wo Puschlav und Veltlin aufeinander treffen und deshalb findet vor dieser Kirche alljährlich der grosse Micheli-Markt statt (seit 1514), bei dem sich in früheren Zeiten Kaufleute aus Graubünden und der Poebene trafen und der einst zwei Wochen dauerte.

Zu unserer Linken, hoch am Berg über der Basilika, steht das Kirchlein Santa Perpetua aus dem 12. Jh., das vor kurzem restauriert worden ist. Ruinenreste in seiner Nähe zeugen von der Präsenz eines kleinen Klosters, das Reisenden und Pilgern Unterkunft bot (siehe auch S. Romerio). Man kann zu Fuss von Tirano hinaufspazieren. Um die Altstadt zu besuchen, auf die man von den umliegenden Weinbergen eine schöne Sicht hat, muss man

die ganze breite Allee von der Basilika Richtung Stadtmitte entlang gehen und anschliessend die Adda überqueren. Links betritt man die Altstadt, wo die Palazzi Marinoni, Parravicini, Quadrio und Sertoli-Salis hervorzuheben sind. Letzterer stammt aus der Renaissance und ist auch innen wertvoll ausgestattet. Er besitzt prunkvolle Räume und ist heute Sitz eines alten italienischen Weinguts.

In seiner Nähe steht die Pfarrkirche S. Martino aus dem 15. Jahrhundert, die jedoch später umgebaut wurde, mit einem schönen Turm in lombardisch-romanischem Stil. Ebenfalls in der Altstadt zu finden sind verschiedene Spezialitätengeschäfte und Weinhandlungen, wo man unbedingt den Grappa Schenatti kosten sollte.

KUNST - GESCHICHTE – KULTUR

Hinweise zur Stadt Poschiavo siehe S. 112 und 113, zur Alp San Romerio siehe Tafel auf dieser Seite; Heimat- umd Webereimuseum im Palazzo Mengotti (Tel.081 844 05 03) und Kunstmuseum Casa Console (Tel. 081 844 00 40).

In Brusio sind zwei Kirchen zu besichtigen: die katholische Kirche, geweiht von Carlo Borromeo und ihm auch gewidmet, und die evangelische Kirche von 1645 mit herrlicher Rockoko-Orgel von 1786. Patrizierhäuser der Familien Trippi, Misani, Besta. Auf der Alp Selva, (1450 m, schöne Tiefblicke über das Tal, Ausgangspunkt S. Antonio) stehen zwei hübsche Kapellen der beiden Heiligen Sebastian und Sinforosa, mit schönen spätromanischen Fresken.

WICHTIGE RUFNUMMERN

Rhätische Bahn Poschiavo Tel. 081 844 01 32
Rhätische Bahn Campocologno Tel. 081 846 51 24
Post Tel. 081 844 18 70
Bibliothek PGI Poschiavo Tel. 081 844 15 71
Postauto ins Val di Campo Tel. 081 844 03 15
Krankenhaus San Sisto Tel. 081 839 11 11
Campingplatz in Li Curt Tel. 081 844 07 13
Agriturismo Miravalle Tel. 081 846 55 22
Saoseo-Hütte in Lungacqua Tel. 081 844 16 09
Alp Campo-Hütte Tel. 081 844 04 82
Sassal Masone-Hütte Tel. 081 844 03 23
Restaurant Alp Grüm Tel. 081 844 03 14
Selva-Hütte Tel. 081 844 07 46
Buffet Bahnhof Alp Grüm Tel. 081 844 03 18
Buffet Bahnhof Cavaglia Tel. 081 844 01 94

BESONDERHEITEN

Wochenmarkt in Poschiavo jeden Mittwoch Nachmittag, nur im Sommer. Eine Gelegenheit, um die Strassen des Städtchens kennen zu lernen und in den belebten Strassen spürt man die mediterrane Atmosphäre italienischer Marktplätze.

Gletschermühlen und Gletscherpark in Cavaglia (Bahnhof der Rhätischen Bahn); Führungen dauern ungefähr eineinhalb Stunden, Tel. 079 333 26 48.

In Brusio der berühmte Kreisviadukt der Rhätischen Bahn, eine der eindrucksvollsten Stellen der Strecke St. Moritz-Tirano.

SAN ROMERIO

Die Alp S. Romerio (das alte S. Remedio) erreicht man in ca. drei Stunden von Cologna, oberhalb von Poschiavo, oder in ca. zwei Stunden von Viano (1281 m, Bus), oberhalb von Brusio. Das kleine Kirchlein steht auf einem natürlichen Aussichtsbalkon, hoch über dem Puschlav. Es wird zum ersten Mal in einer Urkunde aus dem Jahr 1106 erwähnt, die in der Wallfahrtskirche von Tirano aufbewahrt wird. Seit jener Zeit lebte hier bis ins 16. Jahrhundert hinein eine Gemeinschaft des Ordens der „Erniedrigten", die vor allem die Aufgabe hatten, den Pilgern Unterkunft zu bieten (Xenodochio). Im Jahr 1517 löste Papst Leo X. den Orden auf und das grosse Vermögen ging an die Ordensbrüder der Marienwallfahrtskirche in Tirano.

SPORT – RELAX

Im Puschlav ist eine Panoramakarte erhältlich, auf der alle Wanderwege verzeichnet sind, Extra-Angaben zu den Mountainbike-Strecken.

Angeln im See bei Le Prese (info Verkehrsbüro).
Öffentliches Hallenbad, Tel. 081 844 00 16.
Tennisplätze in Le Prese, Tel. 081 844 13 31.
Langlauf bei Madrera (1380 m) unterhalb Selva, Rundkurs mit 5 km, bei La Rösa (1870 m), Rundkurs mit 4 km. Winterwanderungen mit Skiern oder Schneeschuhen, Tel. 081 844 05 71.

Verkehrsbüro Valposchiavo Tel. 081 844 05 71

VON CELERINA NACH BEVER

HERBST IM VAL BEVER.

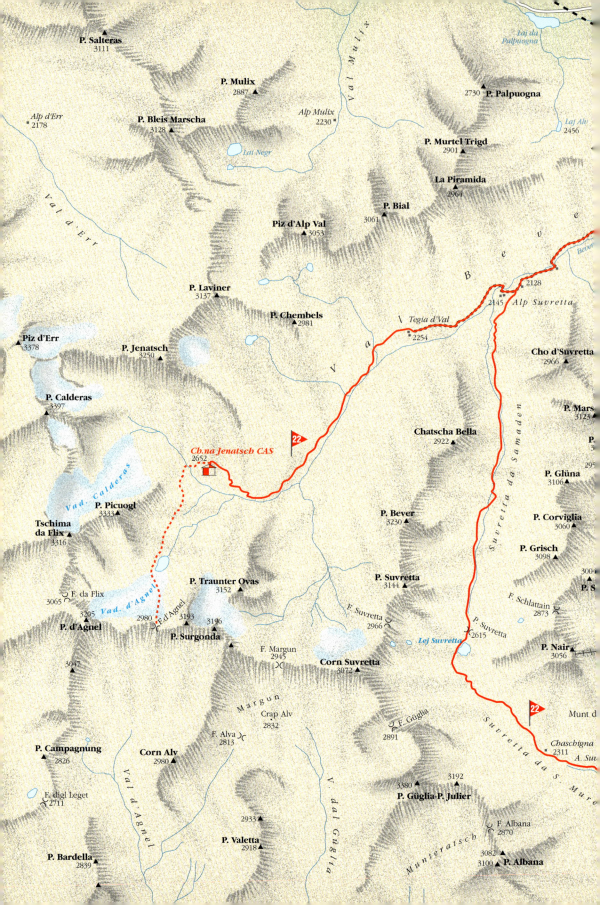

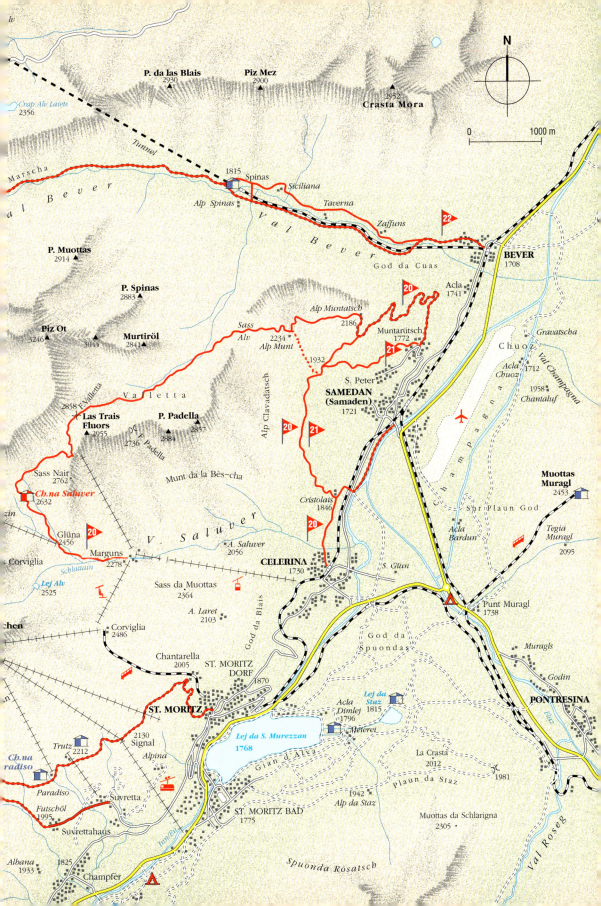

Ausgangspunkt: Marguns (2279 m, mit der Kabinenbahn von Celerina erreichbar), oder Corviglia (2486 m, mit der Standseilbahn von St. Moritz).

Charakteristik: Hochgebirgswanderung, herrliche Sicht auf das Oberengadin und die Berninagruppe.

Höhenunterschied/Gehzeit: 580 m /2 Std. zur Fuorcla Valletta (2858 m), weitere 3 Std. für den Abstieg nach Samedan oder Celerina.

Empfohlene Jahreszeit: von Juli bis Oktober.

Stützpunkte:
Restaurant Marguns, Tel. 081 839 80 20
Saluver-Hütte (2632 m), Tel. 081 833 13 14.

Karte auf S. 118-119

Marguns, das allen Touristen, die wiederholt nach Celerina kommen, ein Begriff ist, erreicht man im Sommer wie im Winter normalerweise mit der Kabinenbahn. Wir befinden uns mitten in einer ausgedehnten Wiesenmulde, im Winter ein wahres Paradies für Skifahrer, mit Sesselliften mit dem Skigebiet St. Moritz-Corviglia-Piz Nair verbunden, umgeben von Dreitausendern mit charakteristischen Kalksteinformationen, darunter auch die drei Zacken „Las Trais Fluors", das bedeutet „die drei Blumen". Von dem was früher eine einfache Alp war, geht es auf einem Strässchen neben dem Bergbach Schlattain den Talboden entlang und dann bergauf bis zu einer Weggabelung: links kommt man zum Lago Bianco (2525 m) und damit nach Corviglia,

Blick vom Piz Padella auf das Engadin: vom Malojapass bis zum Berninapass, von Silvaplana bis Pontresina und S-chanf.
Rechts, die charakteristischen drei Felsgipfel "Las Trais Fluors" oberhalb von Marguns und Celerina.

während es rechts nun etwas steiler aufwärts geht bis zur Capanna Saluver (2632 m). Dahinter wird der Weg schmäler und bei einer weiteren Weggabelung halten wir uns links, in Richtung der nicht mehr weit entfernten Fuorcla Valletta (2858 m; rechts direkt hinab unter die Felszacken Trais Fluors und Abhänge des Piz Padella zwischen Celerina und Samedan). Die Landschaft ist bereits typisch für das Hochgebirge. Wenn noch Schnee auf den Wegen liegt, muss man darauf achten, die Spuren nicht zu verlieren. Hinter uns öffnet sich das Panorama auf die Berninagruppe mit ihren Gletschern, vor uns erhebt sich die unverwechselbare Pyramide des Piz Ot, des höchsten Gipfels in diesem Gebiet (3246 m). Beim Passübergang, wo sich im August auch ein kleiner See vollständig von seiner Eisdecke befreit, entdeckt man seltsame Steine in ungewöhnlichen Formen und Farben. Von hier führt unser Wanderweg ausschliesslich bergab durch das Valletta, den Piz Ot zur Linken und den Piz Padella zur Rechten, bis zu einem weiten Sattel, Sass Alv genannt (ca. 2500 m, hier trifft man auf den Weg, der zum Piz Padella hinaufsteigt), mit Blick über einen grossen Teil des Engadins mit seinen weissen Dörfern und dem friedlich dahinströmenden Inn.

Nach einem Steilstück mit einigen Kehren, weitet sich der Weg zu einer kleinen Strasse, die angenehm zwischen Wiesen und Weiden zur wunderbar gelegenen Alp Muntatsch führt (2186 m), genau oberhalb von Samedan. Hier gibt es zwei Möglichkeiten, um nach Celerina zurückzukehren. Die erste Variante, wenig unterhalb der Alp Muntatsch, folgt dem Weg, der rechts von der nach Samedan hinabführenden Strasse abzweigt, um sich dann auf halber Hanghöhe zur Alp Clavadatsch hinzuziehen und so nach Cristolais gelangt (1846 m); von hier ist es nicht mehr weit bis Celerina, das unterhalb der Alpweiden liegt. Die zweite Variante folgt ausschliesslich dem ungeteerten Strässchen, das in den Lärchenwald hineinführt, bis Muntarütsch (1772 m), kurz vor Samedan. Zwischen den Häusern ist die Strasse asphaltiert und in südlicher Richtung gelangt man in wenigen Minuten zum Bahnhof für die Rückkehr mit dem Zug nach Celerina.

Marguns und das Val Saluver. Celerina und Samedan von Muottas da Schlarigna: links der Piz Ot, die Fuorcla Valletta und der Piz Padella.

Ausgangspunkt: Muntarütsch (1772 m), oberhalb von Samedan (kaum Parkmöglichkeiten, wer mit dem Auto anreist, sollte beim Bahnhof parken oder beim Bahnübergang Sper l'En, das auch der Endpunkt unserer Wanderung ist).

Charakteristik: Naturlehrpfad.

Höhenunterschied/Gehzeit: 100 m/2 Std.

Empfohlene Jahreszeit: von Juni bis November.

Karte auf S. 118-119

Muntarütsch befindet sich in ruhiger Lage oberhalb von Samedan. Viele Wanderer kommen auch nur für ein Picknick herauf, oder zum Grillen…

Man erreicht Muntarütsch ungefähr in einer Viertelstunde vom Bahnhof aus. 1998 wurde hier ein Naturlehrpfad eröffnet, der teilweise im Lärchenwald und teilweise durch Wiesen verläuft, immer in der Nähe von Samedan.

Im Verkehrsbüro ist eine interessante Broschüre erhältlich, die die wichtigsten Punkte erläutert. Aber auch ohne zusätzliches Informationsmaterial kann man sich beruhigt auf den Weg machen, denn man trifft auf 36 grosse Informationstafeln in fünf Sprachen, in ladinisch, deutsch, italienisch, englisch und französisch. Dort erfahren wir zum Beispiel, dass im Engadin bei idealen Bedingungen bis zu 1000 Nattern pro qkm vorkommen können, oder dass der Granitsteinbruch von Samedan das Baumaterial für die antike katholische Kirche unter dem Petersdom lieferte. Der Lehrpfad entstand durch die fruchtbare Zusammenarbeit von Gemeindeverwaltung, Verkehrsverein, Mittel- und Berufsschule, Academia Engiadina und vielen einheimischen Geschäftsleuten (jeder hat eine Informationstafel gestiftet). Das Unternehmen scheint mir wirklich sehr gut gelungen und ich möchte daher einige Zeilen der Einführungstafel zitieren: „Jeden Tag leben wir in einer künstlichen und technologischen Welt und wir haben uns daher immer weiter von der Natur entfernt. Auf der Suche nach den wahren Werten des Lebens entdecken immer mehr Menschen die Bedeutung der Natur… Um ihnen die Annäherung zu erleichtern, wurde dieser Naturlehrpfad geschaffen. Auf dem Weg über Muntarütsch, Selvas Plaunas, Peidra Grossa, Proschimun, Planeg, Cristolais und am Inn entlang bis zum Sportplatz Sper l'En hat man also die Möglichkeit die Naturschönheiten von Samedan zu entdecken…"

Die Muntarütsch, wo der Naturlehrpfad beginnt.

Ein geruhsamer Spaziergang von grossem künstlerischem und kulturellem Interesse führt im Talboden von Celerina zur allein stehenden Kirche San Gian (12.-15. Jh., zwei charakteristische Kirchtürme, umliegender Friedhof und mit Fresken ausgeschmückter Innenraum).

Auch in Samedan fehlt es natürlich nicht an Sehenswürdigkeiten: die Kirche S. Peter (13. Jh.), die darunter liegende katholische Kirche (1911), die Tuor Veglia von 1288 und die Chesa Planta von 1550, in der das Museum, die Bibliothek und das Kulturarchiv Oberengadin untergebracht sind.

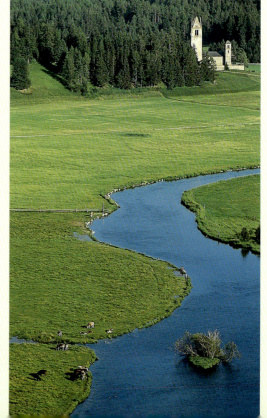

Ausgangspunkt: Bahnhof Bever (1708 m, grosser gebührenpflichtiger Parkplatz).

Charakteristik: sehr lange Strecke im Verhältnis zum Höhenunterschied; bis zur Alp Suvretta ideal für Mountainbike.

Höhenunterschied/Gehzeit: 440 m/2,5 Std. bis zur Alp Suvretta; über 900 m/4,5 Std. bis zur Jenatsch-Hütte (2652 m) oder zum Suvrettapass (2617 m); weitere 2 Std. für den Abstieg nach Suvretta.

Empfohlene Jahreszeit: von Juli bis Oktober.

Stützpunkte:
Hotel Suvretta, Spinas (1815 m),
Tel. 081 852 54 92;
Jenatsch-Hütte (2652 m), Tel. 081 833 29 29.

Karte auf S. 118-119

Für Mountainbike-Fans ist das Val Bever ideal; wer eine gute Kondition besitzt, sollte unbedingt die Strecke Bever – Suvrettapass – St. Moritz – Bever fahren.
Pferdekutschenfahrten, Tel. 081 825 49 45 (Tourismusverein Bever).

Das Val Bever ist eines der vielen herrlichen Seitentäler des Oberengadins. Das Tal beginnt bei der Ortschaft Bever, die ihre Entwicklung dem Bau des Eisenbahntunnels am Albula verdankt, der von 1898 bis 1902 erfolgte. Dank weiterer Industrieanlagen stieg die Einwohnerzahl von 190 im 19. Jahrhundert auf 750 in unseren Tagen. Trotzdem konnte das Dorf seine Schönheit bewahren, doch den Wanderern ist sicher das Tal eher ein Begriff als der alte Ortskern... Ins Val Bever kann man ausser zu Fuss oder mit dem Mountainbike auch mit der Pferdekutsche fahren, für die jedoch nach wenigen Kilometern in Spinas Endstation ist (Hotel).
Vom Dorf Bever führt ein ungeteertes Strässchen ins Tal hinein; nach einigen hundert Metern können es die Fussgänger mit einem ruhigen, schönen Weg eintauschen (auf der Strasse bleiben Kutschen und Fahrräder), der am rechten Ufer des Bergbachs Beverin ansteigt (orografisch linke Seite). Beide Varianten bringen uns ohne Mühe in ca. einer Stunde nach Spinas (1815 m). Von dort wird der Talweg etwas anstrengender, Steilstücke wechseln sich mit flacheren Abschnitten ab, zwischen herrlichen Lärchen und Arven. Man gelangt schliesslich zu einer ausgedehnten Hoch-

fläche, zum etwas über zweitausend Meter hoch gelegenen Palüd Marscha, wo rechts ein steiler Pfad über die Fuorcla Crap Alv (2466 m) und die gleichnamigen kleinen Bergseen zum Albula führt. Wir bleiben im wunderbaren Val Bever, das hier weit und freundlich ist, gehen am rauschenden Beverin-Bach entlang und queren ihn bei der Alp Suvretta (2145 m). Kurz vor dem Stallgebäude gabelt sich der Weg. Beide Varianten sind sehr lohnend und sind daher im Folgenden beschrieben.

Beginnen wir mit dem Anstieg zur Capanna Jenatsch, einer der bekanntesten Hütten des Engadins. Sie ist Jürg Jenatsch, einem umstrittenen Bündner Helden gewidmet, der zuerst Protestant war und dann zum katholischen Glauben übergetreten ist. Von der Alp Suvretta geht der Anstieg weiter auf dem Strässchen bis zur Tegia d'Val (2254 m) dann anschliessend auf einem Pfad eben ins Tal hinein; hier scheint sich das Val Bever plötzlich zu schliessen, doch rechts führen die Pfadspuren weiter bergauf bis zu einer von den Gletschern geschaffenen Ebene, dann in Kürze zur Jenatsch-Hütte. Die Landschaft ist typisch für das Hochgebirge mit einigen Gletschern und mehreren, über dreitausend Meter hohen Gipfeln. Im Frühjahr sind sie ein beliebtes Ziel für Skitourenfahrer, denn auch die Hütte bleibt für einen längeren Zeitraum geöffnet. Die höchsten Gipfel sind Piz Jenatsch (3250

Der Weg von Bever in das gleichnamige Tal, am rauschenden Bergbach entlang.

m), Piz d'Err (3378 m), Piz Calderas (3397 m), Tschima da Flix (3316 m), Piz d'Agnel (3205 m). Da der Aufstieg von Bever bis hierher sehr lang ist, wird dringend geraten, in der Hütte zu übernachten; wer will, kann am nächsten Tag die Route bis zum Gletscher und der Fuorcla d'Agnel (2980 m) verlängern, von wo man Zugang zum Tal des Julierpasses hat.

Die zweite Variante, von der Alp Suvretta aus, ist eine sehr schöne Rundwanderung. Kurz vor der Alp schlägt man links einen Weg ein, der zunächst diagonal, dann in einigen Kehren zu einer 2300 Meter hohen Kuppe ansteigt. Das Gletschertal Val Suvretta erstreckt sich von Samedan bis zum Pass Suvretta (2615 m); der Weg durchzieht es in seiner ganzen Länge, wobei er immer am Talboden bleibt (technische, doch sehr lohnende Mountainbike-Strecke) und schliesslich den Sattel des Pass Suvretta erreicht. Vor uns erhebt sich der felsige Gipfelaufbau des Piz Julier, mit einem kleinen Gletscher im Gegenlicht, der sich im Wasser des Lago Suvretta spiegelt. Links dagegen sehen wir den Weg, der vom Piz Nair herabkommt, der eine sehr kurze, doch weniger schöne Variante bis hierher darstellt (mit Stand- und Luftseilbahn von St. Moritz zum Piz Nair, dann Abstieg zum Passo Suvretta in weniger als einer Stunde, im Gegensatz zu den guten vier Wegstunden von Bever herauf). Steigen wir kurz zum See hinab und bleiben an seinem rechte Ufer, haben wir ein herrliches Panorama der Berninagruppe, die sich mit ihren Schneegipfeln im tiefen Blau des Wassers spiegelt, natürlich auch der Biancograt.

Auch wenn vom Pass ein Pfad auf halber Höhe unter dem Piz Nair vorbeiführt, über Munt da S. Murezzan (St. Moritz) und damit zur Corviglia-Bahn, empfehle ich, das ganze Val Suvretta von St. Moritz bis zur gleichnamigen Alp (2211 m) zu durchwandern. Das

Der Piz Julier und die Seen am Suvrettapass; durch das Val Bever hinauf zur Jenatsch-Hütte; die Talstrasse des Val Bever beim Palüd Marscha.
Rechts, die Berninagruppe, im Vordergrund der Suvrettasee.

DER NEUE FLUSSLAUF DES FLAZ

Bis 1870 schlängelte sich die Flaz, die von Pontresina herab in den Inn fliesst, in weiten Mäandern durch die aus Moränen- und Schwemmmaterial bestehende Talebene von Samedan. Trotz einer anfänglichen Uferverbauung, bedrohte der Fluss immer wieder das Dorf und richtete Schaden an. Zwischen 1956 und 1958 wurden die Ufer neu befestigt und Samedan blieb tatsächlich mehrere Jahre von den Verwüstungen verschont. Während der Überschwemmung von 1987, bei der in jener Gegend glücklicherweise keinerlei Schaden entstand, stellte sich das erste Mal seit den 50er Jahren die Frage, ob der Ort Samedan auch in der Zukunft in einer derartigen Ausnahmesituation sicher sei. Studien kamen zum Schluss, dass die Kanäle der Flaz und des Inn, die einst nach den neuesten wissenschaftlichen Kriterien erbaut worden waren, ein unzureichendes Fassungsvermögen besassen, um bei Hochwasser das Dorf zu schützen. Diese Untersuchungen und Prognosen zogen auch die Faktoren des Klimawandels und das Abschmelzen der Gletscher in Betracht.

Man beschloss also zwei Eingriffe vorzunehmen: die Erweiterung der bereits existierenden Kanäle und die Umlegung des Flussbetts der Flaz, der heute den Talboden von Samedan in einiger Entfernung des Wohngebiets durchfliesst und bei Gravatscha in den Inn mündet. Kurz hinter Punt Muragl wurden neue Brücken errichtet, auf denen die Fahrstrasse, der Zug und Langläufer die Flaz überqueren können. Es muss erwähnt werden, dass bei der Durchführung dieses Hochwasserschutzprojekts besonders auf die natürliche Umgebung und damit auf die Renaturierung geachtet wurde, wie zum Beispiel auf das Biotop von Pè d'Punt.

heisst, kurz bevor man die Alpe erreicht, bei Ova da Suvretta, wo sich der Weg in ein Strässchen verwandelt, trifft man eine Weggabelung: beide Varianten, die sich hier bieten, sind sehr schön. Die erste führt links zu den Hochweiden der Alpe Suvretta und damit zur aussichtsreichen Paradies-Hütte (2100 m), von der man nach Suvretta absteigen oder kurz nach Corviglia hinaufwandern kann. Die zweite führt auf dem Talgrund entlang bis zu den Häusern – oder besser gesagt bis zu den wunderbaren Villen – über dem grossartigen Hotel Suvretta Haus. In beiden Fällen gelangt man auf diese Weise nach St. Moritz, wo es nicht an öffentlichen Verkehrsmitteln fehlt, um nach Bever zurückzufahren.

DIE SCHLITTELBAHN

Im Winter ist der Albulapass für den Autoverkehr gesperrt, doch die Rhätische Bahn verkehrt immer. Zwischen den beiden Bahnhöfen Preda (1789 m) und Bergün (1408 m) wird die Fahrstrasse zu einer Schlittelbahn, die normalerweise von Mitte Dezember bis Februar beste Schneebedingungen aufweist. Nach der langen Schlittenpartie talwärts, geht es mit dem Zug wieder hinauf, auch am Abend (ungefähr stündlich, Schlittenverleih, Informationen, Tel. 081 854 12 39).

IN CELERINA

KUNST – GESCHICHTE – KULTUR

Kirche S. Gian aus dem 12. Jh. (siehe S. 124).
Kirche S. Maria in Crasta, mit romanischem Turm.
Atelier-Museum von Turo Pedretti (1896-1964) mit sehr vielen Gemälden.

BESONDERHEITEN

Auf dem Turm der evangelischen Kirche von Bel Taimpel sitzt ein goldener Hahn, der dreimal am Tag mit den Flügeln schlägt: im Sommer um 6.00/12.00/18.00 Uhr; im Winter um 8.00/12.00/16.00 Uhr.

SPORT – RELAX

Die Kabinenbahn Marguns ist auch im Sommer in Betrieb; im Winter ist sie der Zugang zum grossen Skigebiet Corviglia-Marguns, Tel. 081 839 80 15.
Tennis Tel. 081 830 00 11, 835 56 56.
Schule für Fliegenfischerei Tel. 081 833 63 37.
Bogenschiessen Tel. 081 833 88 85.
Eislaufen und Curling beim Hotel Cresta Palace, Tel. 081 833 06 50/830 00 11.
Skischule, auch mit Kinderbetreuung, Tel. 081 837 53 53.
Langlaufschule Tel. 081 833 10 77.
Bobbahn St. Moritz-Celerina Tel. 081 830 02 00.

IN SAMEDAN

KUNST – GESCHICHTE – KULTUR

Sehr interessant der alte Dorfkern mit Häusern aus dem 16. und 17. Jh. und einigen alten Kirchen, siehe S. 124; jeden Montag Nachmittag Ortsführung, Info beim Verkehrsbüro.
In der Chesa Planta von 1550 befindet sich das Kulturarchiv Oberengadin mit wichtigen Dokumentationen und Fotografien, Tel. 081 852 35 31 und mit dem Museum Chesa Planta, Tel. 081 852 52 68.
Arvenstube von 1870 im Hotel Chesa Quadratscha, Tel. 081 851 15 15.

BESONDERHEITEN

Ludothek Arlekin, wo man Spiele ausleihen kann und den Kindern der korrekte Umgang mit ihnen erklärt wird, Tel. 081 852 46 81. Betreuung von Kindern im Alter von 6 Monaten bis 7 Jahren bei einheimischen Familien, Info Verkehrsbüro.

SPORT – RELAX

Golfplatz mit 18 Löchern, der höchstgelegenste Europas, Tel. 081 851 04 66.
Panoramaflüge, auch mit dem Hubschrauber, über die Gipfel und Gletscher der Berninagruppe ab Flugplatz:

Helibernina Tel. 081 851 18 18; Air Grischa Tel. 081 852 35 35.
Auf dem Flugplatz besondere Bahn für Segelflugzeuge.
Inlineskating auf asphaltierter Bahn beim Flugplatz und im Sportzentrum Sur l'En (Halfpipe, Funbox).
Reitschule und Ausritte, Tel. 079 241 80 53/079 234 93 61.
Mehrzweckhalle Promulins mit verschiedenen Angeboten, darunter Gymnastik für alle, Minigolf, Info Verkehrsbüro.
Academia Engadina, Fitnessraum und Indoor Kletterwand, Info Verkehrsverein.
Tennis, Info Verkehrsverein.
Verschiedene Mountainbike-Strecken (siehe S. 77) in Muntarütsch und Selvas Plaunas.
Naturlehrpfad in Muntarütsch, siehe S. 123
Pferdeschlitten, Tel. 081 852 45 68/081 852 51 16.
Skischule (Tel. 081 837 53 53) und Langlaufschule (Tel. 081 852 31 64), auch für Kinder; Büro des Engadin Skimarathons, Tel. 081 850 55 55.
Eislaufen und Curling, Tel. 081 851 04 64.

IN BEVER

KUNST – GESCHICHTE – KULTUR

Auch in Bever lohnt sich ein Besuch des historischen Dorfkerns mit typischen Engadinerhäusern, verziert mit Sgraffiti, mit kleinen Dorfplätzen und Brunnen; bemerkenswert ist die evangelische Kirche, 1667 wieder aufgebaut, mit Fresken (Lombardische Schule) aus dem 15 Jh.

SPORT – RELAX

Durch die Nähe zu Samedan (2 km), dem Hauptort des Oberengadins, kann Bever von den erstrangigen Einrichtungen dieses Ortes profitieren.
Private Pferdekutschen und Schlitten ins Val Bever, Tel. 081 852 45 90.
Märchenweg. Entlang der linken Talseite des Val Bever finden Sie sechs Märchen, erzählt oder geschrieben von Engadiner Frauen und inszeniert von einheimischen Künstlern. Ein Spass für die ganze Familie.

WICHTIGE RUFNUMMERN DER DREI ORTSCHAFTEN

Rhätische Bahn Celerina (2 Bahnhöfe) Tel. 081 833 31 13
Rhätische Bahn Samedan Tel. 081 288 55 11
Rhätische Bahn Bever Tel. 081 852 52 08
Post Celerina Tel. 081 833 34 97
Post Samedan Tel. 081 852 41 73
Post Bever Tel. 081 852 53 74
Krankenhaus in Samedan Tel. 081 851 81 11
Apotheke in Samedan Tel. 081 852 53 22
Flugplatz mit Verbindungen nach Zürich und Genf, sowie Privatflüge, Tel. 081 851 08 51

Verkehrsbüro: Celerina Tel. 081 830 00 11; Samedan Tel. 081 851 00 60; Bever Tel. 081 852 49 45

VON LA PUNT NACH CINUOS-CHE

DER INN UND DAS HAUS MERLEDA-ALBERTINI IN LA PUNT.

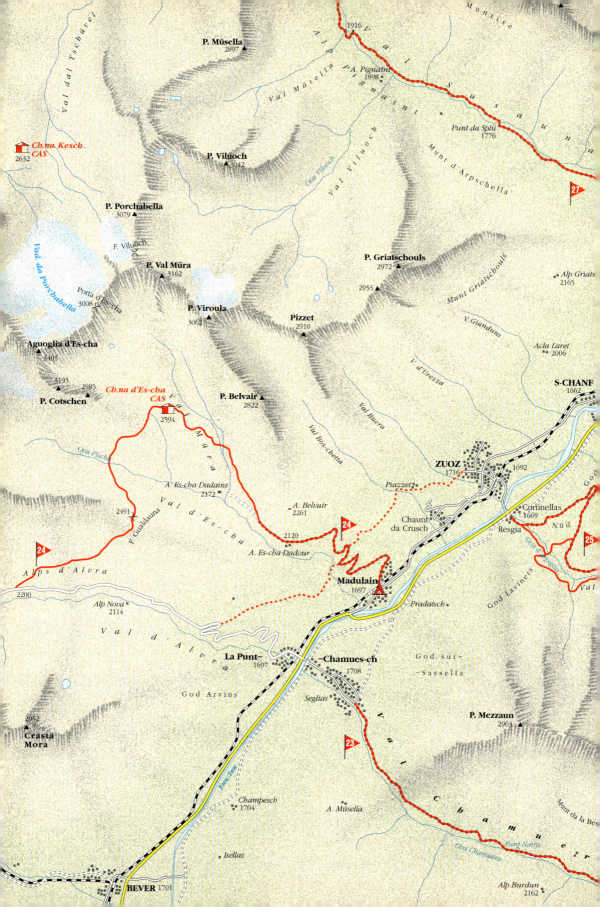

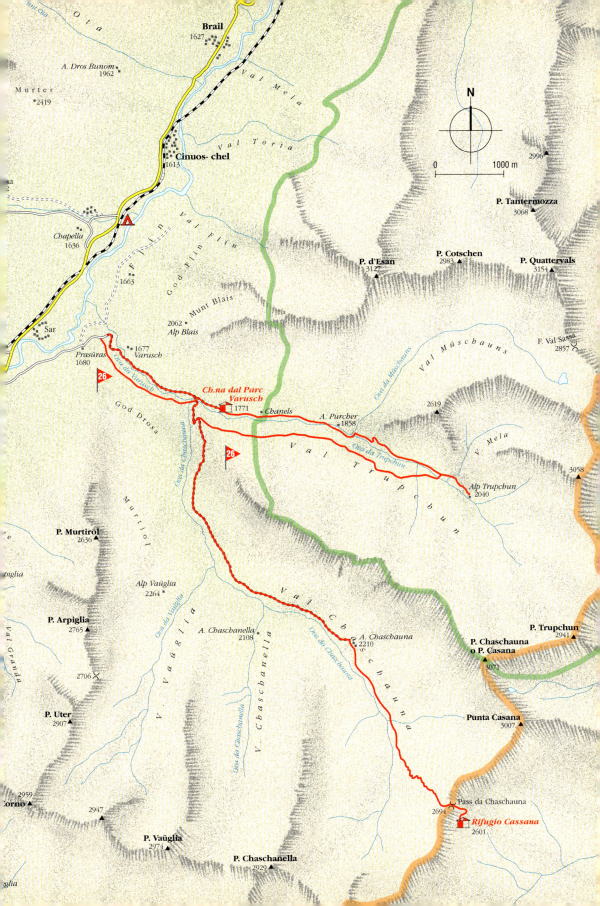

Ausgangspunkt: Chamues-ch (1708 m).

Charakteristik: für Familien bis Serlas, Hochgebirgswanderung von der Fuorcla Pischa bis zur Fuorcla Muragl.

Höhenunterschied/Gehzeit: 280 m/2 Std. bis Serlas (+ 250 m/1 Std. bis zur Alp Prüna und Prünella; 850 m/3 Std. ca. bis zu beiden Passübergängen, weitere eineinhalb Stunden bis Punt Muragl oder Alp Languard oder ins Val da Fain).

Empfohlene Jahreszeit: von Juni bis November zur Alp Prüna und Prünella, weiter nur von Juli bis September.

Stützpunkte: keine Hütte, Hirten auf den beiden Alpen.

Karte auf S. 132-133 und 88-89

Achtung: für die Überschreitungen nach Muottas Muragl, ins Val Languard oder ins Val da Fain, mit der Route 16 vergleichen; diese Wanderungen werden meist in entgegengesetzter Richtung durchgeführt, da sie dabei weniger anstrengend sind, die Länge bleibt unverändert.

Das Val Chamuera ist ein weiteres langes Seitental des Engadins, fast die natürliche Fortsetzung in östlicher Richtung des Albulatals. Vom Dörfchen Chamues-ch, wo unsere Wanderroute beginnt, kann man sich kaum vorstellen, dass dieses Tal so lang und so vegetationsreich ist. Gleich hinter dem Parkplatz (1750 m, WC und Picknickplatz) steigt die Strasse entschlossen zwischen Felswänden an, zu deren Füssen die Ova Cha-

muera rauschend dahin fliesst. Doch diese raue Landschaft hält nicht lange an, denn nach ein paar Kilometern weitet sich das Tal, der Anstieg wird sanfter und wir erblicken die charakteristische, grosse Alphütte von Serlas (2017 m), ein sehr ungewöhnliches Gebäude aus dem Anfang des 19. Jhs. Eine in Holz geschnitzte Inschrift auf ladinisch erzählt, dass die Alp von G. B. Orlandi aus Bever gebaut und 1828 eingeweiht wurde. Zusammen mit den Alpen Prüna und Prünella bildet sie den grössten Privatbesitz im ganzen Kanton Graubünden.

Kurz vor dem Gebäude befindet sich links die erste Weggabelung mit einem Strässchen, das ins Val Lavirun hineinführt, eines der vielen möglichen Wanderziele. Hat man Serlas südseitig umgangen, lädt eine Wiese mit einem geschnitzten Holzbrunnen zu einer Rast ein und man hat Zeit, sich für eines der vielen Wanderziele zu entscheiden. Ein Wegweiser bei der alten Brücke über die Ova Chamuera, die sich hier durch eine kurze Schlucht drängt, informiert uns, dass wir im Val Chamuera bleiben, wenn wir uns links

Strässchen durch das Val Chamuera hinauf, auf dem ersten Abschnitt und bei der Alpe Serlas, wo auch ein schön geschnitzter Brunnen steht. Hier, im Uhrzeigersinn, die Alpe Prünella, eine grosse Arve, der Talweg zwischen Serlas und Prünella und die Brücke über die Ova Chamuera bei Serlas.

halten (ohne die Brücke zu queren), und anschliessend zur Alp Prünella (2218 m) kommen. Ich empfehle diese Route, denn sie verläuft durchwegs auf einem schönen, ungeteerten Strässchen, das sich besonders gut für Mountainbikes eignet und von herrlichen Arven gesäumt ist. Hinter der Alp geht der Weg noch weiter und wird zum Steig, der bis zur relativ wenig begangenen Fuorcla Chamuera führt (2790 m), die den Übergang zum Val da Fain darstellt (siehe auch Route 16).

Eine zweite Möglichkeit von der Alp Serlas bietet ein Strässchen rechts der Ova Chamuera, das in einer langen Diagonalen ins Val Prüna hineinführt, bis zur gleichnamigen Alp, die von Legföhrenhängen umgeben in 2270 Metern Höhe liegt. Bis hierher ist die Route nicht besonders anstrengend, doch das ändert sich, wenn man das ganze Tal bis zu den kleinen Bergseen und der Fuorcla (Übergang ins Val da Fain, die nahe Fuorcla Pischa führt ins Val Languard) durchwandern will, oder bis zur fast 2900 Meter hohen Fuorcla Muragl. Wie anfangs bereits erwähnt, werden diese Routen normalerweise in entgegengesetzter Richtung zurückgelegt, denn nimmt man die Sesselbahn des Val Languard oder die Standseilbahn von Muottas Muragl in Anspruch, verringert sich der Höhenunterschied beim Aufstieg um mehr als die Hälfte.

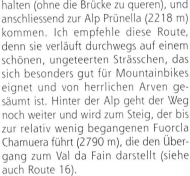

Ausgangspunkt: Madulain (1697 m) oder die Albulastrasse in 2178 Metern Höhe.

Charakteristik: klassische Wanderung.

Höhenunterschied/Gehzeit: 900 m/2,5 Std. von Madulain; 450 m/2 Std. von der Albulastrasse.

Empfohlene Jahreszeit: von Juli bis Oktober.

Stützpunkte:
Es-cha-Hütte (2594 m) Tel. 081 854 17 55.

Karte auf S. 132-133

Im Fall einer Rundwanderung, mit Ausgangspunkt Albulastrasse und Rückkehr nach Madulain, benötigt man zwei Autos, denn es verkehren keine Postbusse

Die Es-cha-Hütte gehört zu den traditionellen Wanderzielen für die Touristen in Zuoz und Umgebung. Hier wird die klassische Rundwanderung beschrieben, die bei der Albulastrasse beginnt, wo man den Wagen in ca. 2200 Metern Höhe abstellt (grosser Platz links, gegenüber dem Strässchen, das zur Fuorcla Gualdauna ansteigt, Wegweiser) und in Madulain endet. Die Wanderung ist jedoch ebenfalls sehr schön und empfehlenswert, wenn man als Ausgangspunkt und Endpunkt Madulain wählt, also dieselbe Route in beiden Richtungen begeht.

Von der Albulastrasse geht es bergauf. Nach der Alp Nova zu unserer Linken (2114 m) nimmt die Steigung ab und die Route verläuft geradliniger, bis rechts ausgedehnte Wiesen erscheinen. Hier beginnt der Weg (anfangs ein richtiges Strässchen), der in einer langen Diagonalen direkt zur etwas über 2500 Meter hohen Fuorcla Gualdauna ansteigt, die den Übergang ins Valle d'Es-cha darstellt. An der Scharte angelangt, erwartet uns, auch wenn der Grossteil des Höhenunterschieds bereits überwunden ist, ein am Hang leicht ansteigender Abschnitt bis zur Wiesenkuppe, auf der die Es-cha-Hütte liegt (2594 m). Oberhalb der Hütte ragt die Aguoglia d'Es-cha auf, der Hauptgipfel (3405 m), der nur wenige Meter niedriger ist als der bekannte Piz Kesch (3417 m, auch Piz d'Es-cha genannt). Der Tiefblick auf das Engadin ist nicht besonders umfassend, doch von der Hütte sieht man sehr gut, rechts (südlich)

des Piz Mezzaun, den Taleinschnitt des Val Chamuera. Von der Es-cha-Hütte kann man auch die Überschreitung zur Kesch-Hütte unternehmen (2632 m, siehe Route 27), über die Porta d'Es-cha, die etwas mehr als 3000 Meter hoch ist. Diese Tour sollte nur von Bergsteigern mit Hochgebirgserfahrung unternommen werden. Bis zum Pass sind einige Fixseile angebracht. Der Abstieg erfolgt über den relativ leichten und viel begangenen Porchabella-Gletscher (Abstieg folglich durch das Val Susauna oder nach Chants im Val Tuors).

Der Abstieg von der Es-cha-Hütte Richtung Engadin weist keinerlei Schwierigkeiten auf und verläuft auf schönem Weg bis zur Alp Es-cha Dadour (das bedeutet „draussen", hier die Alp, die dem Talausgang näher liegt). Hier befinden wir uns auf ungefähr 2000 Metern Höhe, das Panorama öffnet sich auf einen Grossteil des Engadins und der Weg wird zu einer bequemen, ungeteerten Strasse, die unterhalb der Alp in einen schönen Lärchenwald hineinführt. Auf einer Lichtung, in ungefähr 1800 Metern Höhe angelangt, trifft man auf den wunderbaren Wegabschnitt, der zur Via Engiadina gehört. Würden wir ihm rechts folgen (südwestlich), würden wir in weniger als einer Stunde zur vierten Kehre der Albulastrasse oberhalb von La Punt gelangen. Wenn wir dagegen links weitergehen würden (nordöstlich), kämen wir mühelos zuerst nach Piazzet und dann nach Zuoz. Wenn wir dagegen geradeaus dem schönen Strässchen folgen (Abkürzungen zwischen den einzelnen Kehren) erreichen wir die Wiesen von Champatsch und in Kürze die Dorfhäuser von Madulain am Inn.

Wandern auf der Via Engiadina oberhalb von La Punt und die Es-cha-Hütte.
Auf dieser Seite, das Dorf Chamues-ch, oberhalb von Madulain unterwegs ins Valle Es-cha, durch den Wald und in Sichtweite der Alpe Es-cha Dadains.

25 ▶ DAS VAL D'ARPIGLIA

Ausgangspunkt: Zuoz, Resgia (1669 m).

Charakteristik: für Familien, längs der Strasse auch ideal für Mountainbike.

Höhenunterschied/Gehzeit: 430 m/1,5–2 Std. je nach Wegwahl bis zur Alp Arpiglia (2129 m).

Empfohlene Jahreszeit: von Juni bis November.

Stützpunkte: Einkehr auf der Alp Arpiglia.

Karte auf S. 132-133

Kurzer Ausflug, verlangt keine besondere körperliche Ausdauer, eignet sich auch als Halbtagestour.

Den Ortsteil Resgia bei Zuoz sieht man sofort von der Kantonstrasse aus. Resgia bedeutet auf ladinisch „Sägewerk" und tatsächlich sehen wir an der Strasse hoch aufgestapelte Baumstämme. In Resgia finden wir aber auch einige Parkplätze (der Bahnhof ist nur zweihundert Meter entfernt, auf der anderen Seite des Flusses), das Center Sur En mit Restaurant und Sportzentrum, im Winter ein bekanntes Langlaufzentrum, einen Golfplatz und einen Reitplatz. Genau bei Resgia mündet die Ova da Arpiglia in den Inn und an ihrem Ufer, hundert Meter oberhalb des Center Sur En, liegt auch ein schöner Picknickplatz. Dort beginnt unsere Wanderung, bei der wir das ganze Val d'Arpiglia entlangwandern werden bis zur gleichnamigen Alp.

Am Beginn der ungeteerten Strasse, die ins Tal hineinführt (Wegweiser), hat man drei Varianten zur Auswahl: links die Strasse, rechts geht es zum Wald God Laviners, geradeaus bleibt man am Ufer der Ova d'Arpiglia und gelangt in nur zehn Minuten zu einem schönen Wasserfall in einer schmalen Felsschlucht. Man steigt rechts davon hinauf in feuchtem Gelände und typischer Vegetation (z. B. Eisenhut), bis man zu einer weiteren Weggabelung kommt. Rechts führt ein sehr schöner Wanderweg mit einer langen Holzleiter (auch „s-chela celesta" genannt) durch schroffes Gebiet, steigt dann zum hoch gelegenen Teil des Waldes God Laviners an, quert die Ova d'Arpiglia und vereinigt sich schliesslich mit der Strasse der weiter unten liegenden Alp. Links dagegen verläuft der Pfad zunächst eben, überwindet den Bergbach und steigt auf der anderen Seite in einem jungen Lärchenwald an, bis er schliesslich auf die Hochweiden von Nüd hinaustritt. Hier

bietet sich eine schöne Aussicht auf Zuoz, wo besonders das grosse rosa Gebäude des Lyzeum Alpinum auffällt. Darauf trifft man wieder mit dem Talsträsschen zusammen, das immer noch ansteigt, doch bald schon sehen wir die Hütten der Alp Arpiglia, wo die Hirten für das leibliche Wohl der Wanderer sorgen. Nicht weit vor der Alp, bergwärts Richtung Piz d'Arpiglia, stehen einige wunderschöne, alte Lärchen. Dieser Gipfel ist im Winter ein beliebter Skiberg, sogar bei Resgia steht eine Tafel mit Hinweisen über das korrekte Verhalten bei Skitouren, vor allem um die Schutzzonen der Fauna zu respektieren. Natürlich kann man auch im Sommer auf den Piz d'Arpiglia steigen (2748 m); er ist einfach in ca. zwei Stunden von der Alp aus zu erreichen. Wenn wir über einen der beiden Wege heraufgekommen sind, empfehle ich für den Rückweg nach Zuoz die Forststrasse bis Resgia.

Links, Wasserfall im Val d'Arpiglia. Oben, uralte, bisweilen versteinerte Lärchen an der Talstrasse des Val d'Arpiglia; unten, die gleichnamige Alp.

Ausgangspunkt: S-chanf, Parkplatz bei Prasüras (1680 m).

Charakteristik: Bergwanderung bis zum Pass Chaschauna, für Familien im Val Trupchun; zum Beobachten der Tiere ist ein Fernglas nötig, besser noch wenn es mit Stativ benützt wird.

Höhenunterschied/Gehzeit: 350 m/2 Std. zur Alp Trupchun (2040 m); 530 m/2,5 Std. zur Alp Chaschauna (2210 m); weitere 500 m/1,5 Std. zum Pass.

Empfohlene Jahreszeit: von Juni bis Oktober.

Stützpunkte:
Varusch-Hütte (1771 m), Tel. 081 854 31 22; Cassana-Hütte (2604 m, auf italienischem Gebiet, gleich hinter dem Cassana-Pass, Tel. 0039 0342 217 087).

Karte auf S. 132-133

Achtung: Das Val Trupchun ist eines der bekanntesten Ziele im Schweizerischen Nationalpark, in dem einige Verhaltensregeln eingehalten werden müssen. Zum Beispiel sind Mountainbikes strikt verboten und die markierten Wege dürfen nicht verlassen werden.

Das Val Trupchun liegt im südlichen Teil des Nationalparks Engadin (siehe Tafel S. 158-159) und ist vor allem aufgrund der hier so zahlreich vorkommenden Hirsche bekannt. Während der Brunftzeit, normalerweise Mitte September bis Mitte Oktober, hört man im Tal das Röhren der Hirsche, die einen Harem von bis zu zwölf Hirschkühen um sich versammeln können. In dieser Zeit achten die Tiere kaum auf die Anwesenheit der Menschen und man kann sie den ganzen Tag aus der Nähe beobachten, nicht nur im Morgengrauen oder bei Sonnenuntergang, wie es sonst üblich ist. Deshalb ist

ein Ausflug in dieses Tal besonders in jenen Monaten zu empfehlen.

Von S-chanf führen uns die Wegweiser zum Parkplatz von Prasüras, nicht weit oberhalb des Dorfes, am Taleingang des Val Trupchun (vom Bahnhof ungefähr zwanzig Minuten zu Fuss). Von dort kann man auf der ungeteerten Talstrasse weiterwandern, auf der auch die Pferdekutschen bis zur Capanna Varusch verkehren, oder den vor wenigen Jahren angelegten Weg rechts des Parkplatzes aufnehmen (orografisch linke Seite), der leicht im Wald ansteigt, bis er wieder mit der Strasse an der Brücke über die Ova da Chaschauna zusammentrifft. Im Sommer steht hier eine mobile Informationsstelle des Nationalparks, wo man auch Karten, Bücher und Andenken kaufen kann. Obwohl der kürzeste Weg ins Val Trupchun die Talstrasse ist, empfehlen wir hier eine Rundwanderung, die unseren Ausflug um eine halbe Stunde verlängert aber ein schöneres Panorama über das ganze Tal bietet. An der Abzweigung zum Val Chaschauna schlagen wir also die Strasse ein, die in einigen regelmässigen Kehren ansteigt; an einer dieser Kurven beginnt der gut markierte Wanderweg (grosses Hinweisschild des Nationalparks) geradewegs in den Wald hinein, immer an der orografisch linken Seite des Val Trupchun. In 1900 Metern Höhe betritt der Weg das Parkgebiet und verläuft in leichtem Auf und Ab mit schöner Aussicht auf die Alp Purcher, den Piz d'Esan (3127 m) und die anderen Gipfel, die in nördlicher Richtung das Val Müschauns abschliessen und sowohl landschaftlich als auch geologisch sehr interessant sind. Sehr gut zu erkennen sind die einzelnen Sedimentschichten, wo sich Selcifero-Kalke und Schieferungen aus Mergelkalk ab-

wechseln und einen starken Knick aufweisen. Wir befinden uns nun im Territorium der Hirsche, deren mächtiges Röhren wir vielleicht schon vernommen haben. Viele Wanderer stehen am Weg, sind auf der Pirsch, bewaffnet mit Ferngläsern, Fotoapparaten und verschiedensten Teleobjektiven. Wir lassen nun alle Eile hinter uns und setzen unsere Wanderung fort, die uns immer wieder wunderbare Blicke in die Umgebung gewährt, bis es wieder bergab geht, zum Talboden hin, um die Ova da Trupchun zu überschreiten und den Weg aufzunehmen, der von der anderen Talseite kommt. Anschliessend geht es zur bekanntesten Stelle des Tales hinauf, zur Alp Trupchun (2040 m), wo man den ganzen Gipfelkranz des Talabschlusses überblickt, mit der Fuorcla Trupchun (2782 m), die ins italienische Val Saliente oberhalb von Livigno hinüberführt. Es wird darauf hingewiesen, die grosse Wiese, die mit gelben Stangen abgegrenzt ist, nicht zu verlassen; nur hier ist eine Rast erlaubt.

Für den Rückweg wählen wir die Route auf der orografisch rechten Talseite, vorbei an der Alp Purcher (1858 m), Chanels und schliesslich an der Varusch-Hütte (1771 m), der einzigen Einkehrmöglichkeit.

Links, die Varusch-Hütte, Informationstafel am Eingang des Nationalparks und die Alp Trupchun.
Unten, ein prächtiger Hirsch, umgeben von kleineren Hirschkühen; rechts, der Panoramaweg ins Val Trupchun hinein, der Talboden bei der Alp Purcher.

Auf dieser Seite, Beginn der Wanderung ins Val Chaschauna, Cassanapass und Cassana-Hütte auf der Seite Livignos. Rechts, zwei Ansichten des Val Chaschauna (mit der weiten Hochfläche der Alp Chaschauna); der anstrengende Aufstieg zum Chaschaunapass mit dem Mountainbike.

VARIANTE ZUM CHASCHAUNA-PASS

Das Val Chaschauna verläuft parallel zum Val Trupchun, an seiner Südseite. Es ist länger und sehr reizvoll, liegt jedoch ausserhalb des Nationalparks. Auch vom Val Chaschauna besteht über den gleichnamigen Pass eine Verbindung mit Italien, mit den Tälern Livignos, genauer gesagt mit dem Val Federia.

Von der kleinen Brücke über die Ova da Varusch, wenig mehr als eine halbe Stunde vom Parkplatz von Prasüras entfernt, verlässt man das Val Trupchun, um das Strässchen ins Val Chaschauna hinauf einzuschlagen (der erste kurze Abschnitt ist mit der vorhergehenden Route identisch). Rechts zweigt der Weg zur Alp Vaüglia (2264 m) ab, ein weiteres sehr interessantes Tourenziel. Wir gehen geradeaus auf dem Strässchen weiter bis zur Alp Chaschauna (2210 m), wo die Wälder den ausgedehnten Hochweiden weichen. Eine Hochfläche, durch die sich träge die Ova da Chaschauna schlängelt, breitet sich vor der Alp aus. Man überschreitet sie in ihrer ganzen Länge Richtung Süden bis zu einer Abzweigung, wo wir uns nach links wenden, um den anstrengendsten Abschnitt unserer Wanderung in Angriff zu nehmen, den Anstieg zum

Chaschauna-Pass direkt über uns. Ganze 500 m Höhenunterschied sind zu überwinden. Der Pfad, der 2004 gerichtet wurde, zieht sich in zahlreichen Kehren bis zum Pass. Mit seinen 2694 Metern ist es der höchste Punkt des Nationalpark Bike Marathon, eines faszinierenden, äusserst schwierigen Mountainbike-Rennens, das jedes Jahr am letzten Samstag im August stattfindet. Wundern wir uns also nicht, wenn wir bei unserer Wanderung auf viele Biker treffen, die auf dieser Strecke eine Höchstleistung an Technik und Kondition aufbringen müssen. Auf dem Pass angekommen, der eigentlich eine weite Einsattelung ist,

schweift der Blick, ausser über das Val Chaschauna, auch über das tiefer liegende Val Federia auf italienischem Gebiet, wo die Cassana-Hütte liegt (2601 m). Bis Ende der 60er Jahre war sie ein Kaserne der Finanzpolizei, denn der Pass, der seit jeher von Schmugglern begangen wurde, sollte überwacht werden. Eine Rast bei der Hütte, die in wenigen Minuten zu erreichen ist, ist mehr als verdient, bevor wir dann auf dem gleichen Weg nach S-chanf zurückkehren (der Abstieg nach Livigno bringt einige Probleme mit sich, was die Rückkehr ins Engadin mit öffentlichen Verkehrsmitteln betrifft).

Ausgangspunkt: Susauna (1682 m).

Charakteristik: für Familien im Val Susauna, alpines Gelände bis zur Kesch-Hütte.

Höhenunterschied/Gehzeit: 200 m/1 Std. bis Plaun Margun (1880 m); 510 m/2,5 Std. zur Alp Funtauna (2192 m); 950 m/4,5 Std. zur Kesch-Hütte (2632 m).

Empfohlene Jahreszeit: von Juni bis Oktober.

Stützpunkte: Kesch-Hütte, Tel. 081 407 11 34.

Karte auf S. 132-133 und S. 146

Das Val Susauna und das folgende Val Funtauna sind in Verbindung mit dem Val Tuors die schönsten Strecken für Mountainbiker, doch nur wenn sie hervorragende Technik und Kondition besitzen.

Jeder, der auf der Hauptstrasse durchs Engadin fährt, bemerkt einige Kilometer nach S-chanf eine charakteristische Häusergruppe mit einem Glockenturm. Es handelt sich um die Reste des Xenodochiums von Chapella aus dem Jahr 1594 und eine noch ältere Kirche, die genau am Taleingang des Val Susauna liegen. Hier zweigt links ein Strässchen zum Weiler Susauna ab (1682 m), wo man kurz vorher das Auto parken muss.

Wir befinden uns erneut in einem Seitental des Engadins, das sich lang in nordwestlicher Richtung ausdehnt und in Vielem dem bereits beschriebenen Val Bever ähnlich ist. Auch das Val Susauna steigt anfangs auf den ersten paar Kilometern gemächlich an, mit einem schönen, ungeteerten Strässchen, das sich auch für Radfahrer eignet, auch wenn einige Steilaufschwünge eine gute Kondition verlangen. Nach den Häusern von Susauna begleitet das Strässchen durch Lärchenwald und über Wiesen den Wasserlauf des Vallember. Nach Plaun Margun wird die Strasse steiler, steigt in einer felsigen Schlucht an und tritt dann hinaus auf die ausgedehnte Wiesenfläche der Alp Funtauna (2192 m), wo zahlreiche Kühe und Pferde weiden. In der Nähe der Alphütte steht der obligatorische gelbe Wegweiser, der die nördliche Richtung zum Scalettapass (2606 m) anzeigt und von dem man nach Dürrboden (2,5 Std.) im Dischmatal absteigen kann. Von dort geht's dann mit dem Postbus nach Davos und mit der Rhätischen Bahn zurück ins Engadin. Das Schild informiert uns auch, dass wir bis zur Kesch-Hütte noch zwei Wegstunden vor uns haben, auch wenn der Höhenunterschied nur 400 Meter beträgt. Dieser Richtung folgend, lassen wir die Alphütten hinter uns, wandern über den ebenen

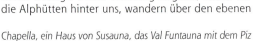

Chapella, ein Haus von Susauna, das Val Funtauna mit dem Piz Kesch im Hintergrund.

Zwei kleine Radlerinnen auf dem ersten Wegabschnitt im Val Susauna, ihre Väter wagen sich hinauf bis zur Fuorcla Funtauna mit Blick auf den Piz Kesch. Natürlich ist die Talstrasse bis zur Alp Funtauna auch bei Bergwanderern sehr beliebt, da sie zahlreiche Wanderziele bietet.

Talboden und bemerken, dass das Tal seine Ausrichtung geändert hat und sich jetzt unter dem Namen Val Funtauna von Süden nach Westen erstreckt. Nach ca. einer Stunde Gehzeit taucht in der Ferne die Fuorcla da Funtauna mit der Kesch-Hütte und dem Piz Kesch auf (2632 m). Ein steiler Wegabschnitt führt zur Hütte. Hier reicht der Blick vom Vadret da Porchabella und der Porta d'Es-cha, die mit Madulain verbindet (siehe Route 24), bis zum Piz Kesch (3417 m). Die SAC-Hütte ist vor allem als Stützpunkt bei der Überschreitung ins Val Tuors bekannt. Denn von hier kann man in weniger als zwei Stunden nach Chants hinabwandern (1822 m), den Postbus bis Bergün nehmen und mit dem Zug ins Engadin zurückfahren. Es ist eine der schönsten und lohnendsten Mountainbike-Strecken des Engadins, doch Voraussetzung sind gute Kondition und Bergerfahrung. Wer nicht ins Val Tuors absteigen will, kehrt auf der gleichen Route nach Susauna zurück, wozu man mehr als drei Stunden benötigt.

KANUFAHREN AUF DEM INN

Der Abschnitt des Inns zwischen S-chanf und Brail und weiter noch bis Zernez ist besonders reizvoll, denn hier hat sich der Fluss sein Bett zwischen geologisch sehr interessante Felsformationen gegraben. Weder Wege noch Strassen säumen hier das Ufer. Einzig mit dem Kanu oder dem Schlauchboot (Rafting) ist eine Entdeckungsfahrt möglich. (Info Engadin Adventure Tel. 081 861 14 19)

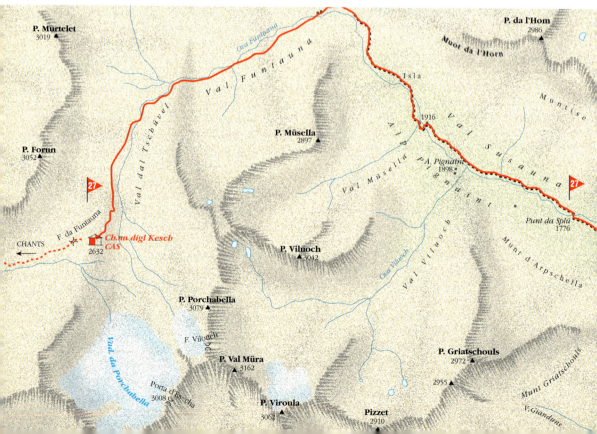

IN LA PUNT, CHAMUES-CH
KUNST – GESCHICHTE – KULTUR

La Punt liegt am Beginn der Albulastrasse, Chamues-ch an der Talöffnung des Val Chamuera. Am Inn erhebt sich in strahlendem Weiss die schöne Chesa Merleda-Albertini, ein typisches Beispiel für den Engadiner Baustil des 17. Jahrhunderts.
In Chamues-ch steht die wunderschöne Kirche St. Andrea, in gotischem Stil mit schlankem Turm, aber mit einem romanischen Portal; im Chorraum Fresken von Bernardo da Poschiavo aus dem Jahr 1505.

SPORT – RELAX

Alle Ortschaften sind mit den Engadiner Mountainbike-Strecken verbunden (über 200 km); in La Punt Fahrradverleih – Velo Kesch, Tel. 081 854 10 19.
In La Punt beginnt die durchwegs asphaltierte, 8 km lange Inlineskating-Strecke; am Golfplatz entlang führt sie bis zum Eingang des Schweizerischen Nationalparks im Val Trupchun. Auch Madulain, Zuoz und S-chanf sind mit der Route verbunden, die natürlich auch für Fusswanderer und Biker zugänglich ist. Man beachte jedoch, dass ein gut trainierter Skater eine Geschwindigkeit von 40 Kilometer pro Stunde erreichen kann (Tel. 081 854 08 06). Im Winter verläuft hier die Langlaufloipe, auch für den Engadiner Skimarathon. Der Naturlehrpfad mit Beginn in Godet Dadains (zwischen Madulain und Chamues-ch) ist 2,5 km lang und besteht aus 6 Abschnitten (A-F): eine kleine Broschüre ist auf den Verkehrsämtern von Madulain und La Punt erhältlich.

IN MADULAIN
KUNST – GESCHICHTE – KULTUR

Madulain ist die kleinste politische Gemeinde im Engadin. Die Siedlung ist römischen Ursprungs, wie viele andere Engadiner Dörfer und die Ortsstruktur zeigt eine ursprüngliche Verteidigungsfunktion. Die Häuser stehen sehr eng zusammen, um nach aussen hin eine schützende Mauer zu bilden. Oberhalb des Dorfes liegt die Ruine der Zollburg Guardaval aus dem Jahr1250. In der Ortsmitte erhebt sich die Kirche San Bartrumieu von 1510.

IN ZUOZ
KUNST – GESCHICHTE – KULTUR

Zu den Informationen auf S. 148 möchte ich noch folgendes hinzufügen: die spätgotische, evangelische Pfarrkirche San Luzi mit Fenstern von Augusto Giacometti; der Planta-Turm, im 15. Jh. als Gefängnis benutzt, zu sehen sind noch die Folterwerkzeuge; die Kapelle San Bastiaun aus dem 13. Jh.
Ortsführungen, Info Verkehrsverein.

BESONDERHEITEN

Das Lyzeum Alpinum in Zuoz feierte 2004 sein hundertjähriges Bestehen. Was seinen Gründern wichtig war, hat sich bis heute nicht geändert: „Das Klima des Oberengadins, sowohl im Sommer als auch Winter, besitzt eine ausserordentliche Heilkraft und fördert die geistige und körperliche Entwicklung der Jugendlichen."
Das Kaffeemuseum in der Chesa Cafè Badilatti (Tel. 081 854 27 27) zeigt, dass die Engadiner und Puschlaver in diesem Sektor eine wichtige Rolle gespielt haben. Zu sehen sind die verschiedenen Produktions- und Verarbeitungsphasen.

SPORT – RELAX

Tennis beim Hotel Engiadina (Tel. 081 854 10 21) und beim Lyzeum Alpinum (Tel. 081 851 30 03).
Reitsportzentrum Hofer in La Resgia, Tel. 081 854 39 19.
Pferdekutschfahrten ins Val Varusch und Val Trupchun, Tel. 081 854 97 31.
Neuer Golfplatz mit 18 Löchern, Ausgangspunkt am Sportzentrum Sur En, Tel. 081 851 04 66.
Fischen im Inn, Tel. 081 833 67 52.
Bocciabahn beim Hotel Castell, Tel. 081 854 01 01.
Langlaufzentrum Sur En, mit Umkleide- und Wachsraum, auch Skischule, Tel. 081 833 75 75.
Eislaufen und Curling, Skischule, Tel. 081 854 11 79.

IN S-CHANF
KUNST – GESCHICHTE – KULTUR

Zu den Informationen auf S. 148 möchte ich noch folgendes hinzufügen:
in S-chanf, die Chesa Juvalta von 1662 und die evangelische Kirche von 1493; ausserdem viele Sgraffiti an den Häusern längs der Hauptstrasse durch den Ort.
In Chapella, Kirche und Hospiz aus dem 13. Jh.;
In Cinuos-chel, vollständig mit Sgraffiti verziertes Haus von 1659, mit zwei Krokodilen.
In S-chanf befindet sich einer der Zugänge zum Schweizerischen Nationalpark, siehe S. 158-159.

WICHTIGE RUFNUMMERN

Rhätische Bahn La Punt Tel. 081 288 56 56
Rhätische Bahn Zuoz Tel. 081 854 12 47
Rhätische Bahn S-chanf Tel. 081 854 12 47
Rhätische Bahn Cinuos-chel Tel. 081 856 11 22
Engadin Bus Tel. 081 834 91 00
Post La Punt Tel. 081 854 12 85
Post Zuoz Tel. 081 854 13 52
Post S-chanf Tel. 081 854 31 42
Post Cinuos-chel Tel. 081 854 12 56
Bibliothek Zuoz Tel. 081 854 05 20
Es-cha-Hütte Tel. 081 854 17 55
Varusch-Hütte Tel. 081 854 31 22
Kesch-Hütte Tel. 081 407 11 34
Cassana-Hütte Tel. 0039 0342 21 70 87
Camping in Chapella Tel. 081 854 12 06

Verkehrsbüro: La Punt Chamues-ch Tel. 081 854 24 77; Madulain Tel. 081 854 11 71; Zuoz Tel. 0848 986 946; S-chanf, Cinuos-chel, Chapella, Susauna Tel. 081 854 22 55

Für die Besichtigung von Zuoz, dem nahezu unverändert gebliebenen wunderschönen Dorf, mit seinen charakteristischen Engadinerhäusern, sollte man sich etwas Zeit nehmen. Es liegt erhöht auf einer sonnigen Geländeterrasse über dem Inn. Auch die Rhätische Bahn führt nur am Ortsrand vorbei. Die Dorfmitte ist die Plazzet, ein stolzer Dorfplatz, der einst den Namen der Familie Planta trug, die fast fünfhundert Jahre lang, bis 1700, über das Oberengadin herrschte. An diesem Platz, der nicht eben, sondern stark geneigt ist, finden wir die Chesa Planta, das Hotel Crusch Alva (von 1570) und viele andere, sehr interessante Engadinerhäuser mit charakteristischen Portalen: Chesa Albertini, Chesa Travers, Chesa Juvalta, alle aus dem späten 16. Jh. Vom zentral gelegnen Dorfbrunnen erblickt man den schlanken, hohen Turm der reformierten Kirche. Von der Plazzet geht man am besten durch die schmalen Gassen hinauf in den höher gelegenen Teil des Ortes. Hier sieht man das Gebäude des internationalen Lyzeum Alpinum, das Schüler aus der ganzen Schweiz aufnimmt. Weiter oberhalb beginnt ein Saumpfad in östlicher Richtung nach S-chanf, das man in einer guten halben Stunde erreicht (von Zuoz nach S-chanf gelangt man auch etwas bequemer am Inn entlang).

Auch wenn S-chanf kleiner ist als Zuoz, besitzt es ebenfalls alte Häuser mit Wappen und Sgraffiti. Hier befindet sich das Ziel des Engadiner Skimarathons und ein Zugang zum Schweizerischen Nationalpark durch das Val Trupchun. In wenigen Minuten hat man den Ort auf der heute sehr ruhigen Hauptstrasse durchquert. Bis vor kurzem verlief der ganze Verkehr mitten durch das Dorf, heute gibt es die neue Strasse am anderen Ufer des Inn. S-chanf ist praktisch das letzte grössere Dorf des Oberengadins, an der Grenze zum Unterengadin im Tal von Punt Ota; östlich von S-chanf liegen nur noch die kleinen Weiler Chapella, Susauna und Cinuos-chel, während Brail bereits zum Unterengadin gehört.

Auf dieser Seite, der Dorfplatz von Zuoz mit der Chesa Planta, dem Turm der evangelischen Kirche und der Chesa Crusch Alva; die beiden Dörfer Zuoz und S-chanf am Ufer des Inn. Auf der linken Seite, von links oben: Sgraffito aus dem 17. Jh. an einem Haus in Cinuos-chel; Brunnen in Zuoz; Chesa Planta in Zuoz; Haus in Cinuos-chel; Giebel in Zuoz; Bär auf dem Brunnen vom Dorfplatz Zuoz; Wappen und Sgraffito in S-chanf; typisches Haustor in Zuoz.

ZERNEZ - OFENPASS MÜNSTERTAL

ZERNEZ MIT DER BURG WILDENBERG.

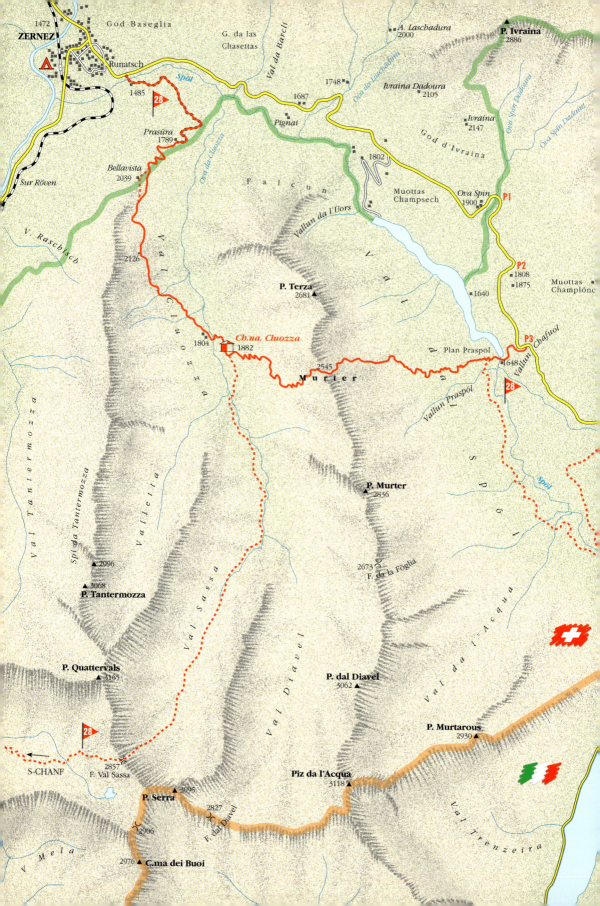

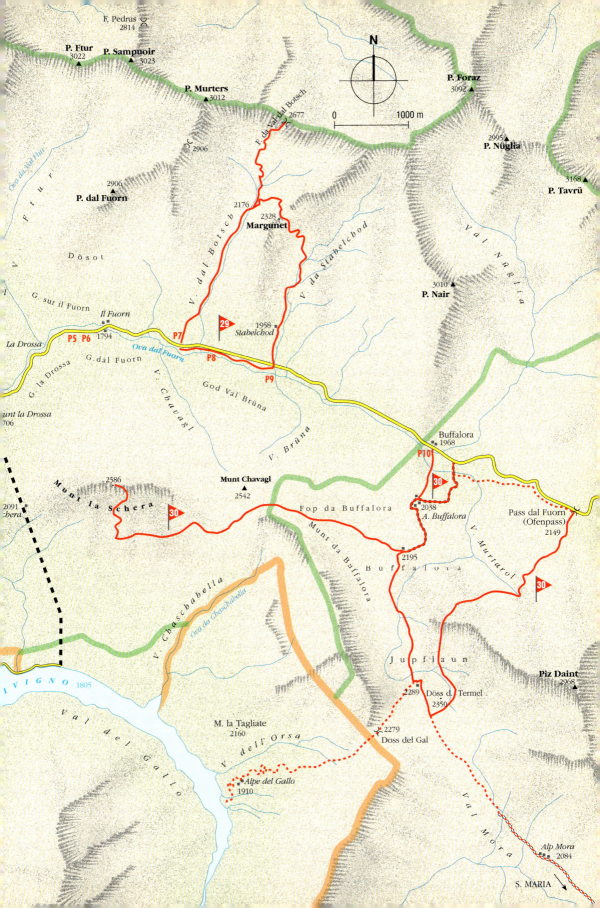

Ausagngspunkt: Zernez, Brücke über den Spöl (1485 m).

Charakteristik: Bergwanderung innerhalb des Schweizerischen Nationalparks, Familien mit Kindern sehr zu empfehlen.

Höhenunterschied/Gehzeit: 720 m/3,5 Std. zur Cluozza-Hütte (nur der Aufstieg!); + 700 m/3,5 Std. für die Überschreitung Murter, Val dal Spöl, P3.

Empfohlene Jahreszeit: von Juni bis November.

Stützpunkte: Cluozza-Hütte (1882 m) Tel. 081 856 12 35 und 856 16 89.

Karte auf S. 152-153

Die Capanna Cluozza ist eine ganz besondere Berghütte und sollte in aller Ruhe genossen werden; ideal für eine Übernachtung.

Das Val Cluozza ist eines der schönsten Täler im Schweizerischen Nationalpark und da es nicht besonders hoch liegt, ist es ideal für Wanderungen im Frühsommer und im Herbst.
Hat man das Auto auf dem Parkplatz bei der gedeckten Brücke über den Spöl, an der Strasse über den Ofenpass, abgestellt (ca. 10 Minuten vom Bahnhof), überquert man den Fluss, um links einen Saumpfad einzuschlagen, der sanft über Wiesenterrassen und an einzelnen Lärchen vorbei ansteigt. Weiter oben betritt man den Lärchenwald, wo auch die ersten Arven wachsen. Dort treffen wir auf eine Gedenktafel, die einem der

Gründer des Nationalparks, Paul Sarasin, gewidmet ist. Ganz in der Nähe der erste Aussichtspunkt mit Blick auf das lange Val Cluozza. Unsere Route berührt die Grenzen des Parks und es geht in einigen Kehren aufwärts in herrlichem Wald, bis uns die gelben Stangen den Verlauf der Parkgrenze anzeigen (ca. 1900 m). Wenig später treffen wir rechts auf die Abzweigung nach Bellavista, das, wie schon der Name sagt, ein natürlicher Aussichtspunkt ist, mit einem märchenhaften Holzhäuschen (das man mieten kann) und einer schönen Sicht auf die Talebene von Zernez und den Piz Linard. Eine kurze Rast lohnt sich, denn von Bellavista kann man auf den Hauptweg zurückkehren, ohne an Höhe zu verlieren. Wir befinden uns nun oberhalb der Zweitausendmetermarke und der Aufstieg ist fast geschafft. Ein letztes Steilstück bringt uns zu einem weiteren Aussichtspunkt. Diesmal blicken wir gegen Süden, auf den Talabschluss mit den Gipfeln Piz da l'Acqua (3118 m) und Piz Quattervals (3154 m) und nach Norden auf das Val Laschadura. Ein kleiner Brunnen mit einem Holztrog ist die einzige Quelle auf der ganzen Route. Darauf folgt eine weite Lichtung am Endpunkt unseres Anstiegs (2126 m), wo natürlich eine Rast fällig ist.

Auf der Seite links, das Val Cluozza beim Aufstieg zur Cluozza-Hütte.
Oben, Zernez und der Piz Linard, von der Bellavista gesehen. Der Weg zur Cluozza-Hütte führt durch einen herrlichen Bergwald mit uralten Arven. Auf einem Felsblock erinnert eine Gedenktafel an Paul Sarasin, einen der Gründer des Schweizerischen Nationalparks.

Ein hölzerner Treppensteig führt ins Tal, das man in einer langen, bergab führenden Diagonale durchquert – hier kann man am frühen Morgen gut Gämsen beobachten – bis zum Talboden, wo man die Ova da Cluozza überschreitet (1804 m). Obwohl es bis zur Cluozza-Hütte nicht mehr weit ist, bleibt sie uns noch verborgen, denn das vollständig aus Holz errichtete Haus ist ganz vom Wald umgeben: ein wirklich idyllischer Platz. Die Hütte ist 1993 vollständig renoviert worden (heute besitzt sie 70 Schlafplätze). Sie wurde bereits 1910 erbaut, noch vor der Gründung des Nationalparks. Sie beherbergt auch ein kleines, sehr gut ausgestattetes Naturkundemuseum, das die verschiedenen Aspekte der Geologie, sowie der Flora und Fauna des Nationalparks darstellt, mit Schautafeln und Schädeln der einzelnen Tiere; besonders interessant für die Kinder ist der grosse Schädel eines Bären.

Für den Rückweg nach Zernez muss man mit knapp drei Stunden rechnen. Die Route kann aber mit dem Aufstieg zum Murter verlängert werden (2545 m), auf der Wasserscheide zum angrenzenden Val dal Spöl, durch das die Strasse des Ofenpasses führt. Hier kann man sich über einen steilen Abstieg mit engen Kehren sowohl mit dem Parkplatz 3 im Vallun Chafuol verbinden (3,5 std. von der Cluozza-Hütte), als auch mit dem Parkplatz 4 von Punt La Drossa (mehr als 5 Std.): in beiden Fällen kann man mit dem stündlich verkehrenden Postauto nach Zernez zurückkehren. Man sollte nicht vergessen, die genauen Fahrzeiten vom Fahrplan abzuschreiben, der gut sichtbar in der Hütte aushängt. Und zum Schluss eine letzte Möglichkeit, jedoch nur nach einer Übernachtung auf der Hütte: die anspruchsvolle Überschreitung bis zum Dorf S-chanf. In diesem Fall muss man mit sieben Stunden Gehzeit rechnen und die Fuorcla Val Sassa, die 2875 m hoch liegt, verlangt alpine Erfahrung. Sie führt hinüber ins Val Müschauns und damit auch ins Val Trupchun.

Die Cluozza-Hütte, 1993 wunderbar renoviert, besitzt ein kleines, interessantes Museum. Wer sich hier frühmorgens mit dem Fernglas auf den Weg macht, kann Gämsen und Steinböcke entdecken.

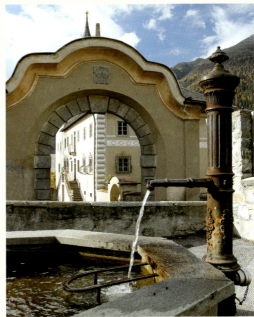

Auf der Talebene, wo der Spöl in den Inn fliesst, liegt die seit jeher wichtige Ortschaft Zernez. Heute noch stehen hier wunderbare Engadiner Häuser und wichtige Baudenkmäler: die Burg Wildenberg von 1620 (das heutige Rathaus), die protestantische Kirche von 1607 (barocker Innenraum) und die Kapelle San Sebastian, gegenüber der Kirche, von 1490 mit wertvollen Fresken aus dem Jahr 1515.

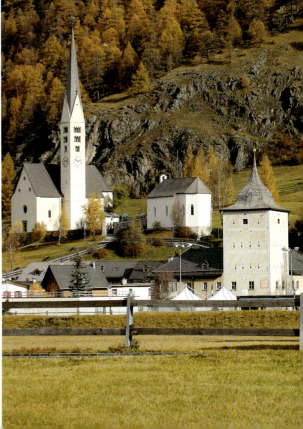

Der Schweizerische Nationalpark

Der Schweizerische Nationalpark, der einzige der Schweiz, wurde bereits am 1. August 1914 gegründet und ist damit der älteste Nationalpark in den Alpen. Fünf Jahre zuvor war es einigen Naturforschern, darunter Steivan Brunies und den Brüdern Fritz und Paul Sarasin, gelungen, das weite Val Cluozza von der Gemeinde Zernez zu pachten und ein Naturschutzgebiet einzurichten. Dieses Tal wurde zum Herzstück des Parks, wo auch die Hütte errichtet wurde, von der auf den vorigen Seiten die Rede war. Bei seiner Gründung umfasste der Park 138 km². In den folgenden Jahren erfolgten einige Veränderungen – die letzte im Jahr 2000, als die Seen von Macun dazukamen – und heute beträgt die Fläche insgesamt 172 km². Die Gebirgslandschaft grenzt im Osten an den Nationalpark Stilfser Joch und bewegt sich in Höhenlagen zwischen 1400 bis 3200 Metern. Bekannt ist das Gebiet vor allem durch seine reiche Fauna und die unberührten, intakten Naturlandschaften. Seit nahezu hundert Jahren werden Wälder und Wiesen nicht mehr vom Menschen verändert. Lediglich die Wege durch die Haupttäler, die man auf keinen Fall verlassen darf, werden gerichtet und erhalten. So haben sich in neunzig Jahren die Tiere an die Anwesenheit des Menschen gewöhnt, der sie beobachtet, ihr Verhalten studiert und sie fotografiert.

Bevor man sich auf den Weg macht, empfehle ich den Besuch des Nationalparkhauses in Zernez (Tel. 081 856 13 78, geöffnet von Juni bis Oktober von 8.30 bis 18.00 Uhr, dienstags bis 22.00 Uhr; ab Mitte Juli gibt es auch ein mobiles Infozentrum bei Il Fuorn und im Val Trupchun),

© Hans Lozza. Oben, ein Bartgeier; unten, eine Gämse.

© Der Schweizerische Nationalpark.
Gründungsmitglieder vor der Cluozza-Hütte.

wo man jede Art von Information erhält und ständige Ausstellungen über die Natur oder Videos sehen kann. Auch Computer mit digitalem Informationssystem „dibis" stehen zur Verfügung, sowie Bücher in verschiedenen Sprachen und natürlich Souvenirs. Man sollte sich auf jeden Fall eine Broschüre besorgen, die über die Aufgaben des Parks informiert und jeweils für jeden Monat, von Juni bis Oktober die besten Tipps enthält. Hier einige Vorschläge:

Von Juni bis August Blüte der herrlichen Gebirgspflanzen, darunter das Edelweiss, die Bergwiesen des Val dal Botsch oder der Mannsschild, der bis in 3100 m Höhe vorkommt. Im August und September, wenn der Schnee auch von den höchsten Erhebungen verschwindet, ist die beste Zeit für Hochgebirgstouren.

Von Mitte September bis Anfang Oktober beginnt das „Schauspiel" der Hirschbrunft und das Röhren der Hirsche ist in den weiten Tälern zu vernehmen.

Ende Oktober bekommen die Nadeln der Lärchen ihre goldene Färbung.

Vom Frühling bis im Herbst kann man mit Geduld, Erfahrung und ein bisschen Glück verschiedene Tiere der Bergwelt beobachten.

Es besteht auch die Möglichkeit, an geführten Wanderungen zur Tierbeobachtung teilzunehmen, die im Nationalpark organisiert werden (obligatorische Voranmeldung beim Nationalparkhaus): dienstags wird der Horst des Bartgeiers im Val Sta-

Val Müs

Va

belchod besichtigt (siehe Route 29), donnerstags geht es ins Val Trupchun, das für seine grosse Hirschpopulation bekannt ist (siehe Route 26).

Doch der Schweizerische Nationalpark, wie auch alle übrigen Nationalparks in der ganzen Welt, beschränkt sich nicht allein auf den Arten- und Naturschutz. Eine seiner Hauptaufgaben, wenn nicht gar die wichtigste, ist die Forschung. Es ist kein Zufall, dass seine Gründer Forscher waren und seit der Entstehung des Parks nimmt die wissenschaftliche Forschung einen wichtigen Platz ein. Das ist möglich, da menschliche Eingriffe auf ein Mini-

auf Wissenschaftler, die man an einer farbigen Armbinde erkennen kann und die gern über ihre Arbeit Auskunft geben.

Schliesslich möchte ich noch auf die Verhaltensregeln innerhalb des Parks hinweisen, die nicht als Verbote betrachtet werden dürfen, sondern als Möglichkeit zur Mitarbeit, die auch zukünftigen Generationen nützlich sein wird:

die markierten Wege und Picknickplätze nicht verlassen;

keine Hunde in das Parkgebiet führen, auch wenn sie an der Leine sind;

mum begrenzt sind und Dank der langfristigen Programme kann man Entwicklungen dokumentieren, die einer einzigen Generation von Forschern nicht erkenntlich wären. Auf den Parkwegen trifft man deshalb nicht selten

untersagt sind Reiten, Radfahren und Skifahren; keine Pflanzen, Blumen, Holz und Steine sammeln; im Parkgebiet darf nicht übernachtet werden (ausser auf der Cluozza-Hütte oder dem Hotel Il Fuorn), weder im Zelt noch im Wohnmobil oder im Personenwagen auf den Parkplätzen an der Ofenpassstrasse.

SCUOL

Piz Pisoc
3173 m

Piz Sursassa
2968 m

Macun

Munt Baselgia
2945 m

Val Mingèr

SUSCH

Zernez

Nationalpark-
haus

Piz Ivraina
2886 m

Forschungsgebiet
Fuorn

Val Plavna

Piz Tavrü
3168 m

ANF

P1

Val Ftur

Val dal Botsch

Stabelchod

Val Nüglia

Piz Terza
2682 m

P2

Il Fuorn

P5

P7

P8

Chamanna
Cluozza

P3

P6

P9

Murter

P4

Buffalora

P10

Pass dal Fuorn

Munt la Schera
2587 m

Val Cluozza

Alp
la Schera

vals
65 m

Piz
dal Diavel
3062 m

pchun

ela

Ausgangspunkt: Ofenpassstrasse, Parkplatz 7 (1878 m), Parkplatz 8 (1890 m), Parkplatz 9 (1906 m).

Charakteristik: mittlere Höhenlage, Gebiet des Schweizerischen Nationalparks, sehr zu empfehlen für Familien mit Kindern.

Höhenunterschied/Gehzeit: 420 m/1,5 Std. nur der Anstieg bis Margunet (2328 m); 800 m/3 Std. zur Fuorcla Val dal Botsch (2677 m).

Empfohlene Jahreszeit: von Juli bis November.

Stützpunkte: keine.

Karte auf S. 152-153

Der Aussichtspunkt von Margunet ist allein schon eine sehr lohnende Wanderung, Fernglas mitnehmen!

Die Ofenpassstrasse, die sich durch das ganze Val dal Spöl zieht, ist ein sehr günstiger Ausgangspunkt für viele Wanderungen, auch für Rundtouren, denn das Postauto verkehrt stündlich und verbindet alle grösseren Parkplätze miteinander. Eines der zahlreichen Wanderziele ist der Aussichtspunkt von Margunet, zwischen dem Val dal Botsch und dem Val Stabelchod, beide auf der orografisch rechten Seite des Haupttals Val dal Spöl.

Der direkteste Anstieg zur Fuorcla Val dal Botsch verläuft vom Parkplatz 7 durch das gleichnamige Tal; hier beschreiben wir jedoch die Route, die beim Parkplatz 9 beginnt, denn sie ist sicher interessanter und aussichtsreicher. Hat man die Ofenpassstrasse hinter sich gelassen, führt der Weg durch einen schmalen Waldstreifen und tritt dann hinaus auf die weite Fläche von Stabelchod (1958 m) mit dem Nationalparkhaus, zweifellos einer der schönsten Plätze des gesamten Parks. Hier herrscht, wie auf allen anderen Wiesenflächen, striktes Wegegebot und die Rast- oder Brotzeitplätze sind mit gelben Pfählen gekennzeichnet. Weiter geht es in nördlicher Richtung, hinein in das Val da Stabelchod, wo sofort die natürliche und ursprünglich belassene Landschaft auffällt, wie zum Beispiel umgestürzte, auf dem Waldboden vermodernde Bäume. Nur die Wege werden frei gehalten. Das Tal verengt sich und man quert einen Bergbach auf einer kleinen Brücke. Eine Tafel weist darauf hin, dass sich genau über uns der künstliche Horst eines Bartgeiers befindet, wo seit 1991 die Jungvögel freigelassen werden. 1998 gelang es zum ersten Mal einem Geierpaar aus dem Engadin, ihr Junges im angrenzenden Nationalpark Stilfser Joch auszubrüten. Zahlreiche andere Hinweistafeln beschreiben das Leben der Tiere und die Geologie im Parkgebiet, auch an der Route zum Margunet. Besonders interessant sind jene, die über den Wald, seine frühere Nutzung und über die Erosion informieren, denn man braucht nur den Blick zu erheben um sich bewusst zu werden, wie sich die Berge und umliegenden Täler ständig verändern.

*Auf der Seite links, das National-
parkhaus in Stabelchod und eine der schönen Hinweistafeln im
Nationalpark, im Hintergrund
der Piz Nair.
Oben, Panorama von Margunet Richtung Val dal Botsch, mit
dem Piz del Forno und dem Piz
Murters.
Beim Aufstieg durch das Val Stabelchod kommt man zuerst
durch einen ursprünglich belassenen Bergwald, dann geht es
über die Schlucht des Bergbachs.
Unten rechts, in Serpentinen
zieht sich der Weg zur Fuorcla
Val dal Botsch hinauf.*

Nach einem letzten steilen Aufschwung erreicht man
Margunet und kann endlich verschnaufen und umgeben von grünen Tälern und rauen Bergen, die alle um
die dreitausend Meter hoch sind, die Rundsicht geniess-
sen. Besonders leicht zu erkennen ist in nördlicher Richtung der Piz Murters (3012 m), südöstlich der Piz Nair
(3010 m) und der entferntere Piz Daint (2968 m), südwestlich der gedrungene Gipfelaufbau des Munt la
Schera (2586 m).
Wer die Wanderung verlängern will, steigt ins Val dal
Botsch ab. In 2176 Metern Höhe gelangt man zu einer Weggabelung: rechts geht es in vielen Serpentinen
zur Fuorcla Val dal Botsch hinauf, während links der
Pfad hinab bis zum Parkplatz 7 an der Ofenpassstrasse führt.

Ausgangspunkt: Ofenpassstrasse, Buffalora (1968 m, Parkplatz 10).

Charakteristik: mittlere Höhenlage, nach Jufplaun und ins Val Mora auch mit dem Mountainbike.

Höhenunterschied/Gehzeit: 380 m/2 Std. zum Doss del Termel (2350 m); 620 m/2,5 Std. zum Munt la Schera (2586 m).

Empfohlene Jahreszeit: von Juli bis November.

Stützpunkte: keine.

Karte auf S. 152-153

Der Munt la Schera bietet die schönste Aussicht über das Tal von Livigno; die Bergwiesen von Buffalora und Jufplaun sind ideal für erholsame, kurze Wanderungen.

Fährt man von Zernez zum Ofenpass hinauf, liegt die Hochfläche Buffalora vor dem letzten, steilen Strassenabschnitt. Das Tal öffnet sich gegen Süden und es scheint gerade dazu aufzufordern, das Auto stehen zu lassen und zu Fuss, ohne bestimmtes Ziel, hineinzuwandern. Von der Strasse, gegenüber dem Restaurant, quert der Weg eine Wiese Richtung Alp Buffalora (2038 m), die man auch auf einer nur wenig entfernten, ungeteerten Strasse erreichen kann. Nach den Alphütten steigt das Strässchen sehr steil zwischen Arven bis zu einer Lichtung an (schöner Holzbrunnen), mit grossartiger Sicht auf den Piz Nair. Noch ein kurzes, ebenes Wegstück und wir gelangen zu einer einsamen Hütte, wo sich der Weg teilt (2194 m). Rechts zweigt in westlicher Richtung ein Pfad ab, der unter die Ausläufer des

Die Wiesen von Buffalora und Jufplaun, zwischen Piz Daint und Piz Murtaröl. Rechts, der Pfad von Süsom Givé nach Jufplaun und zum Döss dal Termel.

Munt la Schera führt (2586 m). Wer bis zum Gipfel will, geht noch einmal ziemlich steil bergauf und hält sich an der nächsten Weggabelung wiederum rechts (geradeaus kommt man zur Alp la Schera und dann hinab zur Drossa-Brücke, beim Tunnel nach Livigno); von der Gipfelkuppe blickt man hinab auf den langgestreckten See von Livigno. Im Hintergrund zeigen sich bereits die ersten Häuser dieser Ortschaft. Bleiben wir dagegen auf dem Hauptweg, wandert man weiter über die Wiesen von Buffalora, die zusammen mit Jufplaun ein einziges grosses Weidegebiet bilden. Wenn man sich in der Nähe dieser Hütten (2289 m) nach rechts wen-

Oben, der schöne Brunnen am Döss dal Termel und der Weg hinab ins Val Mora.
Unten, Bergwanderer am Döss dal Termel unterwegs nach Jufplaun, schöner Holzbrunnen am Ende des Anastiegs oberhalb der Alp Buffalora. Auf der Seite rechts, der See und das Tal von Livigno, Ansicht des Val Federia und die Alphütten des Vallaccia.

det (südwestlich), erreicht man auf Pfadspuren in Kürze den Doss del Gal (2279 m). Von dort ist ein Abstieg nach Acqua del Gallo und zum See von Livigno möglich. Unsere Hauptroute führt jedoch weiter in südöstlicher Richtung, um den Döss dal Termel zu überwinden, mit Tiefblick auf das Val Mora, das sich lang unter uns ausbreitet. Der Abstieg in dieses Tal nimmt viel Zeit in Anspruch und es ist nur Radlern zu empfehlen, bis nach Santa Maria im Münstertal hinabzufahren. Wir jedoch machen uns von Döss dal Termel auf den Rückweg. Zunächst folgen wir unseren Aufstiegsspuren, dann wenden wir uns nach rechts (nordöstlich), wobei man aufpassen muss, den Weg nicht zu verlieren. Über Hochweiden dringt er in eine geologisch sehr interessante Schlucht ein. In einer halben Stunde gelangt man mühelos nach Süsom Givè, das heisst zum Ofenpass. Von hier kann man, auch ohne das Postauto zu nehmen, auf einem schmalen Fussweg zum Ausgangspunkt zurückkehren.

Livigno liegt im oberen Val dal Spöl. Das restliche Tal wurde mit einer Staumauer geschlossen und bildet heute einen sehr schmalen, langgestreckten Stausee. Mit dem Engadin ist es ganzjährig durch den Tunnel La Drossa verbunden (Mautpflicht, Ofenpassstrasse) und im Sommer auch durch den Pass Forcola di Livigno (nur tagsüber geöffnet, Berninapassstrasse). Livigno ist heute als zollfreies Gebiet bekannt (Benzin, Alkoholische Getränke, Tabakwaren, Zucker, Fleisch und Milchprodukte sind günstiger), und diese Tatsache hat das Wesen dieses kleinen Bergdorfes sehr verändert. Bis in die 60er Jahre hinein waren die Lebensbedingungen sehr hart und die Viehzucht war nahezu die einzige Wirtschaftsform. Aus diesem Grund wurden viele Bewohner zu Schmugglern, das heisst Schmuggler „positiv gesehen", die mühsam und gefahrvoll (vor allem drohten Lawinen) den Kontrollen der italienischen und schweizerischen Grenzposten zu entgehen versuchten, um so den Lebensunterhalt ihrer oft sehr grossen Familien bestreiten zu können. Dazu äusserte sich einst auch Don Parenti, der 40 Jahre lang Pfarrer in Trepalle, einem Ortsteil von Livigno war. Von der Kanzel predigte er: "Wenn ein Gesetz des Staates ungerecht ist, ist es keine Sünde, dagegen zu verstossen..."

Zurück zum modernen Livigno. Wir erwähnten bereits die Verbindungsmöglichkeiten mit S-chanf über die beiden ziemlich hohen Übergänge Fuorcla Trupchun und Passo Cassana (Route 26). Hier dagegen möchte ich zwei kurze Wanderungen in zwei Täler vorschlagen, die ihre Ursprünglichkeit bewahren konnten.

Die erste führt ins Val Federia, mit Ausgangspunkt an der Calchera-Brücke, rechts vor dem Ortseingang, wenn man vom See kommt (Tunnel La Drossa). Man lässt den Wagen in 1830 Metern Höhe stehen. Man kann das Tal sowohl auf der rechten Seite auf einer ungeteerten Strasse hinaufwandern, als auch auf der linken Seite auf einem schönen, schattigen Weg. Beide Varianten treffen weiter oben wieder zusammen, wo es in gemässigter Steigung weiter geht bis zur Alp Federia (2272 m, bis dorthin auch mit dem Fahrrad sehr schön). Ausser typischen Alphütten und Kapellen sind hier auch Kunstwerke zu bewundern, die in den letzten Jahren geschaffen worden sind und nur aus Steinen oder anderen natürlichen Materialien bestehen. Das ganze nennt sich deshalb auch „Pietrarte", was soviel wie „Kunst aus Steinen" bedeutet.

Das andere sehenswerte Tal ist das „Vallaccia", das sich nach dem Passo d'Eira bei Trepalle öffnet. Das Auto lässt man bei Ponte del Rezz an einer Lawinenverbauung stehen (2021 m). Rechts geht es zu Fuss ins Tal hinein (erster Abschnitt auch für Mountainbikes geeignet) und man erreicht in Kürze die Bauernhäuser Case della Vallaccia (2083 m), die wunderbar erhalten sind. Dahinter streckt sich das Tal ungewöhnlich lang aus bis zum Passo della Vallaccia (2614 m), der ins Val Viola Bormina mündet (Route 18), aber eine Tour dorthin würde zu viel Zeit in Anspruch nehmen.

Ausgangspunkt: Lü (1920 m).

Charakteristik: mittlere Höhenlage, auf ungeteerter Strasse, ideal für Mountainbike.

Höhenunterschied/Gehzeit: 330 m/1,5 Std. zum Pass da Costainas (2251 m); + 2 Std. für den Abstieg nach S-charl; 300 m/3Std zum Ofenpass.

Empfohlene Jahreszeit: von Juni bis November.

Stützpunkte: keine.

Karte auf S. 167

Diese kurze Wanderung ist eine Gelegenheit, die höchste Gemeinde der Schweiz kennen zu lernen. Das Dörfchen Lü liegt 1920 Meter hoch und hat 60 Einwohner.

Lü liegt am viel begangenen „Senda Val Müstair", dem auch bei Radlern bekannten Weg vom Ofenpass nach Santa Maria. Unsere hier vorgeschlagene, kurze Route ist nur ein Abschnitt dieses Wanderwegs, doch wir gelangen dabei auch zu einem der Übergänge, die das Münstertal mit dem Val S-charl verbinden.

Wir lassen also das Auto bei den Häusern von Lü stehen, schlagen das ungeteerte Strässchen ein, das sanft in einem lichten Lärchenwald ansteigt bis zu den Hochweiden der Alp Champatsch. Unterhalb der Alphütten, in ca. 2050 m Höhe, gabelt sich der Weg.

Links führt der Senda Val Müstair weiter, Richtung Alp da Munt (2213 m, frische Milch und Milchprodukte) und zum Ofenpass. Rechts dagegen steigt die Strasse zunächst steil an und wird dann flacher bis zur weiten Einsattelung des Pass da Costainas (2251 m), am Talabschluss des lang gestreckten Val S-charl. Trotz der nicht allzu grossen Höhe, befinden wir uns in einer sehr ursprünglichen Landschaft, wo man nicht selten auf Gämsen trifft, die vom nahen Nationalpark herüber wechseln. Es ist deshalb ganz normal, dass in der Jagdsaison der Pass von Jägern „besetzt" wird. Ihnen gehört auch die Jagdhütte am Passübergang.

Wer bis zur kleinen Ortschaft S-charl hinabwandern will (siehe Route 38), sollte die Nacht in einem der kleinen Hotels verbringen, zu denen auch das berühmte Gasthaus Mayor gehört. Am folgenden Tag kann man über die Fuorcla Funtana da S-charl (2393 m) auf einer anderen Route ins Münstertal zurückkehren, die ebenfalls bei der Alp da Munt auf den Senda Val Müstair trifft.

Abendstimmung am Ofenpass und im Dörfchen Lü.

Das Kloster St. Johann

Das ganze Val Müstair oder Münstertal verdankt seinen Namen der Präsenz des Klosters ("monastero") St. Johann, das der Überlieferung nach von Karl dem Grossen um 774 gegründet worden ist. Hundert Jahre später ging der Besitz an den Bischof von Chur. Anstelle der Benediktinermönche zogen Nonnen ins Kloster ein, die ebenfalls dem Benediktinerorden angehörten. Die Klosteranlage erhebt sich mitten im Grün der Wiesen als geschlossene Gebäudegruppe, von einer Mauer mit Türmen umschlossen, um zwei Innenhöfe angeordnet, zwischen denen die Klosterkirche aufragt. Sie ist karolingischen Ursprungs mit drei halbrunden, mit Blendarkaden geschmückten Apsiden (1492 wurde das Innere in einen dreischiffigen Kirchenraum verwandelt, ohne dabei die karolingischen Apsiden zu verändern). Der wuchtige Plantaturm stammt aus dem 10. Jahrhundert und ist somit der älteste erhaltene Profanbau (Wehr- und Wohnturm) im Alpenraum. Die Kirche besitzt einen sehr wertvollen Freskenzyklus in einst 135 Bildern aus dem 9. Jahrhundert, ein wunderbares Beispiel der sogenannten Karolingischen Renaissance. Dargestellt ist das Leben Christi, der Propheten, der Apostel und verschiedener

Heiligen. Zwei weitere Meisterwerke der Romanik sind, an der linken Mauer, ein Stuckrelief mit der Taufe Jesu (1087) und zwischen Chor und der rechten Apsis eine grosse, einst farbig gefasste Stuckstatue von Karl dem Grossen (1165). Ferner besitzt die Kapelle des Hl. Ulrichs, welche am Kreuzgang in der Klausur liegt, Stuckornamente, die an jene in Cividale im Friaul erinnern. In der Klausur befindet sich auch das reich mit Täfer und einem Kachelofen ausgestattete Fürstenzimmer (Mitte 17. Jahrhundert). Rechts der Kirche auf dem Friedhof, steht die Heiligkreuzkapelle, ebenfalls in karolingischem Stil (datiert 788) mit einer schönen Holzdecke von 1520. Seit dem 12. Jahrhundert leben in der Klosteranlage Benediktinerinnen. Das Klostermuseum kann jeden Tag, gegen Eintritt, besichtigt werden.

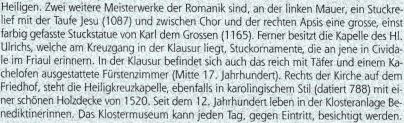

IN ZERNEZ
KUNST – GESCHICHTE – KULTUR

Was die wichtigsten Baudenkmäler des Städtchens betrifft, verweisen wir auf S. 157. Zernez liegt an einem verkehrsmässig wichtigen Punkt, dort wo die Ofenpassstrasse ins Engadin gelangt. Die Burg Planta Wildenberg aus dem Jahr 1620, heute Sitz der Gemeindeverwaltung, kann vormittags und nachmittags besichtigt werden, von Montag bis Freitag, Tel. 081 856 12 07.

SPORT –RELAX

Über Zernez führt die Mountainbike-Strecke (leicht), die von S-chanf nach Susch verläuft; weitere Routen, Info Verkehrsbüro.
Pferdekutschen Tel. 081 856 16 64.
Ausritte (Bezzola) Tel. 081 856 13 35.
Den Aufstieg zu den herrlichen Bergseen von Macun (von Zernez 6 Stunden Gehzeit) kann man verkürzen, Jeeps mit Fahrgenehmigung dürfen auf einem längeren Teil der Strecke verkehren (Taxi Schorta), Tel. 081 856 11 25.
Tennisplätze Tel. 081 856 11 41.
Fischen im Inn, Info Verkehrsbüro
Hallenbad Tel. 081 856 12 95.
Volleyball, Beach Volley, Fussball, Minigolf, Kinderspielplatz und Solariumterrasse im Sportzentrum, Tel. 081 856 13 00.
Das Hotel Bär-Post ist das älteste in Zernez, wo einst die Postkutsche hielt; heute restauriert und modernisiert, mit Hallenbad, Sauna und Tennisplätzen, Tel. 081 851 55 00.
Langlaufloipen Richtung Oberengadin und Richtung Unterengadin, Langlaufskischule, Tel. 081 856 15 70
Eislaufen (2 Eisplätze).

WICHTIGE RUFNUMMERN

Rhätische Bahn Zernez Tel. 081 856 11 22
Post Zernez Tel. 081 856 11 31
Engadin Bus Tel. 081 834 91 00
Cluozza-Hütte Tel. 081 856 12 35/ 856 16 89
Nationalparkhaus, geöffnet von Juni bis Oktober, siehe S. 158, Tel. 081 856 13 78

IM MÜNSTERTAL
KUNST – GESCHICHTE – KULTUR

Die Ortschaft Müstair (1248 m) ist der Mittelpunkt des gleichnamigen Tals, nicht weit von der italienischen Grenze. Der Name kommt von Kloster St. Johann, das von Karl dem Grossen im 9. Jh. gegründet wurde (siehe links). Das Münstertal erstreckt sich über 20 km bis zum Ofenpass; anfangs ist es sehr weit geöffnet, das Klima ist mild, und es verwundert nicht, dass hier Feldbau betrieben wird und viele Dörfer die Talmulde beleben. Von Münster gelangen wir nach Santa Maria, Valchava, Fuldera, Tschierv und, hoch oben, zum kleinen Dörfchen Lü. In allen Ortschaften finden wir schöne, mit Sgraffiti geschmückte Häuser; besonders hervorzuheben sind:
Die Chasa Jaura in Valchava, von 1724, in dem ein kleines, jedoch sehr interessantes Heimatmuseum untergebracht ist, Tel. 081 858 53 17;
Noch älter und "vornehmer" ist die Chasa Chalavaina in Müstair aus dem 12. Jh., wo sich ein grosser Keller mit Tonnengewölbe erhalten hat (heute Hotel, Tel. 081 858 54 68);
Ein weiteres historisches Hotel ist die Chasa de Capòl in Santa Maria, Tel. 081 858 57 28;
Ebenfalls in Santa Maria befindet sich die alte Weberei "Tessanda Val Müstair" wo noch heute mit traditionellen Webstühlen gearbeitet wird (Tel. 081 858 51 26).

SPORT – RELAX

Ein wunderbarer Wanderweg (auch für Biker geeignet, vgl. Route 31) ist die "Senda Val Müstair", die vom Ofenpass herab an der linken Talseite verläuft: Info Verkehrsbüro.
Tennis in Müstair (Hotel Steinbock):
Tel. 081 851 60 10
Tennis in Tschierv (Sporthotel Staila):
Tel. 081 858 55 51
Schwimmbad und Sauna in Fuldera (Hotel Staila):
Tel. 081 858 51 60
Kutschfahrten von Müstair aus, Tel. 081 858 58 71 und Ausritte Tel. 081 858 71 35

WICHTIGE RUFNUMMERN

Post S. Maria Tel. 081 858 51 91
Post Valchava Tel. 081 858 51 93
Post Fuldera Tel. 081 858 51 94
Post Tschierv Tel. 081 858 51 83
Post Lü Tel. 081 858 51 66
Arzt in Müstair Tel. 081 858 59 22
Arzt in Santa Maria Tel. 081 851 61 00

Verkehrsbüro Zernez Tel. 081 856 13 00
Verkehrsbüro Müstair Tel. 081 858 50 00

DIE GRIALETSCHÜTTE.

VON SUSCH NACH FTAN

Ausgangspunkt: Val Susasca, Flüelapassstrasse, nach der doppelten Kurve oberhalb Chant Sura (2263 m).

Charakteristik: Hochgebirgswanderung, schöne Weitsicht und nicht besonders anstrengend.

Höhenunterschied/Gehzeit: 360 m/2 Std. bis zur Grialetsch-Hütte (2546 m); + 250 m/1 Std. zur Fuorcla Radönt (2788 m); + 1,5 Std. bis zur Strasse.

Empfohlene Jahreszeit: von Juli bis Oktober.

Stützpunkte: Grialetsch-Hütte, Tel. 081 416 34 36 (Hüttenwart 081 401 14 51).

Karte auf Seite 169

Die Wanderung zur Grialetsch-Hütte auf dieser hier beschriebenen Route kann bequem in einem Tag bewältigt werden. Das gleiche gilt für die Überschreitung ins Tal von Davos über das Dischmatal und die Ortschaft Dürrboden (siehe auch Route 27).
Fährt man von Susch auf der Flüelapassstrasse aufwärts, öffnet sich links in ungefähr 2000 Metern Höhe das Grialetsch-Tal, das in südlicher Richtung verläuft. Ein schönes Strässchen folgt dem Talboden, vorbei an der Alp d'Immez (1971 m) bis zur Alp Grialetsch (2149 m). Auch von hier könnte man zur Grialetsch-Hütte aufsteigen, doch ich ziehe eine andere Route vor, die eine bessere Aussicht bietet. Man fährt mit dem Auto bis zu den Wiesen von Chant Sura. Nach einer doppelten Kurve sieht man links einen schönen Wasserfall, genau unter dem Schwarzhorn (2263 m).

Das lange Val Grialetsch, betrachtet vom Weg hinauf ins Val Susasca Richtung Flüelapass, Strässchen von Röven ins Val Grialetsch.
Rechts, der Flüelapass und die Steinplatte am Eingang der Grialetsch-Hütte.

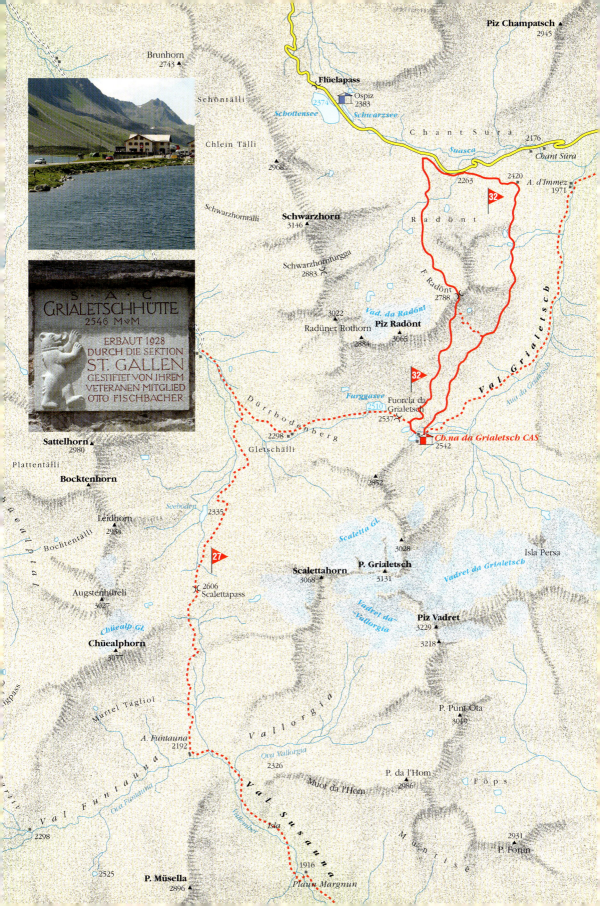

Piz Champatsch ▲
2945

Brunhorn
2743 ▲

Schöntälli

Flüelapass
Ospiz
2374 2383
Schottensee   Schwarzsee

Chant Sura
Suasca   2176
Chant Sura

Chlein Tälli

2968 ■

2263   2420
              A. d'Immez
              1971

32

Schwarzhorntälli

Schwarzhorn
3146 ▲

Radönt

S·A·C
GRIALETSCHHÜTTE
2546 M ♡ M

ERBAUT 1928
DURCH DIE SEKTION
ST. GALLEN
GESTIFTET VON IHREM
VETERANEN MITGLIED
OTTO FISCHBACHER

Schwarzhornfurgga
2883 ■

F. Radönt
2788

Vad. da Radönt

3022 ▲

Radüner Rothorn   **Piz Radönt**
2884 ▲   3065 ▲

32

Val Grialetsch

Dürrbodenberg

Furggasee
2510

Fuorcla da
Grialetsch
2537

Aua da Grialetsch

2298 ■

Gletschälli

Ch.na da Grialetsch CAS
2542

Sattelhorn ▲
2980

Plattentälli

Bocktenhorn ▲

2852 ■

2335

Scaletta Gl.

3028 ▲

Isla Persa

Leidhorn ▲
2934

Bochtentälli

Vadret da Grialetsch

27

2606
Scalettapass

Scalettahorn ▲
3068

P. Grialetsch ▲
3131

Augstenhüreli ▲
3027

Chüealp Gl.

Vadret da-
Vallorgia

Piz Vadret ▲
3229
3218 ■

Chüealphorn ▲
3077

Mürtel Tagliol

Vallorgia

P. Punt Ota ▲
3049

Val Funtauna

A. Funtauna
2192

Ova Funtauna

Ova Vallorgia
2326

Muot da l'Hom

P. da l'Hom ▲
2986

Föps

Val Susauna

Isla

Muntise

2931 ▲
P. Forün

2298 ■

2525 ■

P. Müsella ▲
2896

1916
Plaun Margnun

Hier parkt man den Wagen und nimmt östlich einen Weg auf, der steil zu einer Kuppe ansteigt, auf der ein kleines, von der Strasse aus sichtbares Holzhaus steht (2447 m). In einer halben Stunde gelangt man also zu einem sehr schönen Aussichtspunkt mit Blick zum Flüelapass und über das Grialetschtal, das mit seinen Gipfeln Piz Sarsura (der grosse und der kleine, über 3100 m) bereits zu sehen ist und dem höheren, aber entfernteren Piz Vadret (3229 m). Wir wandern auf halber Hanghöhe weiter an der orografisch linken Talseite, gewinnen langsam an Höhe und erreichen zwei kleine Bergseen. Bald stehen wir auf einer Hangkuppe, von der man rechts direkt zur Fuorcla Radönt hinaufsteigen kann. Wir gehen dagegen geradeaus weiter, leicht bergab, und nähern uns dem Grialetsch-Gletscher, dann weiter zügig hinauf bis zum weiten Sattel, auf dem die Hütte liegt. Wir befinden uns auf der Fuorcla da Grialetsch, einer wunderbaren, weithin offenen Stelle mit dem dreieckigen Gipfelaufbau des Piz Grialetsch (3131 m), zwei tiefblauen Bergseen und einladenden, grünen Matten. Wie bereits gesagt, von hier kann man in weniger als einer Stunde ins Dischmatal nach Dürrboden absteigen und anschliessend nach Davos (oder über den Scalettapass ins Val

Die 1928 erbaute Grialetsch-Hütte verfügt heute über 65 Schlafplätze, ein beliebtes Wanderziel auch für die Touristen von Davos.

Susauna zurückkehren (siehe Route 27); empfehlenswert ist es jedoch, auf der Route unserer Rundwanderung zu bleiben.

Von der Hütte wendet man sich dem Pass zu. Indem man den talwärts führenden Weg sofort verlässt, um rechts die Pfadspuren aufzunehmen, die sich über einen steilen Abschnitt hinaufziehen. Die Aussicht ist sehr schön, vor allem der Blick auf die Grialetsch-Hütte und die kleinen Seen, zu denen sich, Richtung Dürrboden, auch der Lago Furgga gesellt. Die Steigung mindert sich etwas, der Pfad begleitet die Südostflanken des Piz Radönt bis hinauf zur gleichnamigen Scharte in fast 2800 Metern Höhe, unschwierig und immer gut markiert. Von der Fuorcla Radönt geht es hinein in das kleine Tal mit dem Gletscher, der ebenfalls diesen Namen trägt, jedoch nicht direkt am Weg liegt. Vor uns erhebt sich die unverkennbare Felspyramide des Schwarzhorns, der wir uns beim Abstieg nähern. Hat man den Bergbach auf einem schmalen Steg gequert, wendet man sich nach rechts, bereits nahe der Strasse, dem Flüela-Tal zu. Kurz bevor wir sie erreichen, gehen wir erneut nach rechts, um in wenigen Minuten zu unserem Ausgangspunkt zurückzukehren.

Die Fuorcla Radönt, der höchste Punkt der Route, verbindet das Val Grialetsch mit dem Val Radönt auf einer schönen Rundwanderung.
Blühender Enzian im Val Grialetsch; im Hintergrund der Piz Vadret.

Ein Ausflug nach Susch

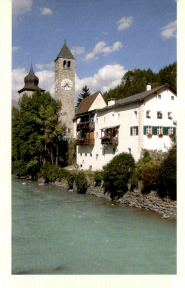

Dort wo das Val Susasca ins Engadin mündet, liegt das Dörfchen Susch, dessen Name wahrscheinlich römischen Ursprungs ist. Im Sommer kann man auch von Davos über den Flüelapass nach Susch hinabfahren. Oberhalb des Dorfes stehen die Ruinen der von Heinrich von Roan errichteten Burg Chaschinas, zu der ein kurzer Spazierweg hinaufführt. Der historische Dorfkern liegt am rechten Ufer des Inn, über den eine schöne gedeckte Holzbrücke führt. Über dieses Brücklein kommt auch der Wanderweg von Zernez herab, der dann am Flussufer entlang ins Unterengadin führt. Zwischen den geraniengeschmückten Engadinerhäusern mit ihren sorgfältig aufgeschichteten Holzvorräten, erhebt sich die reformierte Kirche (1515). Sie besitzt eine farbig bemalte Rockoko-Orgel. Bemerkenswert auch das alte Turmhaus Planta aus dem 13. Jh.

Ausgangspunkt: Lavin (1412 m), oder Susch (1426 m), jedoch fast eine Stunde länger.

Charakteristik: mittlere Höhenlage und ziemlich anspruchsvoll.

Höhenunterschied/Gehzeit: 920 m/3 Std. zur Linard-Hütte (2327 m); + 220 m/eine halbe Stunde zum Lai da Glims (2563 m); + 160 m/eine halbe Stunde zum Sassauta.

Empfohlene Jahreszeit: von Juni bis Oktober.

Stützpunkte: Linard-Hütte, Tel. 079 629 61 91 (Hüttenwart in Lavin 081 862 27 82).

Karte auf Seite 180-181

Die Linard-Hütte liegt ein wenig abseits der „Massentouren" und ist deshalb eine sehr ruhige Unterkunft und auch allein schon ein äusserst lohnendes Wanderziel.

Majestätisch erhebt sich der Piz Linard über Zernez, mit seiner charakteristischen dreieckigen Form, die das Tal gegen Norden abschliesst. Mit seinen 3411 Metern ist er die höchste Erhebung des Unterengadins und sicherlich auch die auffälligste. An seiner Südseite liegt eine der drei SAC Hütten der Sektion Engiadina bassa, die Linard-Hütte oder "Chamanna Linard" (die anderen sind die Tuoi-Hütte und die Lischana-Hütte).

Die kürzeste, aber dennoch ziemlich lange Route, beginnt in Lavin. Vom Dorfplatz geht es unter der Bahnlinie hindurch und gleich darauf zum Parkplatz. Ausser unserer Route nimmt beim Parkplatz auch der Weg ins Val Lavinuoz und damit zur unbewirtschafteten Marangun-Hütte (2 Std.) seinen Anfang. Auf einer schönen, ungeteerten Strasse geht es hinter dem Dorf aufwärts. Schon bald sehen wir rechts den Wegweiser zur Hütte, der uns auf einen Fussweg bringt. Auf diese Weise kreuzen wir die Strasse später, im schönen Wald God Laret, und kürzen dadurch auch den Weg ab, der übrigens sehr reizvoll ist. Lärchen, Tannen und Arven wechseln sich ab, während wir von einigen Lichtungen auf Susch und auf den Inn hinabblicken können. Wir gelangen

auf diese Weise zu einer charakteristischen Erhebung, die Plan dal Bügl genannt wird (1932 m), mit einer schönen Hütte, einem Brunnen und einem Holzkreuz. Durch die Lärchen hindurch, in östlicher Richtung hat man einen schönen Tiefblick auf das Unterengadin mit dem Dörfchen Guarda.

In entgegengesetzter Richtung nehmen wir unseren Weg wieder auf, der nun in einer langen, steilen Diagonalen zu einer Kammhöhe führt, mit Blick auf Susch, auf den Inn und sogar auf den Piz Cambrena und weit im Hintergrund, in westlicher Richtung, ist sogar der Piz Palü deutlich zu erkennen. Wenden wir uns nach rechts, sehen wir die Linard-Hütte auf einem Wiesenrücken, direkt unterhalb des Gipfels des Piz Linard. Der grösste Teil des Höhenunterschieds ist nun überwunden, aber es fehlt noch fast eine ganze Stunde Gehzeit, denn man muss das Val Glims auf der orografisch linken Seite durchschreiten. Von der Hütte hat man keine sehr gute Fernsicht. Für ein besseres Panorama kann man in einer halben Stunde zum Aussichtspunkt Sassauta (2499 m) hinaufsteigen, hoch über dem Engadin in Richtung seiner „Dolomiten". Von der Hütte ist ein anderes, nahes Tourenziel, der Lai da Glims (2563 m) in einer knappen halben Stunde auf einem Pfad zu erreichen, der ein Paradies für Murmeltiere zu sein scheint. Über uns erhebt sich die Felsbastion des Piz Linard, wo immer einige Seilschaften zu beobachten sind.

Wenn man auf der Linard-Hütte übernachtet hat, ist es leichter, am See vorbei bis zur Fuorcla da Glims (2802 m) hinaufzuwandern, die mit dem Val Sagliains verbindet. Von hier kann man auch die Vereina-Hütte oberhalb von Klosters erreichen (4 Stunden vom Piz Linard), oder einfach nach Susch oder Lavin absteigen.

Vorhergehende Seite, Linard-Hütte mit Piz Linard.
Auf dieser Seite, auf dem Plan dal Bügl angelangt, reicht der Blick bis zu den Engadiner Dolomiten, nach Guarda und Tarasp. Vor der Linard-Hütte erstreckt sich das Panorama von Susch über das Engadin bis hin zum Piz Palü.
Der typische Gipfelaufbau des Piz Linard.
Rechts, ein Murmeltier, in der Nähe des Lej da Glims, nutzt die Wärme der Felsplatte.

DER VEREINA-TUNNEL

Der 19. November 1999 ist ein bedeutendes Datum in der Geschichte des Unterengadins. An jenem Tag wurde der Vereina-Tunnel eröffnet, mit dem die jahrhundertelange Isolierung von der übrigen Schweiz, wenn im Winter der Flüela und Albulapass geschlossen sind, ein Ende hatte. Der Eisenbahntunnel ist 19 100 m lang, durchgehend zweigleisig (kurze Abschnitte auch dreigleisig) und man kann ihn auch mit dem Auto benutzen (in nur 17 Minuten), das im Bahnhof von Sagliains Lavin auf spezielle Wagons verladen wird.

Dieser Tunnel gilt weltweit als ein Meilenstein der Planung und Technik: eine Garantie für Sicherheit und Leistung. Nach sechs Jahren ist die Bilanz mit über zwei Millionen verladenen Fahrzeugen (durchschnittlich mehr als 1000 Autos pro Tag) zwischen dem Engadin und dem Prättigau äusserst positiv.

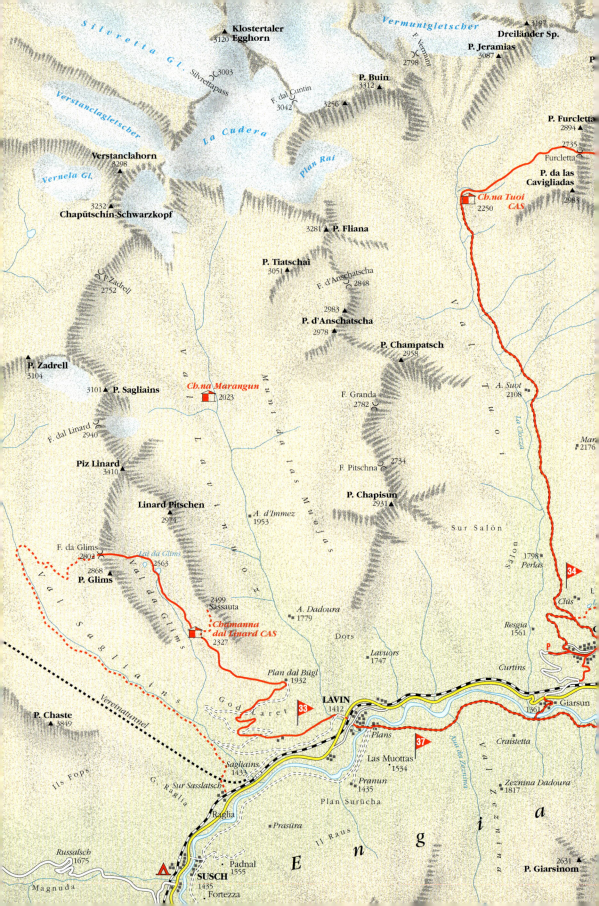

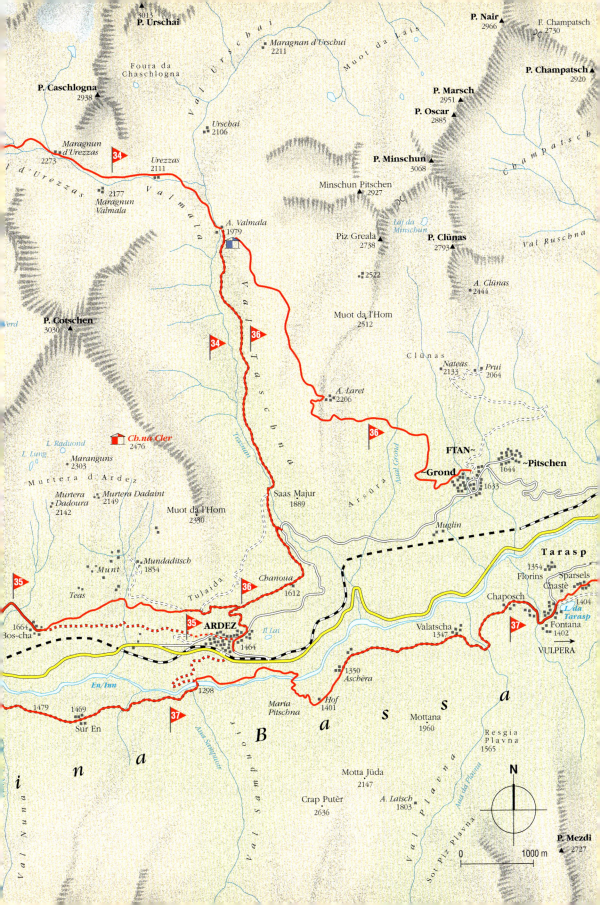

Ausgangspunkt: Guarda (1653 m) gebühren-pflichtiger Parkplatz 500 m vor dem Ort.

Charakteristik: mittlere Höhenlage, auf einem Strässchen bis zur Tuoi-Hütte.

Höhenunterschied/Gehzeit: 630 m/2,5 Std. bis zur Tuoi-Hütte (2250 m); + 480 m/1,5 Std. zur Furcletta (2735 m); + 4 Std. für den Abstieg nach Ardez.

Empfohlene Jahreszeit: von Juli bis Oktober.

Stützpunkte: Tuoi-Hütte, Tel. 081 862 23 22.

Karte auf Seite 180-181

Bis zur Tuoi-Hütte auch mit dem Rad auf einem schönen, ungeteerten Strässchen.

Oben, die Tuoi-Hütte und der Piz Buin; unten, der Nadelwald spiegelt sich im Wasser des Lajet oberhalb von Guarda, Grenz-schild an der Fuorcla Vermont.
Auf der Seite rechts, Strässchen ins Tuoi-Tal, der Piz Buin, der Naturlehrpfad am See Lajet, das Val Tasna zwischen Urezzas und der Alp Valmala.

Das Dörfchen Guarda, ein Schmuckstück alpiner Architektur (siehe S. 186-187), liegt ganz in der Nähe des Taleingangs des Val Tuoi im Unterengadin, auf einem natürlichen, unvergleichlich schönen Aussichtsbalkon. Die Eisenbahn führt 150 m unterhalb der Ortschaft vorbei, wo auch der Bahnhof liegt, der mit dem Postauto mit dem Dorf verbunden ist (natürlich gibt es auch einen schönen Fussweg durch die Wiesen). Auch wer mit dem Privatwagen ankommt, dem rate ich, das Dorf zu Fuss zu betreten und ausserhalb der Ortschaft auf dem neuen grossen Parkplatz zu parken, denn innerhalb des Ortes gibt es keine Parkmöglichkeit, ausser man wohnt in einem Hotel oder ist in einer privaten Unterkunft.
Verschiedene Strässchen und Fusspfade ziehen in das

Val Tuoi hinein, aber die schönste Route beginnt im oberen Dorfteil von Guarda, wodurch wir das Dorf besuchen „müssen", bevor wir zu unserer Bergwanderung starten. Das Strässchen steigt in einigen Kehren durch gepflegte Wiesen an bis zu einem Lärchenwald und damit zur Talöffnung des Val Tuoi, in 1800 Metern Höhe. Hier zweigt rechts ein Weg ab, immer im Lärchenwald, mit einigen Tafeln, auf denen die Pflanzenwelt der Gegend erklärt wird. Weiter geht es, vorbei an einem kleinen See (Lajet, 1816 m) zur Cler-Hütte (2476 m, links) oder zum Weiler Bos-cha (1664 m, rechts).

Wir wandern geradeaus weiter und gleich erscheint hinten im Tal der Piz Buin, dessen Anblick uns auf dem Rest der Wanderung immer begleiten wird. Das Tuoi-

Tal ist sehr lang, wie nahezu alle Seitentäler des Engadins, doch man wandert angenehm auf dem ungeteerten, niemals anstrengenden Strässchen entlang. Nach der Hochfläche Pra Davant und den Hütten der Alp Suot (2108 m), hinter denen rechts der Weg zum Lai Blau (2613 m, 1,5 Std. von hier) abzweigt, überwindet man einen kurzen Aufschwung und gelangt in Sichtweite der Hütte, die man in einer halben Stunde erreicht. Hier ist die Umgebung ursprünglicher, eine Hochgebirgslandschaft, mit der Tuoi-Hütte inmitten eines weiten Amphitheaters von Berggipfeln, die alle mehr als dreitausend Meter hoch sind. Ausser dem bereits erwähnten, berühmten Piz Buin (3312 m), erhebt sich westlich in geringerer Entfernung der Piz Fliana (3281 m), im Norden erkennen wir, bereits an der Grenze zu Österreich, die Dreiländerspitze (3197 m). Zwischen dieser und dem Piz Buin befindet sich in „nur" 2798 Metern Höhe die Fuorcla Vermont, die leichteste und direkteste Verbindung mit dem Ochsental und der Silvretta, wo die Wiesbadner Hütte liegt (2440 m, ca. 3 Std. von der Tuoi-Hütte).

Eine andere klassische Überschreitung von der Tuoi-Hütte führt ins Val Tasna (siehe auch Route 36) über die Furcletta (2735 m). Von der Hütte, wo man in diesem Fall übernachten sollte, steigt man über Wiesen und Geröllfelder bergauf in östlicher Richtung bis zum Übergang ins Val Urezzas. Ein kurzer, steiler Abstieg bringt uns nach Marangun d'Urezzas (2273 m), dann weiter auf dem Talboden bis zu den Alphütten von Urezzas (2111 m), wo der Weg zum Saumpfad wird und in Kürze die Alp Valmala erreicht (1979 m). Von dort auf einem ungeteerten Strässchen hinab nach Guarda, Ardez oder Ftan.

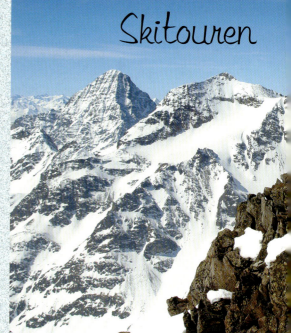

Sind wir im Sommer im Val Tuoi unterwegs und sind zudem leidenschaftliche Tourenfahrer, kann man sich leicht vorstellen, wie sich im Winter diese ausgedehnten Hochweiden und tief eingeschnittenen Täler in ein Skitourenparadies verwandeln. Alle anderen wissen vielleicht nur, dass ausgerechnet der felsige Gipfel des Piz Buin einer berühmten Sonnencreme seinen Namen verliehen hat. Ausser dem Piz Buin, den die Tourenfahrer über die Tuoi-Hütte erreichen, zu der sie mit ihren Fellen aufsteigen – die Hütte ist normalerweise in den Monaten März und April geöffnet – liegen hier an der Grenze zu Österreich die vielen anderen Gipfel der Silvrettagruppe.

Die Aufstiegsroute zur Tuoi-Hütte im Winter entspricht dem Sommerweg, mit dem einzigen Unterschied, dass man vom Parkplatz unterhalb Guarda direkt über die Wiesen am Ortsrand entlang ansteigt und dann oberhalb des Dorfes auf die Route zur Hütte gelangt. Am nächsten Morgen, oder auch am gleichen Tag, wenn man hier früh morgens anlangt, kann man eine der vielen Routen zu den mehr als dreitausend Meter hohen Gipfeln wählen. An ihrer Nordseite ziehen sich grosse Gletscherzungen hinab Richtung Ochsental und Jamtal. In diesen beiden österreichischen Tälern liegen die Wiesbadner Hütte (2443 m) und die Jamtalhütte (2165 m, vor kurzem renoviert und erweitert). In Verbindung mit ihnen sind Überschreitungen und Rundtouren möglich, ein „Skitourenkarussell" in einem der schneereichsten Gebiete in den Alpen.

Nun zurück zur Tuoi-Hütte, wo ich auf die Besteigung des Piz Fliana (3281 m, 3 Std.) hinweisen möchte, weil er eine unwahrscheinlich schöne Aussicht bietet

im Val Tuoi

und eine lohnende Pulverschneeabfahrt bis in den Spätfrühling hinein bereithält. Von der Hütte fährt man zunächst in eine Talrinne ab und steigt dann den steilen Hang zwischen dem Piz Fliana und Piz Buin auf bis zum Plan Rai. Hier verlässt man die Spur, die sich flach zum Silvrettapass hinzieht und wendet sich scharf nach Süden (links). Anschliessend in engem Zickzack den Hang hinauf, der oben von einem kleinen Eisbruch geschlossen wird und den man deshalb links umgehen muss. So gelangt man zu einem Hangegletscher an der Nordostseite des Piz Fliana, über den es hinaufgeht, wobei man rechts auf einen Schneegrat zuhält. Von der Gratkante schiebt sich eine grosse Schneewächte über den Abgrund (Achtung!). Die letzten Meter vor dem Grat sind sehr steil und werden normalerweise ohne Skier zurückgelegt, manchmal sind Steigeisen und Pickel nötig. Auf dem Grat angelangt, führt ein kurzer felsiger Abschnitt zum Gipfel. Von dort öffnet sich ein herrliches Panorama über die Gipfel des Piz Buin, den Piz Linard und an Tagen mit guter Fernsicht bis zur Berninagruppe. Nun erwartet uns eine Abfahrt mit tausend Metern Höhenunterschied hinab bis zur Tuoi-Hütte.

Zwei weitere, etwas weniger anstrengende Touren, führen zu den Passübergängen, hinüber nach Österreich. Der niedrigere ist die Fuorcla Vermunt (2798 m), von der man zum gleichnamigen Gletscher und hinab ins Ochsental gelangt; der andere Übergang ist das Jamjoch (3078 m), die Verbindung zum Jamtal. Dazwischen erheben sich die fast 3200 m hohe Dreiländerspitze, ebenfalls ein klassischer Skiberg, der von der Schweizer und der Österreichischen Seite bestiegen werden kann.

Zwei malerische Dörfer: Guarda und Ardez

Guarda (1653 m), ein zauberhaftes Dorf - viele bezeichnen es als das schönste im Engadin - liegt etwas erhöht auf einer Hangterrasse über dem Talboden: es scheint, dass sein Name von „warda" (d.h. Aussichtspunkt) kommt. Doch es scheint, dass dieses Dorf mit seinem Panorama über das Engadin und die Engadiner Dolomiten auch gebaut wurde, um selbst gesehen und betrachtet zu werden. Heute präsentiert sich der Ort genauso wie vor dreihundert Jahren mit Bauern- und Herrschaftshäusern aus dem 17./18. Jahrhundert, mit Sgraffiti, mit phantasievollen bunten Wandmalereien, Holzbalkonen und all den anderen typischen Elementen der Engadinerhäuser. Die engen Strässchen weiten sich zu kleinen Plätzen mit dem obligatorischen Holzbrunnen. Darüber erhebt sich der schlanke gotische Turm der reformierten Kirche (1483-94, Holzdecke aus dem 18. Jh.). Die besondere Atmosphäre des Dorfes wird nicht einmal durch die Eisenbahn gestört, die weiter unterhalb bei Giarsun vorbeifährt (Busverbindung vom Bahnhof zum Dorf in Übereinstimmung mit dem Zugfahrplan), oder durch die wenigen Autos der Einheimischen und Gäste (für alle anderen steht ein grosser gebührenpflichtiger Parkplatz ungefähr 500 Meter vor dem Ort zur Verfügung).

Auf dieser Seite und oben rechts:
das Dorf Guarda.
Auf der rechten Seite Ardez.

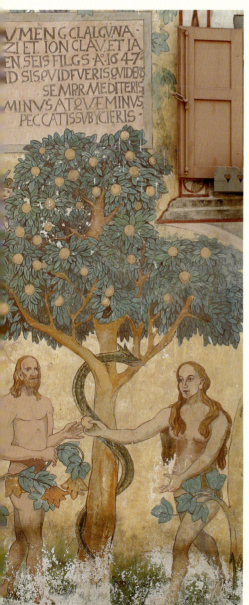

Weiter dem Inn folgend, kommt man in ein anderes sehenswertes Dorf, nach Ardez (1464 m). Auch hier führen die Rhätische Bahn und die Hauptstrasse nur am Ortsrand vorbei. Beherrscht wird die Ortschaft von der Burgruine Steinsberg aus dem 12. Jahrhundert. Ein kurzer Spaziergang führt in einer Viertelstunde zum Burghügel hinauf, der eine schöne Aussicht über das Unterengadin bietet.

Ardez ist, im Vergleich zu Guarda eher städtisch. Einige Patrizierhäuser zeigen sich mit schönen Freskenmalereien, Sgraffiti oder Familienwappen (auch der Familie Planta, das hier nicht fehlen darf) über den Portalen. Besonders hervorzuheben ist die Chesa Clalgüna mit einem interessanten Fresko, das Adam und Eva im Paradies zeigt. Die reformierte Kirche stammt von 1577, mit Elementen aus der Gotik und der Renaissance.

Sie besitzt eine stattliche Empore an der linken Seite des Kirchenschiffs und eine Orgel aus dem Jahr 1819. Sehenswert ist auch der angrenzende Friedhof, der eher einem blühenden Garten gleicht. Ähnliche finden wir in Scuol, Ftan, Lavin, S-chanf...

Ausgangspunkt: Guarda (1653 m), gebührenpf-lichtiger Parkplatz 500 m vor der Ortschaft oder am Bahnhof.

Charakteristik: landschaftlich und kulturell inter-essante Wanderung, eignet sich für eine Verbin-dung mit Route 36.

Höhenunterschied/Gehzeit: unwesentliche Höhendifferenzen/1,5-2 Std. bis Ardez.

Empfohlenen Jahreszeit: von März bis November.

Stützpunkte: Restaurants und Hotels in Guarda, Bos-cha, Ardez.

Karte auf Seite 180-181

Für diese Wanderung gilt, was zu Beginn der vorheri-gen Routenbeschreibung gesagt wurde (S. 182): also zu Fuss ohne Eile auf den Dorfwegen durch Guarda spazieren und bei jedem Schritt Neues, beziehungs-weise Altes entdecken. Am Ortsausgang betritt man das Teersträsschen Richtung Bos-cha, eine handvoll weisser Häuser im Grün der Wiesen und den Engadi-ner Dolomiten im Hintergrund.
In einer halben Stunde sind wir in Bos-cha (rätoroma-nisch: Wald) angelangt, einem kleinen Ortsteil von Ar-dez und uns fällt ein Haus ganz besonders auf, das sich durch seine spätbarocke Fassade von den anderen un-terscheidet. Es nennt sich Casa Villetta und stammt von 1830. Gleich danach kommen wir zu einer Weggabe-lung: rechts führt die untere Strasse nach Ardez, durch-wegs bergab und mit wenig Aussicht. Wenden wir uns

dagegen nach links – Wegweiser zur Cler-Hütte und zur Via Engiadina – steigt ein Saumpfad im lichten Lär-chenwald hinauf bis zum Bach Valdez (knapp oberhalb 1700 m). Wir queren ihn und bald erscheinen unter uns die Burg und die Ortschaft Ardez. Der Fussweg wird zur Forststrasse und in einigen Kehren über die herrli-chen Wiesen von Pradasura begleitet sie uns bis zum Dorf, dessen Besuch sich lohnt, vor allem wegen seiner alten Engadinerhäuser mit den zahlreichen Sgraffiti und Fassadenmalereien.
Die Rückkehr nach Guarda kann ganz bequem mit dem Zug erfolgen. Der Bahnhof von Ardez liegt wenig unterhalb der Ortschaft.

Casa Villetta in Bos-cha und das Dorf Ardez mit den Engadiner Dolomiten. Rechts, die Häuser von Bos-cha.

Ausgangspunkt: Ardez (1464 m).

Charakteristik: landschaftlich-kulturell interessante Wanderung, eignet sich für eine Verbindung mit Route 35.

Höhenunterschied/Gehzeit: 520 m/2,5 Std. zur Alp Valmala (1979 m); + 230 m/1 Std. zur Alp Laret (2206 m); + 1 Std. für den Abstieg nach Ftan; + 1 Std. für den eventuellen Abstieg nach Scoul.

Empfohlenen Jahreszeit: von Juni bis November.

Karte auf Seite 180-181

Die Zeitangaben verstehen sich natürlich ohne „kulturelle" Pausen in Ftan und Ardez.

Ruinen der Chanoua und die Aussicht auf Tarasp und Funtana.
Burgruine Steinsberg bei Ardez.
Auf der Seite rechts, das Dorf Ftan Grond.

Dieser Ausflug ist eigentlich die logische Fortsetzung der vorhergehenden Wanderung. Ausgangspunkt ist Ardez, wie Guarda ein typisches Bergdorf, das heute unter Denkmalschutz steht. Die Bahnlinie und die Strasse des Unterengadins führen talseitig am alten Ortskern vorbei. In aller Ruhe kann man also durch das Dorf spazieren, die wunderbaren Engadinerhäuser mit ihren Sgraffiti, Wappen, Wandmalereien und Eingangstoren betrachten. Besonders hervorzuheben sind die Casa Planta von 1591, Casa Clalgüna von 1647, Casa Stupan von 1676 und die schöne Kirche aus der Renaissancezeit von 1557, umgeben von dem schön gepflegten Friedhof. Von der Hauptstrasse des Ortes (oder vom oberen Teil des Dorfes), unterhalb der Ruinen der Burg Steinsberg, zweigen rechts zwei Strässchen ab (die sich wenig weiter oben wieder vereinen), die ansteigen und auf das obere, von Bos-cha kommende Strässchen treffen. Dann geht es in einer langen Diagonalen rechts, in östlicher Richtung, zu den Ruinenresten von Chanoua (es gibt auch einen direkteren Anstieg indem man den Hinweisen zur Alp Tasna folgt, doch auf diese Weise kommt man nicht an den interessanten Ruinen von Chanoua vorbei). Auf einer Tafel wird erklärt, dass das Gebäude einst eine „taverna fiscala" war, das heisst eine Zollstation an der Via Imperiale der Karolinger, die von Como nach Tirol führte. Später dann, im 18. Jahrhundert, war es ein grosses Gasthaus für durchreisende Kaufleute, die dort auch ihre Pferde einstellen konnten. 1742 wurde es durch einen Brand zerstört, anschliessend wieder aufgebaut und war bis Anfang des 20 Jahrhunderts bewohnt. Aus Urkunden geht hervor, dass hier die Familie Marugg wohnte. 1867 wurde die neue Via Maistra des Engadins gebaut, und da sie weiter unten verlief (wie heute), verlor das Haus Chanoua langsam an Bedeutung und verfiel schliesslich ganz, bis nur die heute

noch zu sehenden Ruinen übrig blieben.

Danach überwindet unser Strässchen einen Geländeabsatz und führt leicht bergab, mit schönem Blick auf das Schloss Tarasp und die Engadiner Dolomiten. Eine Bank mit wunderbarer Aussicht lädt zu einer Wanderpause ein. Wir wenden uns scharf nach links (nördlich) bis wir nahezu die Strasse von Ardez nach Ftan erreichen. Halten wir uns oberhalb, betreten wir auf einem schönen Weg das Val Tasna auf der orografisch rechten Talseite. Wandern wir dagegen zur Strasse hinab, befinden wir uns nach 200 Metern auf der Hauptstrasse, die auf der orografisch linken Seite ins Tal hineinführt (ich rate zur ersten Variante, da sie weniger steil ist). In beiden Fällen geht es dann angenehm durch Wälder und Wiesen zur Alp Valmala (1979 m), wo man Käse und auch Wein probieren kann. Man kann direkt nach Ftan hinabwandern, immer auf der Talstrasse des Val Tasna, oder die Route um ca. eine Stunde verlängern und bis zur Alp Laret (2206 m) aufsteigen. In diesem Fall gilt es zuerst den steilen, sonnigen Abhang zu überwinden, der uns von der Alp Valmala in 2200 Meter Höhe bringt, um dann in leichtem Auf und Ab bis zur Panoramaterrasse von Laret zu wandern. Unter uns in herrlicher Lage das malerische Dörfchen Ftan, das wir in einer Stunde erreichen. Der Ort teilt sich in „Grond" und „Pitschen", das heisst in Gross und Klein.

Auch Ftan wurde, wie Guarda, mit dem Henri-Louis Wacker Preis ausgezeichnet, als eines der besterhaltensten Schweizer Dörfer, und ein Spaziergang zwischen den schmucken Häusern gibt dieser Prämierung recht. Auch hier erhebt sich die protestantische Kirche, umgeben vom Friedhof, auf einer Anhöhe ausserhalb des Dorfes. Von Ftan kann man nach Scuol hinabwandern (Fussweg von Pitschen) oder bequemer mit dem Postauto und anschliessend mit dem Zug bis Ardez fahren.

Das Val Tasna, mit dem Augstenberg an der Grenze zu Österreich, ist bis zur Alp Valmala sehr breit und wie man an dem Schild erkennen kann, wird hier für Verpflegung gesorgt.

Ausgangspunkt: Lavin (1412 m); man kann die Wanderung um mehr als drei Kilometer abkürzen, wenn man in Giarsun (1404 m) aufbricht.

Charakteristik: folgt grösstenteils dem rechten Ufer des Inns, ideal für Mountainbike.

Höhenunterschied/Gehzeit: 200 m bis Ardez (ca. 10 km); weitere 200 m bis Funtana (ca. 5 km); weitere 100 m bis Vulpera (3 km).

Empfohlene Jahreszeit: von Juni bis November.

Stützpunkte: verschiedene Restaurants bis Ardez.

Karte auf Seite 180-181

Es handelt sich um eine Wanderung mit wenig Höhenunterschied, bei der aber grosse Entfernungen zurückzulegen sind. Für die Gehzeit ist damit die „Schrittlänge" entscheidend.
Für die Rückkehr nach Ardez nimmt man den Zug, nach Vulpera Bus und Zug.

Diese Wanderung verläuft fast ausschliesslich am rechten Ufer des Inns, wobei man ihn zweimal unterhalb der Ortschaft Ardez, an dessen Ortsrand die Route vorbeiführt, überquert. Es ist eine relativ wenig besuchte Wanderroute des Unterengadins – auch weil auf der anderen Talseite Dörfer wie Guarda und Bos-cha liegen (siehe vorhergehende Route) – die aber deshalb nicht weniger interessant ist.
In Lavin, beim Bahnhof der Rhätischen Bahn ist die Evangelische Kirche einen Besuch wert, mit Fresken aus dem 16. Jh., die teilweise erst kürzlich restauriert worden sind. Ein Strässchen führt bei Plans zu einer gedeckten Brücke über den Inn, wo wir den Weg aufnehmen, der von Zernez kommt. Von hier geht es immer in östlicher Richtung weiter, teilweise am Fluss entlang, teilweise durch Wälder und Wiesen, immer auf einem Forstweg mit Blick auf Giarsun, an dem man ebenfalls vorbeiwandert (Brücke über den Inn zum Bahnhof, 1361 m). In leichtem, doch kontinuierlichem Anstieg geht es weiter, durch zwei kurze Tunnels, dann durch die Aua da Nuna und schliesslich gelangen wir am Ende des Anstiegs zu einer Lichtung (1497 m). Ein kurzer Abstieg bringt uns zum Dörfchen Sur En (1469 m, aufgepasst, es ist nicht die einzige Ortschaft mit dem Namen Sur En im Engadin) mit seinen malerischen Häusern inmitten grüner Wiesen, die sich um ihr kleines weisses Kirchlein drängen. Wir setzen unsere Wanderung auf der von Ardez herabkommenden Strasse

Das makellose Kirchlein von Sur En und die Fresken der Kirche in Lavin aus dem 15. Jahrhundert.

fort. Wenn wir am tiefsten Punkt angekommen sind, das heisst an der Innbrücke (1298 m), und zum Dorf hinauf wollen, bleiben wir auf der Strasse, die zügig ansteigt, wenn wir jedoch Richtung Vulpera weiter wollen, schlagen wir gleich nachdem wir die Brücke gequert haben, rechts einen Fussweg ein. Wir halten uns auf halber Hanghöhe (für Radler technisch schwierig) bis wir den Bach ganz in der Nähe rauschen hören und zu ihm hinabsteigen. In Kürze gelangen wir zum Ufer des Inns an einer der ursprünglichsten Stellen des Engadins (1260 m) und überschreiten den Fluss auf einer schmalen Hängebrücke, die Kindern besonders gefällt. Gleich danach betritt man einen Tannenwald, in dem der Weg sehr steil ansteigt (Radler müssen zu Fuss weiter) bis zu einem allein stehenden Hof (1401 m) und von dort geht es ziemlich schnell hinab zu den Hütten von Aschèra (1350 m) und Valatscha (1347 m). Das Schloss Tarasp steht wie ein Wachposten auf dem Burghügel zwischen Fontana und Sparsels. Um dorthin zu gelangen, wandern wir über die Aua da Plavna, dann erneut aufwärts bis Chaposch und schliesslich sind wir in Fontana (1402 m).

Hier sollte man wirklich eine Pause einlegen (Restaurant/Hotel), nicht nur wegen des Schlosses Tarasp, dessen Besuch sich lohnt (siehe Informationen auf S. 210), sondern weil es hier überwältigend schön ist. In einem zauberhaften kleinen See spiegelt sich das Schloss.

Auch verschiedene Seerosenarten gedeihen hier. Freskengeschmückte Häuser, besonders das Pfarrhaus, einige auch mit geschnitzten Holzfiguren, erheben sich um die katholische Kirche, deren barocker Innenraum tirolerische Einflüsse zeigt. Besonders kunstvoll sind die gefasste Kanzel und der vergoldete Holzaltar. Am See befindet sich die Haltestelle für die Busse nach Vulpera und Scuol.

WEITER NACH VULPERA UND SCUOL
Wer die Wanderung fortsetzen will, kann von Fontana zu den Häusern von Sparsels (1499 m) hinaufsteigen, die von der Burg überragt werden. Von dort geht es bergab, am Golfplatz entlang, bis Vulpera. Beidseitig liegen hier Hotels, die Anfang des 20. Jahrhunderts errichtet wurden (hier liegt rechts die Villa Post mit zwei Museen über die Mineralquellen dieser Gegend). Ein kurzer Abstieg auf einem für den Verkehr gesperrten Strässchen führt uns zu den Sportanlagen von Gurlaina und über einen Fussgängersteg direkt nach Scuol mit einem herrlichen Blick auf den Inn und die protestantische Kirche. Wenn man noch etwas Zeit hat, sollte man den tiefer gelegenen Teil von Scuol besuchen, mit seinem historischen Dorfplatz und dem Heimatmuseum (siehe S. 215). Ungefähr hundert Höhenmeter über uns liegt der Bahnhof der Rhätischen Bahn, im oberen Teil von Scuol.

Oben, Hängebrücke über den Inn unterhalb von Ardez, gedeckte Brücke in Lavin. Links, der kleine See von Tarasp mit dem Schloss Tarasp und dem Dorf Sparsels, dessen Häuser sich im klaren Wasser spiegeln. Auch Seerosen gedeihen hier.

INFORMATIONEN

IN SUSCH

Wie viele Engadiner Dörfer, wurde auch Susch innerhalb von 50 Jahren mehrmals von schweren Brän-
den heimgesucht: 1875, 1900 und 1924. Dennoch
blieben die wichtigsten Baudenkmäler nahezu un-
versehrt und sind zu besichtigen (siehe S. 176). Am
rechten Ufer des Inn verläuft eine Forststrasse, die
von Zernez kommt und weiter ins Unterengadin
führt, im Sommer ideal für Biker, im Winter für
Langläufer. Der Inn ist bei Anglern besonders beliebt
(Genehmigungen im Verkehrsbüro) und bekannt für
Kanusport und Rafting.

IN LAVIN

Lavin wurde ausser vom Feuer auch von Lawinen ver-
wüstet, daher auch der Name... Bei der Restaurierung der Pfarrkirche (1956) kam ein bedeutender
Freskenzyklus an der Ostseite zutage, sowie im Quer-
schiff und im Chor. Einige der Fresken wurden 2004
restauriert (siehe S. 193).
Für Radfahren, Langlauf, Fischen, Kanufahren siehe
Angaben zu Susch.

IN GUARDA

Wie bereits auf S. 186 erwähnt, ist Guarda ein zauberhaftes Dorf im Unterengadin, dessen Wurzeln ins
Mittelalter zurückreichen. Es wurde als das bester-
haltene Dorf der Schweiz mit dem Henri-Luis Wacker-
Preis ausgezeichnet.

IN ARDEZ

Auch Ardez befindet sich wie Gurda in sehr ruhiger
Lage; es wird weder von der Bahnlinie noch von der
Kantonsstrasse gestört. Obwohl es ein Bauerndorf ist,
findet man auch Elemente der Engadiner Architektur des 16. und 17. Jahrhunderts (siehe S.187), z. B.
die Chesa Planta von 1591, die Chesa Clalgüna von
1647 und die Chesa Stupan von 1676.

IN FTAN

Von Ftan blickt man auf die Engadiner Dolomiten
und und das Schloss Tarasp. Auch diese Ortschaft erhielt den Henri-Luis Wacker-Preis, auch hier stehen
antike Häuser mit Sgraffiti und die Kirche ist von einem malerischen kleinen Friedhof umgeben...
Hier befindet sich die älteste, heute noch betriebe-
ne Mühle der Schweiz; sie ist mehr als 400 Jahre alt.
Besichtigung mit Voranmeldung im Verkehrsbüro
oder bei Cilgia Florineth (Tel. 081 864 10 07).

Lavin   Ftan

Ardez

Susch

WICHTIGE RUFNUMMERN

Informationen über die Rhätischen Bahn bekommt
man im Bahnhof von Scuol, Tel. 081 864 11 81
oder zum Vereina-Tunnel, Tel. 081 288 37 37
In den verschiedenen Orten bekommt man Informa-
tionen im Verkehrsbüro oder auf der Post.
Post in Guarda Tel. 081 862 21 42
Post in Ardez Tel. 081 862 21 13
Grialetsch-Hütte Tel. 081 416 34 36
Linard-Hütte Tel. 079 629 61 91
Tuoi-Hütte Tel. 081 862 23 22

**Verkehrsbüro: Susch Tel. 081 860 02 40; Lavin Tel. 081 862 20 40; Guarda Tel. 081 862 23 42;
Ardez Tel. 081 862 23 30; Ftan Tel. 081 864 05 57**

FONTANA UND SCHLOSS TARASP.

VON SCUOL NACH MARTINA

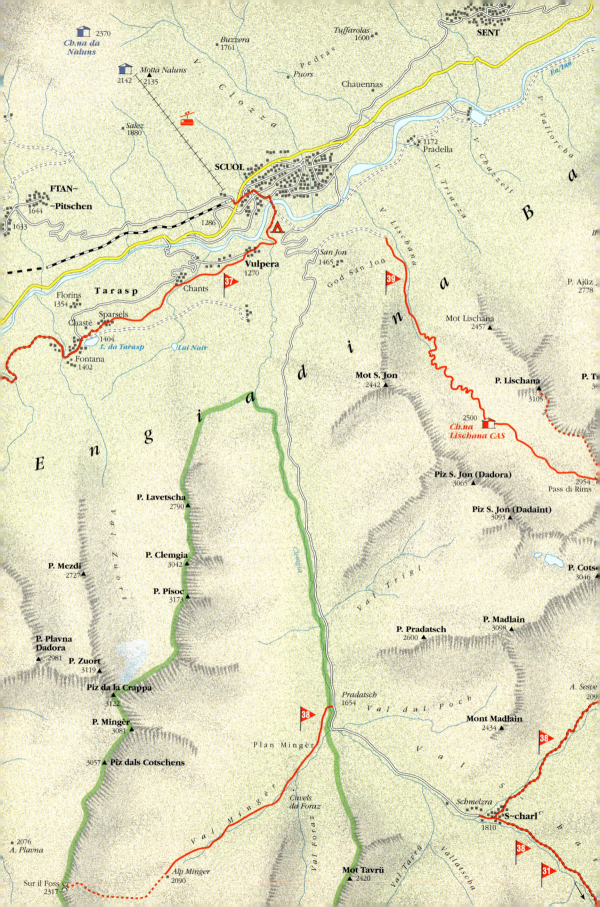

ur En

a

V. Glatscheta

P. S~chalambert (Dadora)
2678 ▲

P. S~chalambert (Dadaint)
3031 ▲

Mtn Scharte
2586

V. Torta

V. Trida

Val d'Uina

F. Lunga
(Inn. Scharte)
2535

Dosso di Dentro
Inn. Nockenkopf
2772 ▲

2285

o t

Uina Dadora
1499

Alpe Egg
2065

Rio Orion

V. Curtinatsch

Uina Dadaint
1770

Rassasergfat

Cima di Vallunga
Fallungspitze
2643 ▲

Mot Radond
2375 ▲

P. Mezdi
2542 ▲

Griankopf
2896 ▲

Rio Vallunga

Vallunga

P. Rims
2772 ▲

P. da Gliasen
2468 ▲

il Quar

Sursass

R i m s

2566

2505 **40**

Alp Sursass
2155

40

Dosso nero
Schrvarzerkopf
2722 ▲

2703

2687 2732

39

Lais di Rims

Rasass-Spitze
2491 ▲

2857
Lischana

Lai d'Immez

40

V. Cristanas

S-charl - Joch
P. di Slingia
2509

F. Cornet
2853

P. d'Immez
3026 ▲

Sesvenna Hütte
2256

Valle di Slingia

P. Cornet
2971 ▲

P. Cristanas
3092 ▲

P. Rims
3050 ▲

40

l. Sesvenna

Schadler
2948 ▲

2819

2890 ▲ Föllakopf

F. Sesvenna

V a l   S e s v e n n a

ot da l'Hom
758 ▲

2954 ▲ Punta della Vedretta

Val. da Sesvenna

Muntpitschen
-Mompiccio
3162 ▲

M. dei Vitelli
2736 ▲

P. Plazer
3104 ▲

P. Sesvenna
3204 ▲

STAINAS

N

0   1000 m

Ausgangspunkt: Pradatsch (1654 m) zum Val Minger; S-charl (1810 m) nach Tamangur oder ins Val Sesvenna.

Charakteristik: leicht, für alle geeignet, oft ist Steinwild anzutreffen.

Höhenunterschied/Gehzeit: 100 m/eine halbe Std. bis zum Hexenkopf; 320 m/1,5 Std. zur Alp Tamangur Dadaint (2130 m); 280 m/1 Std. zur Alp Sesvenna (2098 m).

Empfohlene Jahreszeit: von Juni bis November.

Stützpunkte: drei Hotels in S-charl.

Karte auf Seite 198-199

Von den sonnigen Wiesen von Scuol, Tarasp und Vulpera gesehen, beherrschen die in südlicher Richtung über dreitausend Meter aufsteigenden Engadiner Dolomiten das Bild. Drei Haupttäler schieben sich zwischen die felsigen Gipfel. In westlicher Richtung das wilde, lang gestreckte Val Plavna, das von Fontana (Parkplatz in 1500 m Höhe, 1 km oberhalb der Ortschaft) in 10 Kilometern bis zur Fuorcla Val dal Botsch ansteigt (siehe Route 29, Ofenpass). Vor Scuol öffnet sich das noch längere Val S-charl, das sich in zahlreiche, wunderschöne Seitentäler verzweigt. Und schliesslich, weiter östlich, liegt das enge Val d'Uina (siehe Route 40).

Zweifellos ist das Val S-charl das bekannteste, auch weil es vom wirtschaftlichen Standpunkt gesehen das wichtigste ist. Früher spielte hier der Bergbau eine grosse Rolle (siehe Tafel S. 202), heute dagegen der Tourismus, die Forstwirtschaft und die Viehzucht. Das Dörfchen S-charl liegt in 1810 m Höhe am Taleingang des Val Sesvenna und ist heute auch im Winter auf einer bequemen Strasse zu erreichen, die nicht durchwegs

asphaltiert ist, doch für den Verkehr geöffnet und sogar vom Postbus befahren wird. Auch wenn jemand nicht zu Fuss gehen will, lohnt sich die Auffahrt nach S-charl mit einem Verkehrsmittel auf jeden Fall, denn die Strasse ist landschaftlich äusserst interessant.

Hinter Scuol steigen Kehren in dem wunderbaren Wald San Jon an. Dann dringt sie geradewegs ins Tal ein, folgt stets dem Talboden und berührt dabei die östliche Grenze des Schweizerischen Nationalparks. Rechts erheben sich die Felsbastionen des Piz Pisoc (3173 m) und des Piz Minger (3081 m), links dagegen schliessen der Piz San Jon (3065 m) und der Piz Madlain (3098 m) das Tal. Nach fünf Kilometern in der Schlucht erreichen wir die Wiesen von Pradatsch (Bushaltestelle, gebührenpflichtiger Parkplatz), wo rechts das Val Minger abzweigt, ein bekanntes Wanderziel, vor allem auch, weil es zum Nationalpark gehört.

Genau in diesem Val Minger– „minger" bedeutet „Bergmann, Grubenarbeiter" –möchte ich die erste Wanderroute vorschlagen, die jedoch kein eigentliches Ziel hat, sondern einige interessante Punkte berührt, die man je nach der zur Verfügung stehenden Zeit und der Lust zum Marschieren aufsuchen kann. Nach Pradatsch (1654 m) quert man einen Kanal, wo das Wasser abgeleitet wird, und betritt einen herrlichen Tannen- und Lärchenwald, der von Meisen und Kleibern bewohnt ist. In Kürze gelangt man zu einer Lichtung, auf der morgens und abends normalerweise Hirsche und Rehe zu beobachten sind. Oberhalb der Baumgrenze öffnet sich das Val Foraz, das für Bergwanderer nicht zugänglich ist. Dort, wo es unseren Weg kreuzt, sieht man, nur bei besonderen Lichtverhältnissen, den berühmten „Hexenkopf" (Cheu della strega), der nichts weiter ist, als eine seltsame Felsformation mit Höhlen und Löchern, die durch Ablagerungen während der letzten Eiszeit entstanden ist. Die darüber aufragenden Bergflanken des Piz Minger sind die Heimat vieler Hirsche und Gämsen, die oft mit dem blossen Auge zu beobachten sind. Der Weg führt weiter über einige kahle Stellen in unterschiedlicher Höhe, wo vor der Entstehung des Nationalparks, als die Nutzung des Waldes eine wichtige Rolle für den Lebensunterhalt spielte, Kohle gebrannt wurde. Der Wald lichtet sich zusehends und wir sehen vor uns die Felspyramide des Piz Plavna Dadaint (3166 m), die sich hinter dem Sattel Sur il Foss (2317 m) erhebt, vor dem man auf einen Rastplatz zwischen Geröll- und Felsbrocken hinaustritt, der in 2168 m Höhe liegt und auch zur Wildbeobachtung dient. Von hier ist es noch eine halbe Stunde bis Sur il Foss, der Verbindung mit dem Val Plavna.

Zurück in Pradatsch, erreicht man nach 3 km das schöne Örtchen S-charl (von Scuol insgesamt 13 km). Davor

Links, die ungewöhnliche Felsformation am Taleingang des Val Minger wird „Cheu da la stria", das heisst „Hexenkopf" genannt. Auf der Seite rechts, der Talabschluss des Val Minger, das Val Sesvenna und das Dörfchen S-charl in wunderbarer Lage zwischen Wiesen und Wäldern.

liegen die Ruinenreste alter Bergwerke und ein Muse-um, die berühmte Schmelzra (siehe Texttafel). Ebenfalls ausserhalb des Ortes ein gebührenpflichtiger Parkplatz und Bushaltestelle. Ein geruhsamer Spaziergang führt von hier in den wunderbaren Wald Tamangur, den man, leider vergeblich, in den Nationalpark einzuglie-dern versuchte. Wer will, kann natürlich auch ganz be-quem mit der Pferdekutsche fahren oder sich in den Fahrradsattel schwingen. Die Forststrasse endet nach 6 km nach den Alpen Astras und Tamangur Dadaint (2130 m). Wer noch weiter wandern will, steigt zur Fu-orcla Funtana da S-charl hinauf oder zum niedrigeren Pass da Costinas (siehe Route 31), und begibt sich da-mit auf die Marathonstrecke des Schweizerischen Na-tionalparks (Mountainbike).

Ein weiteres Ausflugsziel von S-charl ist das Val Sesven-na. Wir schlagen vor, nur bis zur Alp Sesvenna (2098 m) hinaufzuwandern, bequem in einer knappen Stun-de durch Wiesen und Wälder. Denn hinter der Alp än-dert sich die Landschaft vollständig, sowohl für den Auf-stieg zur Fuorcla Sesvenna (2819 m, östlich, zur Sesven-na-Hütte) als auch zur Fora da l'Aua (2857 m, nördlich, zur Lischana-Hütte). Die Routenbeschreibungen folgen in den nächsten Kapiteln.

Die Schmelzra von S-charl

Bis 1652 stand das Unterengadin, wie auch das übrige Tirol, unter der Herrschaft der Habsburger. Hundert Jahre zuvor, 1573, schrieb Durich Chiampell, dass das Val da S-charl „ ... wegen seiner Silberminen erwähnt werden muss, von denen es hier mehrere gibt ... Die Ortschaft, welche zu Tirol gehört, erkennt den Erzherzog von Österreich als ihren Herrn an ..." Zu jener Zeit zählte man in S-charl gute 45 Häuser, auch wenn sich seit einigen Jahren der Bergbau in einer schweren Krise befand. Als das Dorf zur Schweiz kam, mussten die Bergwerke endgültig stillgelegt werden. Ausser Silber wurde im Tal auch nach Blei geschürft, in härtester Arbeit, die praktisch alle Dorfbewohner mit einbezog. Die Männer bauten das Metall in den Minen ab, oft auf Knien in den feuchten Stollen; Jugendliche und sogar Kinder transportierten dann das Gesteinsmaterial durch die engsten und niedrigsten Felsgänge nach oben; die Frauen sortierten die Gesteinsbrocken und trennten die mineralhaltigen Teile von dem übrigen Geröll. Nur in den Hauptstollen von Mot Madlain, oberhalb von S-charl, kann man bereits im 16. Jahrhundert (spätestens 1553) von den ersten „Bahnen" sprechen, denn historisch belegbar ist ein Transportsystem auf Schienen, das die Regierung in Innsbruck erwähnt, wobei Holzschwellen schienenartig ausgelegt wurden, um Karren darauf zu befördern. Alles was mit dem Bergbau zu tun hatte, wurde von einer Person überwacht, die von der Regierung ernannt wurde und die deutschsprachig war. Dadurch entstanden viele Probleme, denn die einheimische Bevölkerung

sprach nur Rätoromanisch. Unter den verschiedenen gesetzlichen Vorschriften, die über das Leben in dem Bergwerksdörfchen wachten, gab es strenge, doch zugleich auch kuriose Verordnungen, wie jene von 1545, nach der bestraft werden sollte, wer sich „zu ungewöhnlicher Stunde in der Schenke befand und ausgelassen feierte"...

Mit der Schliessung der Stollen in der zweiten Hälfte des 17. Jahrhunderts erfolgte eine allmähliche Abwanderung der Dorfbevölkerung, die bis zum Jahr 1811 anhielt, als Johannes Hitz auf den Grundmauern des alten Schmelzofens ein neues, grosses Gebäude errichten liess. Er dachte, dass neue Maschinen und moderne Abbautechniken (die Neuerung jener Zeit bestand in der Sprengung der Minen) diesen Wirtschaftszweig wieder beleben könnten. Dieser Traum sollte jedoch nur von kurzer Dauer sein, weniger als zwanzig Jahre, doch inzwischen belebte sich Dorf wieder und sogar eine Schule wurde gebaut. Die endgültige Schliessung der Bergwerke 1829 bewirkte dann den langsamen, doch kontinuierlichen Niedergang des Dorfes und die Viehzucht stellte erneut die einzige Lebensgrundlage dar. Das änderte sich erst mit der Einrichtung des Nationalparks 1909, mit der auch das erste kleine Hotel (Crusch Alva) ins Dorf kam. 1965 wurde die heutige Talstrasse gebaut und auch die Elektrizität kam ins Tal, dank der Kraftwerke, die vom grossen Stausee von Livigno gespeist werden. Von Bedeutung war aber auch die Restaurierung des grossen Bergwerksgebäudes (1989-1994), die von verschiedenen Einrichtungen und Personen beschlossen und gefördert wurde. Eine dieser Persönlichkeiten ist Peder Rauch, der bereits 1989 die Stiftung Schmelzra ins Leben gerufen hatte. Dank ihm und einiger freiwilliger Helfer kann man an Gruppenführungen in den Stollen teilnehmen. Es ist ein grossartiges Erlebnis, das man sich nicht entgehen lassen sollte, auf den abenteuerlichen Spuren der Bergleute (jeden Mittwoch mit Voranmeldung am Tag zuvor bis 17 Uhr; Tel. 081 864 86 77 – 861 22 22). In der restaurierten Schmelze befindet sich ein liebevoll eingerichtetes Museum, das in allen Einzelheiten die Techniken und die Lebensbedingungen der Bergleute und ihrer Familien zeigt. 1998 kam eine neue Abteilung hinzu, die vom Schweizerischen Nationalpark gestaltet wurde und der Geschichte und Dokumentation der Bären in Graubünden gewidmet ist. Hier erfahren wir zum Beispiel, dass der letzte Bär (eigentlich eine Bärin) am ersten September 1904 in der Umgebung von S-charl an den Hängen des Piz Pisoc getötet wurde. Gegenüber dem Museum stehen die Ruinen der alten Schmelzöfen, die man mit ein bisschen Vorsicht aufsuchen kann auch wenn das Museum geschlossen ist.

Eine Strasse im Fels

Das Val d'Uina, durch das eine der folgenden Routen führt, beherbergt in seinem Innern ein ganz anderes Zeugnis der Geschichte, dessen Entstehung jedoch der modernen Zeit näher liegt. Die Strasse, die den höchstgelegenen Teil des Tals durchzieht ist ein Beweis dafür, wie wichtig zu Beginn des 20. Jahrhunderts die Viehzucht war, die Haupteinnahmequelle der Bergbauern. Um zu den Hochweiden der Alp Sursass (auch Rasàss genannt) zu gelangen, die oberhalb der „Chavorgia da Quar" liegen, jedoch zur Gemeinde Sent gehören, beschloss man 1910 eine Strasse zu bauen, welche die bis dahin unzugängliche Talflanke der „Stüra" überwinden konnte. Interessant ist, was in einem Dokument vom 22. Februar 1910 zu lesen ist. Es wurde vom Tierarzt von Sent, Töna Vital, verfasst, der wie folgt berichtet: „ ... dapô liquidà tuots quints derivants da la construcziun da la via Schlingia, inchaschà tuotas contribuziuns e paja tuots debits, ans vanzà 1419 franca a favur d'ün fuond pel mantegnimaìnt da ditta via … " (nachdem alle Kosten, welche durch den Bau der Via Schlingia entstanden sind, beglichen worden sind, alle Zuschüsse eingenommen und alle Schulden bezahlt sind, bleiben 1419 Franken übrig für eine Stiftung zum Unterhalt der Strasse). Dazu sei bemerkt, dass ausser Zuschüssen des Kantons und der Föderation von 19000 Franken auch ein wesentlicher Zuschuss von der Alpenvereinssektion Pforzheim kam, die auf der Alp Sursass eine Bergütte errichten wollte und deshalb im Bau dieser Strasse eine wichtige Verbindungsmöglichkeit mit dem Unterengadin sah. Vielleicht war auch dies das eigentliche Hauptmotiv, auch wenn die Initiative von der Gemeinde Sent ausgehen musste, um öffentliche Gelder zur Finanzierung beantragen zu können, die für den Bau der Strassen zu den Alphütten bestimmt waren. Wichtig ist, dass diese in einer Rekordzeit fertig gestellte Strasse so gut gebaut wurde, dass wir sie heute noch mit Bewunderung und Respekt begehen können.

Ausgangspunkt: San Jon (1370 m), Haltestelle für den Postbus nach S-charl, oder der Wald San Jon (1420 m), höher liegender gebührenfreier Parkplatz.

Charakteristik: Hochgebirgstour, jedoch immer deutliche Wegspuren vorhanden und viel begangen.

Höhenunterschied/Gehzeit: 1080 m/3 Std. bis zur Lischana-Hütte; + 450 m/1,5 Std. zum Passo di Rims (2944 m); + 4 Std. für den Abstieg ins Val d'Uina oder + 3 Std. für die Überschreitung nach S-charl.

Empfohlene Jahreszeit: von Juli bis Oktober.

Stützpunkte: Lischana-Hütte (2500 m, Tel. 081 864 95 44); Verpflegungsmöglichkeit im Val d'Uina; Sesvenna-Hütte auf italienischem Gebiet.

Karte auf S. 198-199

Äusserst interessante Wanderung mitten in den Engadiner Dolomiten. Leicht bis zur Lischana-Hütte. Für die vorgeschlagenen Überschreitungen ist gute Kondition erforderlich (mit dem Postbus zurück nach Scuol). Kann an die folgende Route angeschlossen werden.

Der Wald San Jon ist einer der romantischsten Winkel des Engadins, vor allem wenn man in der warmen Mittagssonne dort anlangt. In aller Ruhe kann man dann am Nachmittag den Hüttenanstieg zur Capanna Lischana bewältigen und dort übernachten. Nach dem Dunkelwerden blickt man auf das Lichtermeer im 1300 Meter tiefer liegenden Talbecken von Scuol.

Vom Strässchen beim Wald San Jon, wo unsere Route beginnt, überschaut man das ganze Val Lischana, das sich zwischen dem Piz Lischana und dem Piz San Jon hinaufzieht, bis hin zur markanten Felsformation, auf der sich die Lischana-Hütte erhebt. Es sind mehr als tausend Meter Höhenunterschied, die jedoch nicht abschreckend wirken dürfen, denn der Weg steigt sehr regelmässig an, zunächst durch einen schönen Hochwald, dann über magere Weiden, bis zu den ersten Felsen, ein ideales Gebiet, um im Frühsommer wunderbar blühende Bergblumen und Murmeltierfamilien zu entdecken. Noch weiter oben werden wir wahrscheinlich bereits neugierig von Steinböcken und Gämsen beobachtet. In weniger als drei Stunden gelangen wir zur Hütte, die auf einem natürlichen Felsbalkon hoch über dem Tal von Scuol und vor den umliegenden Gipfeln liegt. 2004 wurde sie vollständig renoviert (45 Schlafplätze auch in Zimmern). In nördlicher Richtung dominiert das tiefgrüne Unterengadin, hinter

uns erheben sich die schroffen Felsen der Engadiner Dolomiten. Und noch ein Hinweis: auf der Hütte gibt es ausser der traditionellen Engadiner Küche auch italienische Spezialitäten, zubereitet von den Hüttenwarten Cristina und Heinz. Der Hüttenanstieg ist auch allein schon eine lohnende Wanderung (in diesem Fall geht man auf dem gleichen Weg wieder zurück), aber wenn wir uns bereits in dieser Höhenlage befinden, sollte man davon profitieren und am nächsten Tag weiter hinaufsteigen; in ca. eineinhalb Stunden erreicht man den Passo di Rims (2944 m). Die Umgebung ist grossartig. Wir befinden uns mitten im weiten Gipfelrund eines Amphitheaters. Dazu gehört auch der Piz Lischana (3105 m), den man in einer knappen Stunde vom Pass auf schmalen Pfadspuren erreicht (nicht markiert), wofür Hochgebirgserfahrung verlangt wird. Zwei andere Routen gehen vom Pass aus, die gut beschildert und mit Markierungen versehen sind. Die erste, wenig begangene Variante beginnt rechts, in südlicher Richtung und quert eine Hochfläche bis zum wunderschönen Lischana-See (2857 m). An ihm vorbei gelangt man zwischen dem Piz Madlain und dem Piz d'Immez zum Taleinschnitt des Val Sesvenna. Das ist der steile, Fora da l'Aua genannte Abschnitt, der einige ausgesetzte Stellen aufweist und mit Drahtseilen versehen ist. Man sollte auf jeden Fall schwindelfrei sein und Bergerfahrung besitzen. 800 Meter Höhenunterschied sind bis zu den friedlichen Hochweiden der Alpe Sesvenna zu überwinden (2098 m). Von dort erreicht man in Kürze das Dorf S-charl (siehe vorhergehende Route).

Die zweite Überschreitung vom Pass di Rims, die bekannter ist und häufiger begangen wird, führt ins Val d'Uina, zunächst über die Hochfläche mit den zauberhaften Bergseen Lej da Rims und dann hinab zur Alp Sursass, wo sich in 2150 Metern Höhe der Weg teilt (siehe folgende Routenbeschreibung): rechts geht es hinauf zum Pass di Slingia und damit zur Sesvenna-Hütte, links dringt man in die tiefen Schluchten des Val d'Uina ein, mit spektakulärem Abstieg bis Uina Dadaint (1770 m). Schliesslich auf einer langen Forststrasse bis zum Dörfchen Sur En.

Links, die Engadiner Dolomiten mit der Lischana-Hütte; von links Piz Triazza, Piz Lischana und die beiden Gipfel San Jon.
Oben, Sonnenaufgang am Piz Lischana, das Unterengadin ist noch in Nebel gehüllt.
Unten, die bizarre Hochfläche mit den Bergseen Lej da Rims.

Ausgangspunkt: Sur En (1123 m), freier Parkplatz nach dem Dorf, am Taleingang des Val d'Uina (Bushaltestelle im Dorf).

Charakteristik: mittlere Höhenlage, geeignet für Mountainbike bis zur Sesvenna-Hütte.

Höhenunterschied/Gehzeit: 640 m/2,5 Std. bis Uina Dadaint; 1100 m/4,5 Std. zur Sesvenna-Hütte; (1900 m/8 Std. zur Lischana-Hütte, siehe vorhergehend Route).

Empfohlene Jahreszeit: von Juni bis Oktober.

Stützpunkte: Verpflegungsmöglichkeit auf der Alpe Uina Dadaint (1770 m); Sesvenna-Hütte auf italienischem Gebiet (2256 m); Lischana-Hütte (2500 m, Tel. 081 864 95 44).

Karte auf Seite 198-199

Sehr interessante Bergwanderung, vor allem wegen der Durchschreitung der Schluchten des Val d'Uina, mit einer in den Fels gehauenen Strasse; kann mit der vorhergehenden Wanderung verbunden werden.

Das Val d'Uina ist das letzte Seitental auf der orografisch rechten Seite des Engadins und stellt deshalb eine direkte Verbindung mit Südtirol und Italien dar. Wir schlagen hier vor, es in seiner ganzen Länge zu durchschreiten, bis zur Sesvenna-Hütte (ehemalige Rasàss-Hütte), damit wir die lange Felsklamm am Talende durchwandern können (siehe Texttafel). Keine Bedenken sollte man aufgrund der Hinweistafel für Radfahrer am Anfang der nach Sur En hinaufführenden Strasse haben. Da sie durch eine Felsschlucht verläuft, kann sie nur zu Fuss begangen werden. Es genügen ein wenig Vorsicht und gutes Schuhwerk. Man darf nicht vergessen, dass hier auch das Vieh herauf getrieben wird und deshalb sind an den ausgesetztesten Stellen gute Schutzvorrichtungen angebracht.

Doch gehen wir der Reihe nach vor. Bei den Häusern von Sur En nimmt man die Forststrasse auf, die gleich in einen schönen Nadelwald eindringt und dabei zweimal den Bergbach quert. Ein erster Steilaufschwung bringt uns hoch über die erste Felsklamm, nach der wir in kürze das freie Gelände der Alp Uina Dadora (1499 m) erreichen. Dann zieht der Weg wieder in den Wald hinein, quert nochmals den Bergbach und gelangt in einer knappen Stunde zur nächsten Alp Uina Dadaint (1770 m), die malerisch zwischen Lärchen und Tannen liegt, und wer will, kann dort auch eine Stärkung zu sich nehmen. Das schöne Forststrässchen en-

det kurz hinter der Alp und verwandelt sich dort in einen gut markierten Weg, der weiter zwischen Bäumen ansteigt. Bald kommen wir zu einem Schild, das Radler anweist, ihre Mountainbikes zu schieben. Die Steigung nimmt zu und man tritt aus dem Wald heraus, wo der Blick frei wird auf die Talschlucht und das gegenüberliegende Val Sinestra mit dem Inn. Wenn man sich an einer scharfen Wegkehre vorsichtig über den Felsrand hinausbeugt, erblickt man zum ersten Mal die „Chavorgia del Quar" (die Quar-Schlucht), eine schmale, vom Wasser in den Kalkfels gegrabene Klamm, denn etwas weiter oben, am tiefsten Punkt der Alp

Oben, die Sesvenna-Hütte. Die Alpe Uina Dadaint und die Schlucht „Chavorgia del Quar" mit der spektakulären Strasse durch die Felswand.

Sursass (oder Rasàss), fliessen die Bergbäche aus den Rims-Seen, aus dem Val Cristanas und vom Passo di Slingia zusammen. Man geht weiter bergauf bis zu einer ersten, in den Fels geschlagenen Galerie, hinter der man endlich die ganze Wegdiagonale überblicken kann, welche die rechte Talseite durchschneidet, stets auf halber Höhe der beeindruckenden Felswand, während hunderte von Metern weiter unten der Bergbach schäumt. Das Strässchen ist, wie wir bereits erwähnt haben, gut gesichert (Vorsicht bei Lawinenabgängen bis in den Spätfrühling hinein) und führt in konstanter Steigung durch die schauerlich schöne Schlucht bis zum Ausgang, von dem es nicht mehr weit ist bis zu den Wiesen von Sursass. Unvermutet ändert sich hier die Landschaft, den rauen Felsen folgen saftige Bergwiesen, und wir stehen in kurzer Zeit an der Abzweigung, wo es rechts zur Lischana-Hütte geht (ca. 2150 m in westlicher Richtung, siehe Route 39). Wir dagegen wandern in leichtem Auf und Ab weiter, dem nahen Passo di Slingia zu (2309 m). Hier können sich auch die Radler wieder in den Sattel schwingen und ohne grosse Mühe den Pass überwinden, hinter dem sich bereits der Blick auf die Südtiroler Berge öffnet. Dann geht es weiter zu einer Panoramakuppe mit einem kleinen See und dem alten Gebäude der Rasàss-Hütte. Kurz vor der alten Hütte beginnt rechts der Weg, der in wenigen Minuten zur neuen Sesvenna-Hütte führt (2256 m). Auch der Pfad über die Fuorcla Sesvenna beginnt hier (2819 m) und verbindet das gleichnamige Tal mit dem Val S-charl (Hotels, Bushaltestelle), allerdings muss man dafür mit fast 5 Stunden Gehzeit rechnen.

Der einfachste Rückweg ins Unterengadin bleibt jedoch die Anstiegsroute (einzig mögliche Strecke für Mountainbiker).

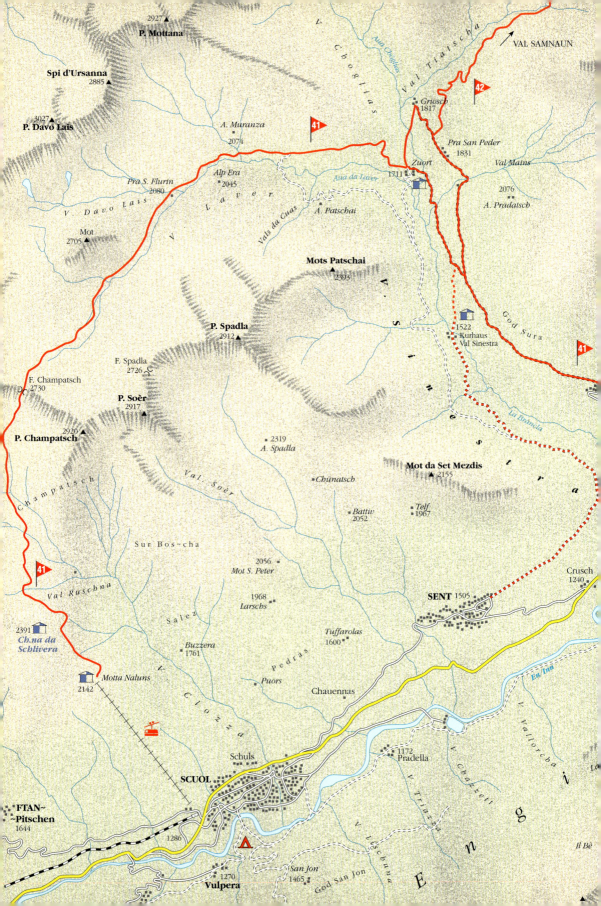

Schloss Tarasp

Das Wahrzeichen des Unterengadins, das Schloss Tarasp, erhebt sich zwischen den Ortschaften Fontana und Sparsels stolz auf einem Hügel, hoch über dem Tal. Es hat eine bewegte Geschichte, die fast tausend Jahre zurückreicht, denn 1040 hatte die Familie der Tarasp mit dem Bau begonnen. Aus dieser Herrscherfamilie gingen die beiden Verwandtschaftszweige der Matsch und Venosta hervor. 1464 wurde das Schloss Eigentum des Herzogs Sigismund von Tirol und von diesem Zeitpunkt an unterstand es direkt oder durch Landesherren und Prinzen den Habsburgern, in deren Besitz es bis 1803 blieb. Während des 19. Jahrhunderts wechselte es mehrmals den Besitzer; es ereigneten sich sogar Plünderungen, bis der Bündner Nationalrat Andreas Planta, Gründer der Kuranlagen von Tarasp, das Schloss erwarb. Ein Ereignis war jedoch für die Geschichte des Schlosses von besonderer Bedeutung. Im Jahr 1900 erblickte der deutsche Industrielle Karl August Lingner aus Dresden, der zu einem Kuraufenthalt nach Tarasp unterwegs war, das von der Abendsonne beschienene Schloss, als er vom Flüela herabkam, und es war Liebe auf den ersten Blick. Noch im gleichen Jahr kaufte er es von der Familie Planta – das Schloss befand sich damals in einem äusserst schlechten Zustand – und versprach, es zum Schmuckstück des ganzen Tals zu machen. Ein Murenabgang, der 1905 eine Kapelle und einen Teil der Umfassungsmauer beschädigte, erforderte eine vollständige Restaurierung, auch der Innenräume. Als 1916 alle Arbeiten ausgeführt waren, sogar stilgerechte Tiroler Möbel hatte man erworben, und das Schloss endlich bezogen werden konnte, starb Lingner und hinterliess das Schloss seinem Freund, dem Grossherzog Ernst Ludwig von Hessen, der wie Lingner ebenfalls ein grosser Kunstliebhaber war. Von diesem Zeitpunkt widmete sich die Familie des Grossherzogs mit viel Hingabe diesem Gebäude. Heute ist es für alle zugänglich, im Sommer wie im Winter (Tel. 081 864 93 68).

Der Besuch des Schlosses beginnt im Dorf Sparsels, von wo man zwischen zwei Kapellen zum grossartigen Eingangstor hinaufgeht. Bereits von hier hat man eine schöne Aussicht, doch noch eindrucksvoller ist der Blick von den Türmen und dem Mauerrundgang. Zuerst betritt man eine Wachstube, dann erreicht man durch mehrere Vorräume und Vorhöfe die Johannes dem Täufer gewidmete Kapelle aus dem Jahr 1079. In ihrem Innenraum sind gotische Fresken aus dem 15. Jahrhundert zu bewundern. Schliesslich gelangen wir zum eigentlichen Eingang, doch bevor wir eintreten, werfen wir noch einen Blick durch eine der vielen Schiessscharten im Hof auf das Tal.

Es ist hier nicht möglich, alle Besonderheiten dieser Burg zu beschreiben, doch sicher wird jeder, von den Kindern bis zu den Kennern der Geschichte, hier etwas Interessantes finden. Wir möchten jedoch darauf hinweisen, dass man zu einem bestimmten Zeitpunkt der Besichtigung, nämlich nach dem Musiksalon, in dem im Sommer Konzerte veranstaltet werden, auf den Rundgang hinaustreten kann. Hier befindet man sich in 1530 Metern Höhe auf dem Burghügel, mitten im Unterengadin, umgeben von den Engadiner Dolomiten (alle Hauptgipfel sind von hier aus zu sehen) und den sonnigen Dörfern mit ihren weiss leuchtenden Häusern im Grün der Wiesen. Ein wunderbarer Anblick, der auch im Winter nichts von seiner Faszination einbüsst, wenn der weiche Schnee die Geräusche der modernen Zivilisation dämpft und uns in einen zeitlosen Raum versetzt.

Ausgangspunkt: Bergstation der Kabinenbahn Motta Naluns (2142 m).

Charakteristik: mittlere Höhenlage.

Höhenunterschied/Gehzeit: 600 m/2 Std. zur Fuorcla Champatsch; + 2 Std. für den Abstieg nach Zuort; + 1,5-2,5 Std. für den Abstieg nach Vnà-Sent, je nach Wegwahl.

Empfohlene Jahreszeit: von Juli bis Oktober.

Stützpunkte: Berggasthaus Hof Zuort Tel. 081 866 31 53.

Karte auf Seite 208-209

Lange Rundwanderung mit geringem Höhenunterschied beim Anstieg; Rückkehr nach Scuol mit dem Postauto.

Dank der Kabinenbahn von Motta Naluns neben dem Bahnhof der Rhätischen Bahn, im oberen Dorf von Scuol, kann man diese lange Wanderung durch drei Bergtäler ohne grossen Höhenunterschied durchführen. Von der Bergstation der Kabinenbahn verzweigen sich zahlreiche Wanderwege in alle Richtungen und bieten Routen für jeden Geschmack, darunter auch den leichten Abstieg zum Dorf Ftan und die etwas längere Überschreitung Richtung Sent. Wir dagegen brechen in nördlicher Richtung auf, unter der Sesselbahn, die im Winter die Skifahrer nach Schlivera befördert, auf einem Saumpfad, der wenig unterhalb der Schlivera-Hütte verläuft (2391 m). Auf halber Hanghöhe geht es an den Flanken des Piz Minschun (3068 m) entlang, dem höchsten Gipfel der Gegend, im Winter Mittelpunkt eines ausgedehnten Skigebiets. Hier befindet sich eine der längsten Pisten der Alpen, die berühmte „Traumpiste", die vom Pizzo Salaniva (2710 m) über 8 herrliche Abfahrtskilometer durch das Val Sinestra nach Sent führt (1430 m). Wir folgen der Richtung des oberen Skilifts, der wenig rechts von der Fuorcla Champatsch (2730 m) aufsteigt, zwischen dem Piz Nair im Norden und dem Piz Champatsch im Süden, und erreichen den Pass über einen ziemlich steilen, jedoch gleichmässigen Anstieg.

Links, die Erdpyramiden in Zuort.
Unten, die Kirche von Scuol auf dem Munt Baselgia hoch über dem Inn.
Auf der Seite rechts, das Strässchen von Vnà nach Zuort, der Bauernhof und das kleine Hotel auf der Lichtung von Zuort.

Links wacht der Piz Tasna (3179 m) über die Ebene von Tiral im Val Laver, über die wir bis zum Prà San Flurin (2080 m) absteigen, wobei wir stets auf der orografisch linken Talseite bleiben. Kurz bevor wir in den Wald hineinwandern, zweigt rechts ein Strässchen nach Sent ab, das an der rechten Talseite des Val Sinestra verläuft. Wir aber gehen geradeaus weiter in Richtung Zuort (1711 m), das wir in wenigen Minuten erreichen. Dabei treffen wir auf die Kapelle und die Villa Mengelberg (siehe Texttafel) und auf ein hübsches Hotel am Rand einer Lichtung. Weiter oben, über den Tannenspitzen erblickt man die Erdpyramiden von Zuort, eine besondere Erosionserscheinung, die auch in anderen Gebieten der Alpen zu sehen ist.

Nach einer verdienten Rast gibt es drei Möglichkeiten, unsere Wanderung zu beenden. Die erste ist die längste, aber auch die interessanteste. Oberhalb des Hotels beginnt ein Weg, der an einer grossen Wiese entlang führt, den Bach quert und nach einem kurzen Aufschwung die Hütten von Griosch und Pra San Peder (1831 m) erreicht. Von dort geht es auf einer bequemen, ungeteerten Strasse hinab nach Vnà (1602 m). Während wir auf den Postbus nach Scuol warten, schlendern wir durch dieses typische Engadiner Dorf mit seiner weissen Kirche, wo Romanik, Gotik und Barock auf harmonische Weise verschmelzen. An den Häusern sieht man eigenartige Schilder mit Wörtern in rätoromanischer, deutscher,

WILHELM MENGELBERG

1911 besuchte der berühmte Dirigent Wilhelm Mengelberg Zuort und war beeindruckt von der Stille und einzigartigen Schönheit des Ortes. Er kaufte daraufhin den Bauernhof und liess in der Nähe ein Chalet errichten, die Villa Mengelberg. Oberhalb der Villa liess er 1920 eine Kapelle erbauen, aus Dankbarkeit darüber, dass die Schweiz und Holland von den Verwüstungen des Zweiten Weltkriegs verschont geblieben waren. Daran erinnert eine am Eingang angebrachte Gedenktafel. Die Kapelle ist reich ausgeschmückt und besitzt ein ungewöhnliches, aus 14 Glocken bestehendes Glockenspiel. Heute gehört der gesamte Besitz einer Stiftung zur Förderung holländischer Jugendlicher.

italienischer, englischer und französischer Sprache: eine sehr sympathische Art der kulturellen Verständigung (siehe S. 222).

Von Zuort kann man aber auch direkt nach Vnà hinabgehen, indem man die Strasse einschlägt, die unterhalb des kleinen Hotels beginnt und an den Erdpyramiden vorbeiführt. Hier treffen wir erneut auf eine Abzweigung. Geradeaus gelangt man nach Vnà, rechts dagegen geht es zum heute geschlossenen Thermalbad des Kurhauses Val Sinestra, hinter dem eine Strasse am Waldhang entlang nach Sent führt. Ein schlanker Kirchturm wacht über die Dorfhäuser und im Hintergrund erheben sich Piz Lischana und Piz San Jon. Neuerdings gibt es auch eine Busverbindung vom Kurhaus Val Sinestra nach Sent.

Oben, der gedrungene romanische Turm (13. Jh.) der Kirche S. Florian in Ramosch und das schmucke Kirchlein von Vnà aus dem 15. Jh. Unten, das Dorf Sent mit dem unverkennbaren schlanken Kirchturm.

DER SKULPTURENPARK VON NOT VITAL

Vor nicht langer Zeit kaufte der aus Sent stammende Künstler Not Vital den Park am Ortsrand des zauberhaften Engadiner Dorfes und machte daraus einen Künstlerpark, einen verwunschenen Wald mit Skulpturen und ungewöhnlichen Installationen. Es ist eine Kunstgalerie unter freiem Himmel: ein Baumhaus, ein Turm über dem Bergbach, ein Schwimmbad mit einem Kamelkopf aus Stahl, eine Brücke aus Eselsköpfen, über die man balancieren kann, alles inmitten einer ursprünglich belassenen Gebirgslandschaft, vor einem herrlichen Gipfelpanorama.

Auskunft für Führungen Skulpturenpark Not Vital (Not dal Mot) erhalten Sie bei Sent Turissem, Tel. 081 8641544, sentturissem@bluewin.ch

Das Unterengadiner Heimatmuseum

Das Engadinerhaus, in dem das Heimatmuseum untergebracht ist, steht am Dorfplatz von Scuol. Es heisst Chà Gronda (Grosses Haus) oder auch Clastra (Kloster). In den Jahren 1702 und 1703 wurde es umgebaut, wobei man eine dreistöckige Loggia hinzufügte, deren oberste Galerie aus Holz ist. Deutlich ist der Einfluss der italienischen Renaissance. Obwohl es ein typisches Engadinerhaus ist, entspricht sein Inneres nicht der traditionellen Raumeinteilung, bei der das Wohnhaus von Stall und Scheune getrennt ist.

1954 hinterliessen die Erben Sarott das Haus dem Museumsverein, der es unverändert bewahrt hat und mit wertvollen Gegenständen, hauptsächlich aus dem 18. Jahrhundert, bereichert hat.

Der Vorraum besitzt eine Gewölbedecke, ebenfalls der Flur im ersten Stock. Links betritt man die mit Arvenholz getäferte Stube aus dem Jahr 1702, die kunstvolle geschnitzte Türen besitzt. Hier ist die zweite Ausgabe der ins Rätoromanische übersetzten Bibel zu sehen, die 1743 in Scuol gedruckt wurde. Die erste Ausgabe

stammt von 1679. Weiter führt der Rundgang durch die Küche und den Vorratsraum mit zahlreichen Küchengeräten und Gegenständen des täglichen Gebrauchs.

Besonders interessant ist die Rekonstruktion einer Mühle mit Wasserrad, hölzernen Zahnrädern, Mühlstein, Getreidekiste, Kornscheffel und Sieb. Bis Mitte des 20. Jahrhunderts gab es im Engadin in jeder Ortschaft ähnliche Mühlen. Heute existiert nur noch eine in Ftan (Führung nach Voranmeldung, Frau Florineth, Tel. 081 864 10 07), woher auch dieses Exemplar stammt.

Weiter führt der Besuch durch verschiedene, stilgerecht eingerichtete Wohnstuben und Schlafkammern; wir sehen auch eine umfangreiche Ausstellung alter Fotografien, Webstühle und zuletzt kommen wir auf den Dachboden, wo Jagdutensilien aufbewahrt werden. Vor allem Kinder kommen hier auf ihre Kosten, denn es gibt hier Bärenfallen zu sehen und die letzten, im Engadin Anfang des 20. Jahrhunderts erlegten Bären (Tel. 081 864 82 21).

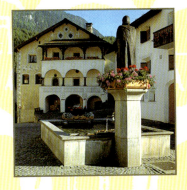

Museum d'Engiadina Bassa
Scuol

Die Thermalbäder von Scuol und Vulpera
Geschichte und Gegenwart

Die Entwicklung des Fremdenverkehrs im Unterengadin geht, wie in St. Moritz, auf die Nutzung der vielen Mineralquellen in der Umgebung von Scuol zurück, die erstmals in einer Urkunde von 1369 erwähnt werden. Doch erst mit dem Bau der Talstrasse und der Rhätischen Bahn in der zweiten Hälfte des 19. Jahrhunderts entstanden auch die ersten Kureinrichtungen und der Bädertourismus, der bis zum Ersten Weltkrieg grosse Mode war. In jenen Jahren errichtete man in Vulpera, Tarasp und Scuol luxuriöse Hotels und die Kuranlage Buvetta Tarasp am Ufer des Inn. Die 25 Mineralquellen der Gegend, entstanden durch besondere geologische Bedingungen, wurden zu einem wichtigen Wirtschaftszweig. Nach einigen mehr oder weniger glücklichen Zeitabschnitten und einer endgültig scheinenden Krise nach dem Zweiten Weltkrieg nahm das Interesse an den Thermalkuren in den letzten zwanzig Jahren wieder deutlich zu, und damit auch der Sommertourismus. Im Grunde hat man verstanden, dass es, gleich welchen Alters, nichts besseres gibt, als die Kombination von Sport und Bewegung an der frischen Luft und die erholsame Wirkung eines Thermalbades. „Wellness" ist in Scuol weit mehr als eine Modeerscheinung.

Heute werden die reichhaltigen Mineralquellen für Getränke oder Therapien benutzt (ideal bei Kalkmangel für Kuren bei Osteoporose oder infolge schwerer Unfallschäden), während weniger mineralhaltige Quellen für die Schwimmbäder verwendet werden, die das ganze Jahr über eine Wassertemperatur von 34 bis 37° besitzen. 1993 wurden alle Einrichtungen von Grund auf erneuert. Heute steht in Scuol das von dem Architekten Roland Oberli entworfene „Bogn Engiadin Scuol" (mit Parkhaus). Es handelt sich hier wirklich um ein grossartiges, vor allem von Familien sehr geschätztes Thermalbäderzentrum, mit einem zentralen Hallenschwimmbad, einem Solebad, einer Kalt- und Warmwassergrotte, Sauna, Unterwassermassage und einem ebenfalls beheizten runden Schwimmbecken im Freien, wo man selbst bei Schneefall schwimmen kann.

Das Wellnesszentrum besitzt auch ein neues römisch-irisches Bad (nur für Erwachsene), das zwei europäische Bädertraditionen vereint. Das Ritual umfasst Erwärmung und Abkühlung des Körpers mit warmer Luft und wohltuendes Eintauchen in Wasser oder Dampf. Für einen kompletten Zyklus benötigt man zweieinhalb Stunden (Tel. 081 861 20 00).

Auf der gegenüberliegenden Seite des Inns fühlt man sich in andere Zeiten versetzt, wenn man auf der Allee zwischen den grossen Hotels in Vulpera entlangschlendert. Das älteste war das Hotel Schweizerhof, das von einem Brand zerstört wurde. Unbedingt besuchen sollte man das Museum, das im Hotel Villa Post (Tel. 081 864 11 12) untergebracht ist. Gezeigt werden dort Gegenstände, Möbel und Bildmaterial aus der Blütezeit des Bädertourismus. Ein weiteres Museum, diesmal über Thermalquellen, befindet sich gegenüber dem Hotel.

Hôtel Waldhaus
VULPERA
Hôtel Schweizerhof

AERC SALE
SALUS AEREA

Ausgangspunkt: Samnaun (1840 m).

Charakteristik: mittlere Höhenlage, landschaftlich sehr schön.

Höhenunterschied/Gehzeit: 490 m/1,5 Std. bis zu den Wasserfällen des Grevastals; 830 m/2,5 Std. bis zum Stammerjoch; (1000m/3,5 Std. zur Fuorcla Maisas; + 4 Std. zum Abstieg nach Vnà).

Empfohlene Jahreszeit: von Juni bis Oktober.

Stützpunkte: viele Hotels in Samnaun, keine längs der Wanderroute, kleines Hotel in Zuort für die Überschreitung ins Engadin.

Karten auf Seite 208-209 und 219

Die schöne Talstrasse des Val Musauna. Unten, der Gegensatz zwischen der Einkaufsstrasse in Samnaun und der Tiroler Mariahilf-Kapelle.

Das Samnauntal ist das äusserste Seitental auf der orografisch linken Talflanke des Engadins, fast eine Schweizer „Enklave" im Tirol. Man erreicht es über den Grenzposten in Martina (auch wenn wir noch auf Schweizer Gebiet sind), fährt dann hinab bis nach Vinadi (1086 m), wo links die alte Strasse abzweigt, die schmal und kurvenreich ansteigt, bis sie unterhalb von Campatsch mit der direkt von Österreich, von Hinterrauch heraufkommenden Strasse zusammentrifft. Wie man an dieser besonderen geografischen Lage erkennen kann, war dieses Tal einst völlig isoliert und sehr arm. Um die Situation zu verbessern, wurde hier, ähnlich wie in Livigno, eine zollfreie Zone geschaffen. Ebenfalls wie Livigno, ist auch das Samnauntal ein grosses Skigebiet, das bis Ischgl in Tirol reicht. Doch das bringt natürlich auch Nachteile mit sich. Das heisst viel Verkehr und Massentourismus, der nicht besonders auf die Schönheit der Natur Rücksicht nimmt. Wer deshalb das Tal besuchen will, sollte früh morgens hinauffahren, bevor die Geschäfte öffnen (Shopping auf den Nachmittag verschieben), wenn noch alles ruhig ist und die beiden Parkplätze noch nicht besetzt sind. Der erste liegt am Eingang des Maisastals, der andere am Anfang des Musaunatals.

ZU DEN WASSERFÄLLEN DES GRAVASTALS
Vom Parkplatz am Beginn des Val Musauna steigt eine für den Verkehr geschlossene, ungeteerte Strasse zügig durch einen Lärchenwald an (sehr schön für Radler) bis zur Abzweigung ins Chaminstal. Über eine weite Hochfläche mit einigen Hütten erreichen wir den im Frühsommer ungestüm rauschenden Bergbach. Bald treffen wir auf eine zweite Weggabelung. Geradeaus geht es zum Zeblasjoch (2534 m) und zur Heidelberger Hüt-

te in Österreich. Wir halten uns jedoch links, um ein Stück durch das Gravastal aufzusteigen und sind in einer halben Stunde am Aussichtspunkt für die Wasserfälle.

Anstatt auf dem Strässchen nach Samnaun zurückzukehren, lohnt es sich an der Stelle mit der Hinweistafel „Bergwald Lehrpfad" rechts auf diesem interessanten Pfad durch den Wald bergauf zu wandern und den Ort Samnaun in einem weiten Bogen zu umgehen. Zahlreiche Holztafeln erklären Bäume und Blumen.

Das Eichhörnchen, Maskottchen des Naturlehrpfads, Blumen und Bergwald im Nationalpark.
Oben, ein rascher Blick auf die Wanderkarte im Val Musauna, um sich fuur eine der vielen Wanderrouten zu entscheiden.

DER AUSSICHTSPUNKT AM STAMMERJOCH

Für eine anspruchsvollere Wanderung empfehle ich, ebenfalls den ersten Abschnitt durch das Musaunatal aufzusteigen, jedoch nach wenigen Minuten an der Abzweigung den Weg ins Chaministal einzuschlagen. Ein gutes Stück folgt man dem Talboden, wendet sich dann nach links (orografisch rechte Seite), um in ausgeprägter Steigung bis zur Wasserscheide des Maisatals zu wandern, genauer gesagt bis zum Aussichtspunkt am Stammerjoch (2668 m), einem beliebten Ausflugsziel des Tals. Für den Rückweg sollte man den Ring schliessen und ins Maisastal hinabgehen, zunächst vorbei an einem kleinen Bergsee und dann auf dem Talboden in ungefähr 2200 m Höhe. Hier trifft man auf den Hauptweg und folgt ihm talwärts. Nach einer Hütte wird er zu einer bequemen, ungeteerten Strasse, die bis zum Parkplatz von Samnaun hinabführt.

DAS MAISASJOCH UND
DIE ÜBERSCHREITUNG NACH VNÀ

In diesem Fall handelt es sich nicht um eine kurze Wanderroute, sondern um eine richtige Überschreitung vom Samnauntal ins Unterengadin, bis zum Dorf Vnà.

Von Samnaun muss man praktisch durch das ganze Maisastal hinaufwandern, zuerst auf einem Strässchen, dann auf gut markiertem Weg. Rechts lassen wir die Route hinauf zum Stammerjoch liegen, dann links den Bergpfad zum Piz Muttler (3294 m) und wandern über zahlreiche Serpentinen zum Maisasjoch hinauf (2848 m), der historischen Verbindung mit dem Engadin. Zu unseren Füssen liegt das Triatschatal. Steil geht es hinab bis zu den Wiesen von Griosch und San Peder (1832 m) und von dort zieht sich ein schönes Strässchen zum malerischen Ort Vnà (siehe vorhergehende Route), wo man nicht zu spät ankommen sollte, wenn man mit dem Postauto ins Samnauntal zurückfahren will.

IN SCUOL, TARASP, VULPERA

KUNST – GESCHICHTE – KULTUR

Folgende Sehenswürdigkeiten sind bereits ausführlich im Text erwähnt:
Bergbaumuseum Schmelzra in S-charl auf S. 202;
Unterengadiner Heimatmuseum auf S. 215;
Schloss Tarasp auf S. 210;
Thermalbäder und diesbezügliche Museen auf S. 216;
Sehenswürdigkeit in Scuol: der Brunnen auf der „Plazzetta" wo Mineralwasser sprudelt und gratis zu „probieren" ist.
Unbedingt besuchen sollte man die reformierte Kirche auf dem Munt Baselgia hoch über dem Inn.

SPORT – RELAX

Äusserst wichtig für das Unterengadin sind die Mineralquellen und die Thermalbäder: Wellness pur kann man in der neuen Bädereinrichtung Bogn Engiadina Scuol erleben (siehe S. 216) Tel. 081 861 20 00. In Scuol gibt es auch das Hallenschwimmbad von Quadras (Tel. 081 861 20 08), des Sportzentrums Trü (Tel. 081 861 20 06); Vulpera besitzt ein Schwimmbad mit Minigolfplatz, sehr schön für Familien Tel. 081 861 17 00. Für die antike Bädereinrichtung Büvetta-Tarasp Tel. 081 861 20 50. Für Golfbegeisterte gibt es in Vulpera einen Platz mit 9 Löchern Tel. 081 864 96 88.
Das Unterengadin mit seinem milden Klima und den vielen Seitentälern eignet sich besonders für Bikertouren; zahlreiche Routen mit unterschiedlichen Schwierigkeitsgraden; im Verkehrsbüro ist ein kleiner, jedoch ausführlicher Radführer erhältlich. In Scuol startet am letzten Augustsonntag der Nationalpark Bike-Marathon, ein Radrennen durch 4 Täler; Die gleiche Strecke kann etwas gemütlicher in vier Tagen mit Gepäcktransport zwischen den einzelnen Etappen zurückgelegt werden, Tel. 081 861 24 24.
Der Inn, von Scuol nach Martina, eignet sich besonders für Rafting und Kanufahren, Tel. 081 861 14 19.
Tennisplätze in Scuol (Gurlaina), Tel. 081 864 06 43 und in Vulpera, Tel. 081 861 17 00.
Ausritte oder Kutschfahrten, Tel. 081 864 10 62.
Im Winter werden die sanft geneigten Berghänge von Motta Naluns zum Skiparadies mit über 70 Km Abfahrtspiste, darunter auch die berühmte „Traumpiste", die vom 2710 m hoch liegenden Salaniva hinab nach Sent führt (1430 m): Info Bergbahnen Motta Naluns, Tel. 081 861 14 14. Auch Schlittenbahnen (sehr schön jene von Prui nach Ftan), Fusswanderwege und etwas ganz besonderes: ein Igloo-Dorf, in dem man übernachten kann, Tel. 081 862 22 11. Skischule, Tel. 081 860 07 77.
Für Langläufer, Loipe von Scuol nach Martina mit Skischule und Skiverleih (Florinett), Tel. 081 864 71 71.
Eislaufen, Hockey und Curling in Scuol auf den Eisplätzen von Trü und Gurlaina, Tel. 081 864 71 63.

IN SENT, RAMOSCH, VNÀ, TSCHLIN UND MARTINA

Nach Scuol verläuft am rechten Ufer des Inn der Radweg (im Winter Loipentrasse), ideal, um die Dörfer Pradella und Sur En, am Taleingang des Val d'Uina, und S. Niclà kennen zu lernen, wo eine wunderbare romanische Kirche steht mit einem Fresko an der Aussenwand, das den hl. Christophorus darstellt.
Am anderen Ufer liegen Martina, wenige Häuser an der österreichischen Grenze, und Strada. Etwas weiter oberhalb, ebenfalls am orografisch linken Ufer, befinden sich einige interessantere Ortschaften mit historischen Ortskernen aus dem 14. und 15. Jh. In Tschlin einige charakteristische Häuser und eine Kirche aus dem 16. Jh. In Ramosch die wunderbare spätgotische Kirche St. Florian, mit einem gedrungenen romanischen Turm aus dem 13. Jh. und Fresken von Bernardo da Poschiavo (1522). Am Weg nach Vnà trifft man auf die Burgruine Tschanüff. In Sent steht die Kirche St. Lorenz aus dem 15. Jh. mit schlankem Turm, antike Häuser, darunter die Chasa Engiadinaisa, Besichtigung möglich (Info Verkehrsbüro).

IM SAMNAUNTAL

Im Samnauntal sind auf einer Informationstafel die zehn schönsten Wanderungen, die „Top Ten Wanderwege" angegeben, Info Verkehrsbüro. Ausserdem ist das Tal hervorragend für Bikertouren geeignet; eine Karte mit allen Radstrecken im Massstab 1:25.000 ist im Verkehrsbüro erhältlich; mit den Bergbahnen bringt man sich in die gewünschte Höhe, Radverleih in verschiedenen Geschäften: Tel. 081 861 93 30/ 081 868 57 57/ 868 56 20.
Tennis Tel. 081 868 54 60.
Fischen in den Bergbächen mit Genehmigung, Tel. 081 861 83 40.
Grosses Skigebiet im Verbund mit Ischgl in Österreich, Tel. 081 868 52 13.

WICHTIGE RUFNUMMERN

Rhätische Bahn Scuol Tel. 081 864 11 81
Postauto Tel. 081 864 16 83
Post Scuol Tel. 081 864 06 01
Post Tarasp Tel. 081 864 14 82
Post Vulpera Tel. 081 861 04 00
Post Sent Tel. 081 864 13 51
Post Ramosch Tel. 081 866 31 52
Post Martina Tel. 081 866 32 45
Post Samnaun Tel. 081 868 51 33
Krankenhaus Scuol Tel. 081 861 10 00
Apotheke Scuol Tel. 081 864 13 05
Apotheke Samnaun-Ravaisch Tel. 081 861 81 11
Lischana-Hütte Tel. 081 864 95 44
Campingplatz in Scuol (Gurlaina) Tel. 081 864 10 15
Campingplatz in Sur En Tel. 081 866 35 44

Verkehrsbüro: Scuol Tel. 081 861 22 22; Tarasp-Vulpera Tel. 081 861 20 52; Sent Tel. 081 864 15 44; Ramosch-Vnà Tel. 079 230 29 30; Tschlin Tel. 081 866 34 34; Samnauntal Tel. 081 868 58 58

Im Unterengadin ist die rätoromanische Kultur und Sprache noch lebendig. Es gibt sogar Intensivkurse der Rätoromanischen Sprache (Info Verkehrsbüro in Scuol oder Vnà). Hier erlebt man noch alte Traditionen und Bräuche wie den „Hom Strom" am Abend des ersten Februarsonntags, wird eine Strohpuppe verbrannt um die bösen Geister des Winters zu vertreiben, oder den „Chalandamarz", am 1. März, wenn man den Frühling herbeirufen will... Hier unten folgt eine Liste Rätoromanischer Wörter die man in Vnà und Umgebung hören kann.

schnejar	abstreiten	entusiasmar	begeistern
rebüttar	zurückweisen	motivar	motivieren
spordscher	anbieten	salüdar	grüssen
dumandar	fragen	impedir	verhindern
attachar	angreifen	affirmar	behaupten
chatschar	antreiben	proclamar	verkünden
respuonder	antworten	confessar	bekennen
affidar	anvertrauen	cumplondscher	beklagen
incuraschar	antreiben	disturbar	stören
cumandar	befehlen	offender	beleidigen
grittantar	verärgern	cusgliar	Rat erteilen
sclerir	klären	calmar	beruhigen
as revoltar	sich auflehnen	as quietar	besänftigen
propagar	Werbung machen	avertir	warnen
muossar	zeigen	decider	entscheiden
elavurar	verarbeiten	descriver	beschreiben
deplorar	bedauern	incuolpar	beschuldigen
imnatschar	drohen	balchar	beruhigen
influenzar	beeinflussen	trattar	diskutieren
interrogar	befragen	baderlar	plaudern

Luca Merisio (1960) lebt mit seiner Frau und seinen drei Kindern in Bergamo.

Er ging bei seinem Vater (Pepi Merisio) in die Lehre und fotografiert seit seiner Jugendzeit. 1982, nach dem Abschluss des Studiums der Betriebswirtschaft, wird er Berufsfotograf.

Den Bergen widmet er einen Grossteil seiner Arbeit, die er auf klassischen Routen und weniger bekannten Wegen durchstreift: Mit seinem Fotoapparat lässt er uns teilhaben an den herrlichen Lichtspielen der Alpen. Mehr als ein Dutzend Bildbände gehen auf sein Konto, vom Mont Blanc bis zu den Dolomiten. Seit mehr als zwanzig Jahren ist er im Engadin unterwegs, zu jeder Jahreszeit, zu Fuss, mit dem Rad, auf der Loipe oder mit Tourenskiern... Diesen Bergen hat er neuerdings zwei Bände gewidmet: „Bernina, Viertausender zwischen der Schweiz und Italien" (2001) und „Giganten aus Granit" (2003), erschienen im Montabella Verlag. Im Jahr 2003 wählte der Touring Club Italiano seine Bilder für ein grosses Alpenbuch. Er ist Mitarbeiter bei vielen Foto- und Reisezeitschriften.

Für diesen Band schrieb er auch die Texte, um mit seinen Bildern die so vielgestaltige Engadiner Wirklichkeit in diesem Buch als Einheit darstellen zu können.

ENGADIN
DIE SCHÖNSTEN WANDERUNGEN
NATUR - KUNST - KULTUR
von Luca Merisio

© Text und Fotos Luca Merisio.

Der Autor dankt folgenden Personen, die ihre Fotos freundlicherweise zur Verfügung stellten:
Max Weiss © (S. 34 unten, 39 oben, 50 unten, 90-91 unten, 120-121, 136 unten, 149 unten);
Jon Feuerstein © (S. 163 oben, 165 oben, 182 oben);
Hans Lozza © (S. 158, 200);
Heinz Enz © (S. 205).

© Montabella Verlag AG
Postfach - CH-7500 St. Moritz 3
www.montabella.ch - mail@montabella.ch

Übersetzung: Bernadette Hautmann
Koordination: Lyasis Edizioni - I-23100 Sondrio - www.lyasis.com
Druck: Press R3 - I-24030 Almenno S. Bartolomeo (Bergamo)

2. Auflage, 2007, 4700 Exemplare

ISBN 978-3-907067-23-9